内田義彦
日本のスミスを求めて

野沢敏治 著
Nozawa Toshiharu

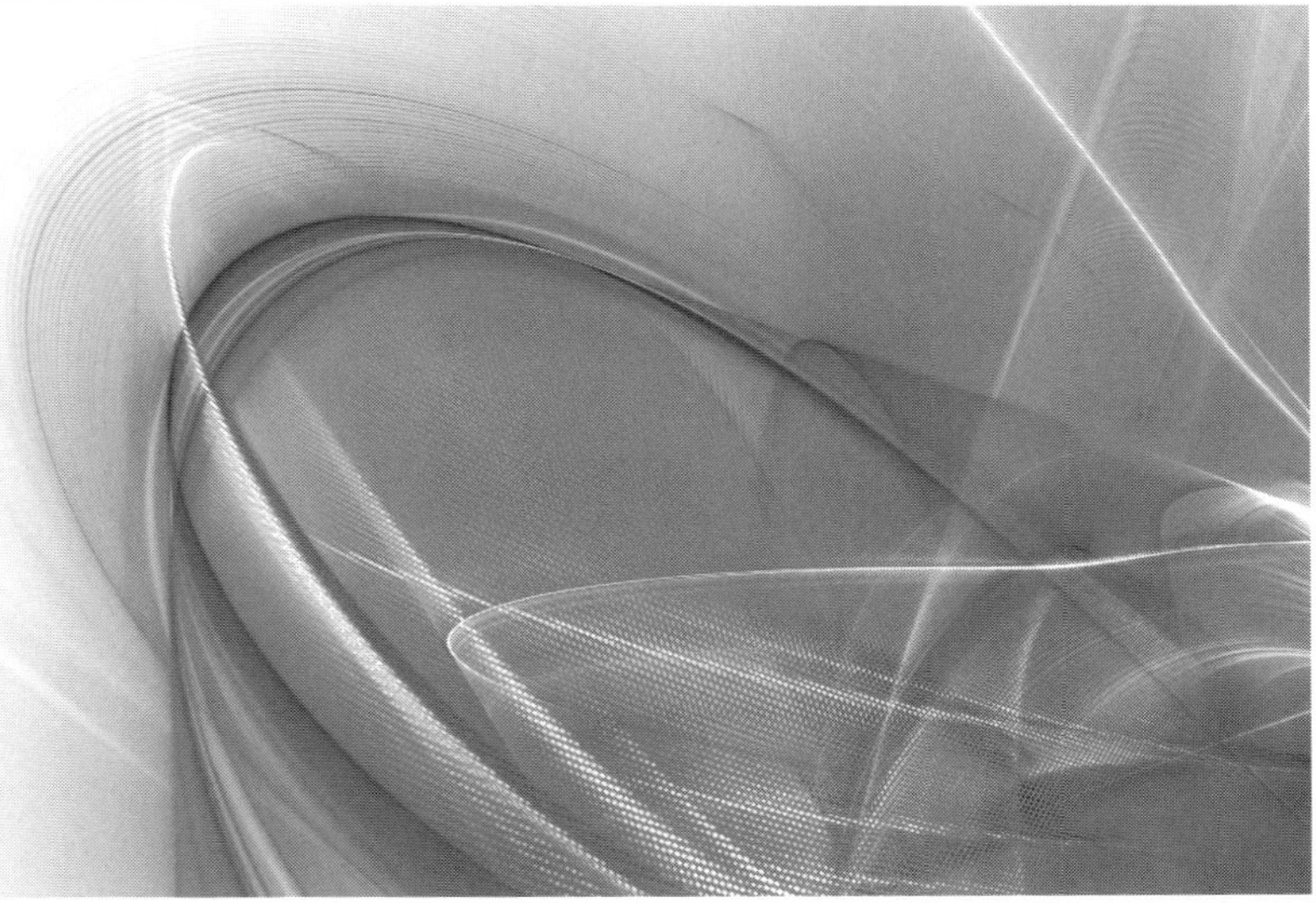

社会評論社

内田義彦——日本のスミスを求めて　目次

はじめに　一風変った、でも本当の経済学史家

内田義彦は1913年に今の名古屋市熱田区に生まれ、1989年に東京で亡くなる。それは20世紀の「戦争と平和」の時代であった。彼はその中で日本の社会科学を作った一人である。その専門はヨーロッパの経済学の歴史と近代日本の思想史であり、それらを貫くテーマが市民社会であった。私は本書において、いったい今日の市場経済とは、また資本主義とは何であるのか、その緊要の問題に対して答と示唆を得たいと思っている。

1953年11月、内田は『経済学の生誕』を世に出す（――以下、『生誕』と略す）。それはアダム・スミス研究の専門書であったが、それに留まらず経済学史研究の全体に大きな衝撃を与えた。そして広く社会諸科学と芸術に対しても、討論の共通の広場を提供するものとなる。その彼は「あとがき」で印象的なことを書いている。彼は「歴史の科学としてのイギリス経済学の批判的叙述のなかで」「イギリス経験論をのりこえること」をめざしたと記し、続けて述べる。「ぼくは経済学は人間の学問だとおもつ《ママ》ていた。そして、人間の問題をほんとうに解決するためには、いろいろの問題を経済学の領域にひきしぼつてゆかねばならないと思つた。……しかし、専門の学問として経済学をやつていくうちに、ぼくはしだいにいらだたしさを感じはじめた。ぼくが経済学の世界にはいつているとき、ぼくの眼に人間はきえ、そして、ぼくが人間と接触しているとき、ぼくは自分が経済学者でなくなつているというこ

とに気づいたのである」。ここでの経済学とは直接にはマルクス経済学である。それは社会が段階をへて進歩することを示す科学であり、他の社会諸科学を基礎づける女王と見なされていた。彼はそれを学んだのだが、満たされないものを感じていたのである。私は本書でその意味を切り開いていこうと思う。

内田は普通の研究者と違い、自分の師から与えられたテーマをこつこつとこなしていった人でない。また早くから自分を専門に閉じこめて業績を出していった者でもない。彼は何をどうやって学ぶかについて長いこと悩んだ。その専門の範囲はヨーロッパの経済学史であったが、彼はヨーロッパ研究に必要な留学をしていない。戦争が彼に鎖国を強いたのである。さらに彼は野間宏が評したように世界的知識人であるが、いわゆる国際研究をしていない。翻訳も試みに終っている。でも加藤周一がいみじくも言い当てたように、内田は俗にいうヨーロッパ通の者よりもずっとヨーロッパの学説と文化との関係を鋭くつかんでいた。

内田は専門研究以外にエッセーや対談を好んだ。研究者の中には随筆を片手間のすさびとしか見ない者がいるが、内田にとっては生命を注ぎ込むほどのものであり、その文章は学校の教科書に採録され、ある本は視覚障害者のために点字に移されている。彼は「対談魔」とあだ名されるほど実に多彩な分野の人と対談し、どれも本当に面白い。彼は対談相手の意図をその深層の深みから聴きとる名手であった。彼はまた音楽や演劇を好んだが、それは単なる趣味の次元を越えている。以上のことは学問的作業をするためにどうしても必要なことであった。大学での講義にも力を入れ、それは教科書になっているが、教科書とはかくあるものかと思わせる一つの作品になっている。

内田は経済学（史）を使って日本の現実をおさえ、自分にとって納得できる意味を問うていく。この姿勢は彼の生涯を通して変らなかった。この内田の前に内田なし、内田の後に内田なしである。内田自身、自分を「一種独特の経済学史家」と皮肉を込めて認めることがあったが、吉沢芳樹も言うように、彼にはこちらこそ本物だという自負があったのである。そのことは既存のアカデミズムでは理解され難いこととなる。

『生誕』はどのようにして生まれたか。それを理解することは、今日裾野を広げたが隙間を埋めるかのような研究状況の中で再び大きな見晴らしを得ようとする者に励ましとなるであろう。

ヨーロッパは15世紀末に始まる「地理上の発見」から20世紀の帝国主義時代にかけての約４００年の間に、初期の重商主義下の資本主義から近代的自由の資本主義と第1次産業革命をへて、第2次産業革命と国家介入の現代資本主義に移行していった。このヨーロッパ史が世界史となり、日本はそれにどう対応するかが問題となる。日本は幕末・明治維新期に欧米の資本循環G－W…P…W′－G′に触れ、その後は半分巻き込まれつつも対抗し、がむしゃらに欧米の制度と技術の導入を進めて自分の資本循環を作ろうとしてきた。１８９６年の明治後期にラフカディオ・ハーンが書いていた。日本は欧米列強から居留地を設けられ、外国の商人から屈辱的な扱いを受けてきたが、今に見ろ、日本はその忍耐心で西洋に追いつき追い越すだろう、と（「趨勢一瞥」）。その通り、日本は１８６８年の明治維新以来70年ほどでヨーロッパが歩んできた道を一遍にたどり、欧米と同時代の存在になる。

その一方で、問題が生ずる。日本は欧米をモデルに近代化を進めたが、「近代」は本当に日本のものになったか。近代化は列強からの外圧によって外から、そして日本の国家によって上から進められてきた。近代化を日本の中から自発的に進めることができるかどうかが問題になる。福沢諭吉は明治の半ばにあって、勤労が富を生む社会から富が富を生む社会に早くも変り、実業よりも富豪の金融がのさばるのを目にする。その後、民衆の富は順調に伸びず、政商の財閥が華々しく活躍していく。学問の世界でも日本は急速にヨーロッパの成果を取り入れていった。経済学は西洋が長い時間をかけて、英仏の重商主義と古典経済学、ドイツ歴史学派、マルクス経済学、純粋経済学、ケインズ経済学を作ってきたのだが、日本はそれら既成のものをやつぎばやに、順序をかまわず輸入する。わが国はそれらを基準にして自分の位置を測り、政策づくりに役立てようとしたのだが、内面的に咀嚼されることは少なく、自分たちの中で知識を蓄積していく雰囲気は薄かった。これでは「日本」を的確につかむことはできない。日本はヨーロッパとは経済の発展段階も性質も異なる。経済学によって現実を捉え、政策づくりに供しようとしたら、それは再構成されねばならない。それも人の心の中に入りこんで生きる指針にまでなることによって。意識のある先学はヨーロッパの経済学を面倒でもその成立にさかのぼって追うことで自分のものにしてきた。こういうヨーロッパ研究は「本場」の研究者と違って、後発国の研究者であるからこそできた強みとなる。経済学の言葉は日本人に肉体化し、「自前」のものとなる。私は本書でそのことをおさえていきたい。

内田の学問的生涯は大きく二つに分けられる。一つは戦中から戦後の青年期の『生誕』まで。他の一つはその後の高度成長期から晩年の『作品としての社会科学』（1981年）前後まで。本書は前者を対象とする。その青年期に彼の生涯の方法とテーマが生まれたからである。日本は明治以来、列強に対して国民的自立を計ってきたが、ここにきて資源の再配分を求め、やがて列強と戦争状態に入る。どうしてそうなったのか。どうしたら平和を得ることができるか。そして敗戦後は民主化をどう肉体化して健全な経済を再建するかが問題となる。

この青年期はさらに二つに分けられる。まず戦中であるが、内田の学問的な模索は満州事変から日中戦争・太平洋戦争にかけての「15年戦争」の時期になされる。その外面は逆境であったが、内面の精神は燃えていた。社会科学は弾圧されるが、意識のある人びとは全体主義と戦争に対してどういう態度をとるかを考えて悩み、生きぬき、生き延びていく。内田も実に激しい思想のるつぼのなかにいた。左翼陣営での日本資本主義論争、都市の労働運動と農村の小作争議、芸術を社会および生活と関連させる活動、技術論争、ヒューマニズム、資本主義構造変動論、新興資本と統制経済、「近代の超克」論と右翼革新運動、等。内田は以上の思想群像に加えて「市民社会青年」を見出す。彼もその一員であった。われわれはそれらを知ると、もしも自分がその中に投げ入れられれば、どこにいるかと考えてしまう。それら群像を後代の結果のみをもって評価することは公平でないだろう。

最後の市民社会青年は時代の問題を強く意識するが、時論を時論としてでなく、自分の専門分野での学問的テーマに変換している。彼らは弾圧を受けたので、時論を学問的テーマに組み替えざるをえなかったのである。それは一つの抵抗であったが、実際には弾圧に対して無力であり、時には奴隷の言葉を使わざるをえなかった。しかし、それが内田も言うように、戦後に学問や言論が自由になった時でも、およそ学問研究が取らねばならない方法となる。

戦後、日本はまた大きな変動を経験する。封建制批判と近代化、民主主義革命と生活再建および経済復興、そして東西冷戦。

内田は以上の戦中・戦後を背景にして、スミス研究の専門書『生誕』を刊行する。[注] 窓を開けてこの先学の息吹に触れてみよう。

注　『生誕』後については本書の範囲に入らないが、内田はその時々の時代状況や思想状況に応じて同書の方法と内容を進化させていく。時には自己点検をし、それまでの枠を抜け出すこともあった。彼は高度経済成長と公害列島、猛烈社員を駆使する管理社会、東西冷戦と南北問題、和の日本的経営、明らかになった社会主義の内側、等を経験する。高度成長はとにかくも人間の生産能力を飛躍的に上昇させて日本を貧しさから解放したが、地域と生活を、人間の身体と心を、自然と歴史的環境を破壊する。そこに「新しい貧困」が生まれた。内田はそれを「市民社会なき資本主義」だと批判する。そこではヨーロッパ以上となった近代となおも残存する前近代的人間関係は対立するのでなく、反対に共存し、しかも古きものが新しいものを支える形となっている。他方、住民の方では生活防衛のために止むにやまれず、公害企業と開発行政に対抗する。社会運動は従来は学生や労働組合、革新政党が担ってきたが、この新しい問題に有効に対処できなかった。住民・市民が彼らにとって替る。そのさい、住民・市民は単に企業や行政を批判するだけでなく、自分たちの調査や研究をもとに政策を提言するまでに成長していった。この住民・市民の活動はそれまでの近代的な市民社会論とどう関わるか。先学の市民社会論では十分に検討されなかった問題が残されたのである。

前編　戦中・戦後の青年たちの軌跡

I　日本型経済の仕組とその崩壊――山田盛太郎『日本資本主義分析』

日本で自前の社会科学を作る人々が出た。その一人が山田盛太郎である。彼の『日本資本主義分析』（１９３４年、以下では『分析』と略す）は近代日本における最初の経済学の金字塔となる。内田論の出発点としてこの山田に焦点をあてる。『分析』は論争相手の有沢広巳が高く評したように日本経済の岩盤に突きあたって穿ったものであり、「日本資本主義の『資本論』」（南克己）とも言うべきものであった。

序　内田のマルクスとの出会い

『分析』の検討に入る前に、当時の青年がマルクスとどう出会ったかを内田を例にして見ておきたい。

内田はマルクスの洗礼を受ける。それは１９３０年代の昭和初期のことであった。最初、彼はマルクスの『資本論』を必修科目として学んだマルクス・ボーイであった。だが人間の問題を西欧起原の唯物史観だけで覆い尽せるものでなく、彼は「日本資本主義」の性格を巡る議論から大きな影響を受けるようになる。また彼は資本のダイナミックな行動と戦時経済の下での産業構造の高度化を知り、その変化の上に出てきた市民的志向を見て、自分のマルクス理解を再検討せざるをえなくなる（参照、長幸男「内田義彦と日本の経済思想像」）。彼はこの市民社会論と交流することを通じて、自分のマルクスを育てていくのである。以下、後年の「個体と社会科学的認識」と河上肇論（『作品としての社会科学』所収）を参考にしてみる。

内田は河上肇の『第二貧乏物語』（１９３０年）を読んでマルクスに接近していく。１９３０年代初期の頃は昭和恐慌の下で絶対的に貧乏な時代であったが、騒然たる革命的雰囲気と活力ある思想状況の中にあり、同年代の後期のように戦争景気に沸いたとしても思想は弾圧されてしまうのと対照的であった。マルクス主義者は前者の不況を景気循環の一局面としてでなく、資本主義末期の全般的危機かつ新しい社会への始まりとつかんだ。資本主義を階級的搾取一本で捉えてしまってはマルクスを一面化してしまうとしても、それはマルクス理論の決定的な要素であった。マルクス主義者は現代の資本主義をケインズや現代資本主義論者と同じく19世紀の自由放任的なものとは見ないが、資本主義の修正に望みをつなぐのでなく、資本主義の崩壊は歴史的に必然なことだとして、ソヴェト・ロシアをモデルとした革命に夢を描く。人類史は資本主義と社会主義に二分されるのである。その時の日本はヨーロッパより遅れた後進国であって世界資本主義の弱い環であるが、それだけに有利な位置にあって新社会への道は近いと考えられていた（――戸坂潤は『日本イデオロギー論』で共同体をもとにした社会主義への道をも視野に入れていた）。内田はマルクスの社会科学から、世界の前に立つ「自己」というものに目覚める。マルクス主義はその点で日本の国家に対抗する「個体」の思想となったのである。それまでの日本の思想は文学的で宗教的な内面の検証であったのに対して、マルクス主義の客観的な歴史理論は個人の内的な検証に耐える「思想」とされたのである。

だがここでマルクス主義のマイナス面が出る。社会科学的な認識は渋谷黎子のような良家の子女が悩んだように、また亀井勝一郎が自分に経験したように、社会をなす諸個人が模索して真理に向かって行く過程であるべきだったのだが、マルクス主義はそれを軽視してしまった。内田もマルクス主義経済学の統一的世界観に没入する。マルクス経済学をもってすべての人間活動の絶対基準とし、自分の眼でなく既成のマルクス経済学の眼でものを見てしまう。だから彼は他方でチェーホフなどに心酔する自分に後ろめたさを感じてしまう。それは市民社会的基礎のない日本の資本主義を背景にしていたと言える。

この内田が自分のマルクスを作る最初の契機を講座派マルクス主義によって与えられる。

講座派　山田盛太郎：アジア的な家族構成の日本経済

日本の経済は欧米と同じ性格のものか、異なるか。そのことを巡って１９２０年代末から30年代にかけて「日本資本主義論争」が起こる。それは80年以上も前の論争である

が、この種の問題は今日に至るまで繰り返されているのである。[注]

注　①日本は1955年末から高度成長に入り、1964年にはオリンピックを開くまでになる。その時、日本はヨーロッパに追いつき追い越した、もうヨーロッパに学ぶものなしという声が出る。それに対して反論が出される。日本の資本主義には確かにヨーロッパ以上の超近代的なものがある。でも同時に前近代の古いものと共存している。企業は談合をしてフェアな競争をしない。会社員は出世するのに実力だけでなくコネにも頼る。

②その後、日本は1970年代に2度の石油ショックを克服して、低成長であっても他の欧米諸国よりも高い成長率を示し、世界経済の機関車国となる。1980年代には21世紀は日本の世紀だと持ち上げられる。日本の企業はそれまで低く評価されてきた日本的経営（終身雇用・企業別組合・年功賃金）に自信をもつようになる。しかしアメリカから日本の資本主義はわれわれのものと異質だという議論が出る。

③1990年代に入って東西冷戦が終り、アメリカが勝利したかに見えた。その時に日本ではバブルがはじける。盛田昭夫が論文「日本的経営の危機」において、日本式の生産性の上げ方ではアメリカと対等な立場で競争するのでないから、アメリカ式を取り入れよと論じる。バブル後は失われた10年・20年と言われ、日本経済をどう立て直すかが問題になる。日本はアメリカ的な新自由主義をとるか、ヨーロッパ的な社民路線をとるか、あるいは別の道をとるかが論じられる。資本主義の多様性が論じられる。

当時のマルクス経済学には労農派と講座派との2大陣営があった。両者は日本の資本主義は西欧と同じく近代的であるか、それとも封建的で古いかをめぐって論争する。それに付随して明治維新は西欧的なブルジョア革命であったか、それとも天皇制絶対主義であったかが争われた。前者が労農派の議論で荒畑寒村や猪俣津南雄、櫛田民蔵等がいる。後者が講座派の議論で野呂栄太郎・平野義太郎・山田盛太郎等がいる。さらに認識は革命戦略に関わる。第1次世界大戦後、日本は深刻な不況に陥るが、その経済立て直しにあたって二つの対立があった。一つは合理化と資本主義の修正を進めるものであり、他が体制そのものを克服しようとするものであった。マルクス主義は後者をとるが、その中でも労農派は社会主義革命一本を、講座派はまずブルジョア民主主義革命を、次に社会主義革命をと2段階を主張する。ここでは講座派に検討を集中する。

講座派の代表者・山田盛太郎は日本経済を市場流通の外形よりも内部の生産における人間の質的なあり方に重点をおいた。それも、上層階級の地主・商人の行動とは別に中・下層階級の人々の経営と生活に注意する。また経済を純経済的だけでなく社会学的にも観察する。その観察は巨細にわたっており、その表現は引き締まって雄渾であった。[注]本書の出発点でもあるから、しっかりおさえておきたい。

注　山田の文章は固く、難しい漢字や造語が多い。それは当時の検閲を考えてわざと難解な言葉を使ったからでもあるが、彼は後年、理解しやすさよりも学問的な正確さを狙ったと弁解している。専門研究は対象を特定の方法をもって特定の角度から切り取るから、日常の言葉遣いから離れがちである。社会科学の言葉と日常生活の言葉を関連させる仕事は三枝博音や内田義彦等を待たねばならない。

山田は『分析』で日本を問題にするのだが、「世界史的連携における日本資本主義の構成と転変」を問題にする。それは日本がそれまで欧米中心であった世界づくりに加わったからであるが、当時の日本主義に対抗する意味もあった。日本主義は日本を万邦無比と誇り、自国を他国と比較して相対化することをしない。山田はそんな孤立化や排外主義を斥けて、日本を他の国と時間的にも空間的にも比較してその位置を決める。その場合の比較基準がイギリスであった。イギリスは19世紀には世界の工場であったが、20世紀にはその地位はアメリカに移っており、ドイツと比較しても経済の高度化や第2次産業革命の進展から遅れていた。今はモデルはアメリカであり、ドイツだ、イギリスではないと言われる。はたしてそうか。山田はその問に答えるのである。この山田の日本経済論はその後の若い世代に深い影響を与え、今日の日本をおさえるのにも大事な方法を遺しているのだから、まずはその内容を理解しておかねばならない。

(1)　日本が必要とする経済学

山田は考える。日本はどんな経済学を必要とするか。ヨーロッパの経済学はそれぞれの国の経済状態を表現している。この精神活動と社会的土台との関係については、19世紀前半にF・リストが示していたが、日本では山田が発展させる。それは次のように荒っぽくも的確であり、後の内田に大きな刺激を与える。

イギリス──18世紀のスミスの古典経済学。それは自由競争による価値通りの商品交換と利潤の成立、労働生産力の発展を基礎にしている。フランス──同じ18世紀のケネーの古典経済学。それはスミスとやや違って、大農経営の生産のみが純生産物（地主の地代に転化）を生むとする。ドイツ──19世紀にドイツ・マンチェスター派が出てきて地主と貿易商人の利害を代表し、自国の農産物の輸出と英仏からの工業品の輸入を主張する。すでにイギリスでは産業革命を、フランスでは政治革命を経過している時に、ドイツでは哲学革命の状況にいる。カントやヘーゲル、ヘーゲル左派、フォイエルバッハが出る。ロシア――19世紀末にマルクス経済学が取り入れられるが、レーニンがそれを市場理論として独自に展開する。注

注　山田は戦後になって、改革前の中国を世界史の中に位置づけている。中国ではフランス革命で生まれたような分割地農民への展望はなく、生産力も日本より低かった。山田はその中国をK・A・ウィットフォーゲルが自分の「経済表」に写し取ったものを参照した。それは官人が農民・工業生産者・商業ブルジョアジーから徴税し、商業ブルジョアジーが他の3階級から仲介利得を得るという構図であった。石井知章がウィットフォーゲルの中国革命論を今日に生かす仕事をしている。

山田は日本の経済に独特なものを見出す。彼は前代の封建制と明治以降の資本主義を単純に時間の先後でなく、両者を関連させるのである。それが「構造把握」というものであった。後に大塚がこの方法を評価し、内田もそこから学ぶ。

山田の『分析』は以下のA→Cのように順序を踏んで出てきている。『分析』はマルクスの再生産論を具体化したとされるが、まず山田はその再生産をどうつかんだか。

A　論理的準備としての『再生産過程表式分析序論』（1931年）

マルクスの再生産表式は『資本論』第2巻第3篇「社会的総資本の再生産と流通」に拠っている。それは通常、第1巻に比べて技術的な説明が多くて味気ないが、山田にとってはマルクス経済学の精髄であった。どこが精髄か。第1巻では全部門の資本に平均的に当てはまることが個々の経営に即して展開されている。その内容は労働価値論や剰余価値搾取論、資本蓄積論であるが、まだ抽象的である。第2巻ではもっと現実的になって、社会全体の資本の運動が論じられる。個々の企業や部門は自分だけでは生産できない。他の労働者や企業、消費者との取引を通じてしか生産はできない。社会内の個々の経営は商品を交換しあうことによって自分を維持できる。ところでどの部分もみな資本の中身（労働力と生産手段の比率のことであり、それが生産手段の方に傾くほど生産力は高くなる）は異なる。作られる商品も農産物の食糧や原料、工業製品の織物や鉄・機械等と違っている。そういう資本構成と生産物が異なるものの間で有機的な関連ができてはじめて個々の部門の再生産は可能になる。再生産論は社会的総資本の物的で価値

的な運動過程を総括するものなのである。[注]

注　再生産構造論は小説家にも影響を与える。野間宏は再生産構造の中での人間を描くとともに、その構造を変える人間を描こうとした。参照、野間の「火山灰地」批評。

しかも山田は再生産論を第1巻資本蓄積論と第3巻競争論と関連させて再生産に内在する生産力と階級関係の矛盾をも示し、それを解決する客観条件と主体を跡づける。かのⅠ生産財・Ⅱ消費財2部門間の再生産表式は物的素材や価値量の数字を追うだけではないのである。

彼はそう捉えてマルクスの表式を経済学史の中に置く。すると表式はケネー経済表を批判的に摂取していることが分かる。ケネーは社会を生産階級・地主階級・不生産階級に3分割し、純生産物＝地代の概念を基礎にして再生産の条件を検出していた。そしてケネーは封建地代を揚棄するブルジョア民主主義革命の条件を示す。それに対してマルクスは財の2部門分割と部門内の不変資本C・可変資本v・剰余価値mによる構成を議論の基礎にし、古典派のように「労働」の価値でなく「労働力」の価値と概念化して純生産物＝地代を剰余価値の一分肢とした上で再生産の条件を検出する。それがⅡC＝Ⅰ（v＋m）。そしてC＋v＋mはプロレタリアのブルジョアに対する全面的な対抗を示す。以上のケネーやマルクスと比べると、スミスは地代の概念で重農学派の「自然の贈物」説を引きずっており、しかも生産物の価値をv＋mとするドグマに陥っている。それに対してリカードは地代を超過利潤と捉え、「自然の贈物」観から脱しているが、スミスのv＋mドグマを受け継いでいる。リカードを批判したシスモンディもスミスのv＋mドグマを継承し、しかも「自然の贈り物」観をも伴っており、Cがないので剰余価値の非実現や過小消費説に陥っている。ということで、それぞれに欠点をもつ。

内田は後に以上の山田の再生産論理解とその学史的位置づけを受けいれる。

B　中間項

ところで山田はマルクスの再生産論を日本にそのまま適用しない。彼は自分の方法を「再生産論の日本資本主義への具体化」と記していた。その具体化のために「中間項」が必要とされ、ケネー経済表が媒介となる。日本はフランス革命前のケネー段階にあるとされたからである。彼はヨーロパの経済学の背景にある人間と社会の質を知っていたのである。内田は中間項を置くことを認めるが、彼自身の問題関心からケネー経済表を中間項とすることに異議を出していく。

C　**最後に具体化された『分析』がくる。**ここに自前の日本経済学が生まれる。山田はそれを時間軸と空間軸の2段に分けて検討する。その結果は次のようであった。

(2) 発展段階論

日本ではヨーロッパの経済発展を超スピードで段階を重ねるようにして辿る。

日本は20世紀の現在、どの段階にいるか。時間はずるずると移るのでなく、ある基準によって区切られる。その基準が「産業資本」の確立であった。講座派は金融や商業でなく、この実業に注目するのである。それは1894年の日清戦争から1904年の日露戦争の頃にかけて成立する。その産業資本の中心は二つあった。生産財の製鉄業と消費財の木綿・生糸の繊維工業である。前者を象徴する一つが1901年の八幡製鉄所の開業である。その鉄が軍艦(当時の総合産業)の製造に使用される。他のものは機械を作る機械＝旋盤の工作機械の国産化である。他方、綿工業では綿作→紡績→綿織と、絹工業では養蚕→製糸→絹織というように、原料から加工までの工程が流れるようになる。ここに西欧の基準でいう第1次産業革命が進展する。

この産業資本はどのようにして生まれたか。これを示すものが本源的資本蓄積の段階である。日本では明治の初期に政府が中心となって欧米に視察団を送って近代的な制度を導入する。イギリス式の海軍・フランス式の陸軍、金本位制、新橋・横浜間の鉄道開業、太陽暦の採用、信教の自由、等々。また政府は自ら国営のモデル企業を経営し、それを民間に払い下げていく(富岡製糸場等)。政府は最初は自由貿易政策をとっていたが、後になって自国の産業資本を育てるために保護貿易政策に転換する。以上の上からの近代化に対抗して、民間で福沢諭吉や田口卯吉が活動していくのである。

次に産業資本が確立した後の段階であるが、日本ではほとんど同時期に金融資本・財閥[注]と帝国主義の段階に入り、そのことは日露戦争時や第1次大戦後にはっきりする。技術的には電力と化学工業の重化学工業を中心とする第2次産業革命が展開する。1914年、洋紙の生産高が和紙を抜く。1917年、工業の原動機馬力の中で電動機が蒸気機関を抜く。その新工業を主導したのが新興の財閥。旧財閥の三井・三菱・住友等は初期の頃と違ってのれんにあぐらをかいて冒険に乗り出さず、傘下の会社を金融的に支配することで満足してしまう。そしてこの時期に日本は早くも資本主義体制の全般的危機と言われるものに入る！　それに対処したのが社会主義者と石橋湛山等の修正主義者であった。

注　講座派は銀行が財閥の中心になったことを十分に認識していなかった。19世紀末から20世紀に入ると信用経済が発展する。手形割引や株式投資が発展し、抵当権の設定や担保物権の拡大によって投資債権が譲渡され、証券取引所が設立される。それとともに企業の支配者は古典的な資本家でなく、銀行を中心とする債権者に移っていく。これはG－G′がG－W…P…W′－G′に対して相対的に自立したことを意味する。我妻栄がこの現代資本主義の事態を「近代法に於ける債権の優越的地位」で捉えていく。

(3) 日本資本主義の型

日本は西欧が２００年以上もかけてきた本源的蓄積↓産業資本の確立↓金融資本・帝国主義の段階をわずか70年ほどで駆けぬけるのだが、山田はその発展段階すべてを通じて変らないものを、経済社会の「構造」を捉えた。彼はそれを「軍事的半農奴制的型制」と名づけ（参照、図1）、そこに新しいものと古いものとの共存を見出すのである。

図1

上部	軍事的・半隷奴制的低賃金の工業
基底	半封建的土地所有

新しきものが古きものを消していくのでない。

山田はその一例を明治初期の大規模な工場や炭鉱に見る。それらの設備には最新式のものがあったが、その労務管理は古かった。囚人が労働力として前代から引き継がれて使われる。労働力は囚人だけでは不足するので近くの農村から補充されるが、それは現代のように会社が労働者を直接募集して採用するのでなかった。会社は請負人に労働者の募集と監督をさせる。これを納屋制度と言う。請負人は労働者を厳しく管理し、不満があっても黙らせていた。他方、労働者の方では請負人を親分とし、自分はその子分の地位に甘んじていた。社会関係に家父長的な家族関係が入るのである。これは近代イギリスのように封建的な農民や同業組合の手工業者の中から独立生産者が出てきてそこから産業主・従業員の関係を生むのでなく、古い人間関係のままで隷属的な賃労働者になることを示す。労働者は時には我慢できずに暴動を起こすが、それを抑えるのに新しく設けられた軍隊や警察が動員された。日本の経済はこの例にみられるように、近代的な形式の制度が古いものを残す働きをする。山田はこのことに注目する。

山田は日本の資本主義はその全段階を通じて、古い封建制と近代の資本主義は対立するだけでなく関連していると捉える。山田は分析にあたってそういう「範疇」の検出を目的とした。範疇とは欧米との資本主義の同質性やその程度の多少のことを言うのでない。彼は日本でも欧米と同じく資本主義化が進んで一般化するという「日本の資本主義」論でなく、封建的なものを解消しないでそれを温存し利用することで資本主義を高度化する「日本資本主義」論を展開していったのである。

A　基底

山田は日本経済を「基底」の農業とその「上部構造」の工業に分け、その上で両者を関連させる。

明治以来、経済の「枢軸」は政府が主導した軍需部門とそれとつながる基幹産業であった。でもそれは「基底」ではない。基底は農村の農業にある。それは大工業のように人目を奪うものでなかったが、上部の産業や政府を支えるものであり、全体の経済の性格をも決めるものであった。

山田は日本を西欧と比較する。西欧の発展は農村の小独立経営（農耕と毛織物業の兼業）から分出した農村工業によって「民富」を展開し、そこからマニュファクチャ→都市の機械制大工業へと発展していった。大工業の発展は農村の生産力を基盤にしていたのである。そういうコースを正常な近代化とすれば、日本の農村では寄生地主制のもとで零細耕作が蔓延し、商業資本が流通を握って中間マージンを取り、高利貸が零細農民の家計に食い入るから、日本の近代化は制約を受ける。

山田が基底をおさえる視点は流通や法律でなく、生産様式にある。経営の仕方が労働や技術に対して合理的かどうかが問題になる。明治になっても農村の土地所有には身分的なものが残り、地割制や講組・親分子分関係・納屋制度などの旧い慣行が残った。維新の四民平等の宣言で、農民は地主の身分的支配から解放され、江戸時代の田畑勝手作の禁や土地永代売買の禁止は解かれ、国民は職業選択と移動の自由を得たのであるが、それらは法律上のことであって、生産様式は近代的にならなかったのである。彼はそれを「半封建的土地所有」と言う。

「半封建的土地所有」の基礎は1873年の地租改正によって作られ、山田はそこから四つの問題を取りだす。

①農民の負担は重い――農民は地主に地代を米の現物で支払い、地主はその米を売って得たお金をもって国家に地租を払う。農民は前代と違って貢租を直接負担しないが、これでその負担が減ることはなかった。耕作者の地代は地主が納める地租分を含んだものであり、山田の計算では、総収穫の68％という高率であった。耕作者の手取りは32％であり、そこから次年度の再生産部分である種もみ・肥料代の15％をとれば、17％が純粋手取りの飯米となる。これでは家計は赤字となる。それを補うのが副業と女工勤めであった。他方、地主は小作人の手取りの2倍の34％を手に入れる。これで分かるが、農民の負担は江戸時代の五公五民以上の重い負担であった。そのうえ、小作人には衆議院議員や県会議員の選挙権は与えられない。こういう経営からは利潤も資本制農業も生まれない。剰余価値はすべて地代に転化する。また地主は税金を貨幣で納めるから近代化したように見えるが、そこにも問題があった。その貨幣は政府が軍隊と軍需関連産業を育成するのに必要なものであった。

ここで数値について注意。山田はよく数値を用いるが、それはGNP等の変動や成長を追うよりも、経済の性質を示すためのものとなっている。

②政府の殖産興業を支える地租――殖産興業の財源は主として地租であり、それは定率であって収穫の多寡によらなかった。山田は地租の租税比率を国際比較し、明治20年代のこととして、イギリス1・2％、ドイツ2・3％、フランス3・8％、旧ロシア4・5％、日本58・07％と計算する。（この数字の部分、『山田盛太郎著作集』第3巻より）。言うまでもなく、地租の元は小作農の労働である。

③物納地代――地代は江戸時代と同じく物納であり、それは地主にとって有利であった。なぜなら、政府は農本主義政策をとって米の価格維持を計っていたので、地主は小作米を売ってお金を安定的に得ることができる。地主はそれを元にして銀行家になったり、株を買ったりするので、農業生産には直接のプラスにならない。地主的資本家は実業のブルジョアとは言えないのである。

④小作料高率の原因――労農派は流通的な解釈をし、小作人の間で土地を借りようとする競争が小作料を高くしていると主張していた。山田は生産様式の方が規定的な要因だと反論する。まず、農家1戸当たりの平均耕作面積は国際的にみて非常に狭い。次に、労働地代が部分的ではあるが残存している。東北のある地区では名子制度が残り、名子は物納の小作料以外に地主の田畑で年30~40日働かねばならない。また御恩返しとして、地主の家で御祝儀やすす払い等の私的な用事をさせられる。つまり、小作人に対して人身的隷属＝経済外的強制が働き、それが小作料を高率にすると言うのである。注

注 後に網野善彦は『日本社会の歴史』（1997年）で江戸時代の名子には豊かな者もいたと実証するが、山田の議論は比較史という方法からの事実の摘出であることに注意しておきたい。

こうして山田は日本資本主義の基本的な階級関係を都市の資本・賃労働関係よりも農村の地主・小作人関係だと考えた。それも半分近代的で半分封建的なものである、と。

日本にはイギリスのヨーマンに相当する農民はいないのか。山田は「中堅農民」や「中核農民」を検出している。すると、農村には手作り地主とか、富農、自小作農、自作中農上層部分がいるのだが、最後のものがヨーマンに相当される。しかし、中農層は順調に伸びなかった。政府は自作農を創設する法律を作って貧農や小作人に土地を購入する資金を貸し出すが、それがかえって彼らを借金で苦しめてしまう。それに、山田は次の点で日本の中農はヨーマンと異なると考える。①中農の意識はイギリスの清教徒のように市民革命を支えるものでない。政府は彼らに軍隊の中心部分となって、天皇制絶対主義への忠君愛国と奉公の精神を期待していた。②中農は家長の権威が強い家族制度の担い手であった。政府はそれを利用して治安維持のために国民に家意識を強調する。③中農が5ヘクタールほどの土地を所有する者であっても、彼らは自作するよりも高い小作料を求めて土地を貸し出す地主になろうとする。この小地主は経済的な余裕はあまりないので、小作人に小作料を払わせるために大地主よりも過酷であった。山田は日本では「所有」の力の方が「耕作」の力よりも圧倒的に強いことを知る。これでは労働の力は健全に育たない。

日本には資本制的な大農経営はないのか。それはある。よく見ると、新潟の市島家や北海道の地主のように地主的土地所有と違うものはあった。山田は戦後の論文「日本農

業生産力段階と中核農民の検出」において、児島湾干拓地での藤田農場や興除村、蜂須賀農場をあげて経営分析をする。でもそれらは例外的なものであった。

B　上部

以上の基底があってその上に政府と工業がたつ。ところで基底は上部から影響を受けもするので、両者はお互いに規定しあう関係となる。この関係づけが山田の対象把握の特徴であって興味深い。

政府は次のように地租をもって軍事力や軍需工業に投資し、産業資本を保護する施策を展開する（参照、図2）。①軍事工廠の設立。大きいのは東京と大阪の砲兵工廠。武器だけは輸入に頼らず早くも国産化され、技術的にも世界水準となる。明治13年に村田銃ができ、それが日清戦争で使われる。日露戦争では村田連発銃が使われる。これらが朝鮮の軍隊を解散させる。②軍事と関連した鉄道の建設。最初は英国債のもとでイギリスの技師と工人が働いていた。レールも英植民地用の狭いものが使われ、機関車は英国製が用いられる。でも明治12～13年には日本人でも鉄道工事ができるようになり、明治40年にはレールも機関車も国産化される。この国産化を進めるために前年の39年には鉄道が国有化されていた。でも部品は昭和に入ってもまだ輸入に頼る。部品部門の充実が日本経済の課題となる。

図２

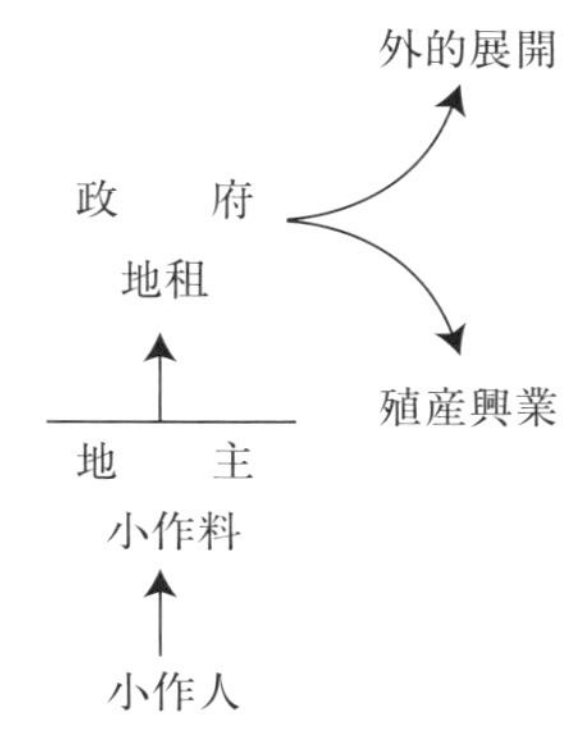

この上部で再生産はどうなされるか。山田は「諸技術の配置」に注意した。彼は工業の中身を大きく「基軸」と「小軸」に分けるが、工業の内部でも大企業と中小企業との間の賃金格差、前者による後者の下請化というように、二重構造となっているのである。この二重構造が１９２０年代から30年代にかけて成立しだしていた。２重構造は戦後の日本工業のものだけでない。

工業の基軸は軍事的重工業・化学・電気工業であり、日本は早くも第2次産業革命に入っている。山田は軍事工業関連が生活関連部門よりも発展率が高いことに注目する。

製鉄業では設備等固定資本が原材料・賃金等流動資本に対して比率が高く、したがって生産性も高い。それを象徴するものが日清戦争を契機に作られた八幡製鉄所であり、日露戦争を契機に設立された満州の鞍山製鉄所であった。また製艦技術は世界水準を超えるまでになった。それでも製鉄業は全体としてはまだ規模は小さく、資源を外に頼るまであった。

基軸のまわりに生活資材・繊維関連の軽工業の小軸が展開する。その小軸も山田は以下のように階層的に捉えた。①綿紡績は大工場では1928年に先端の自動織機が採用され始め、1人で40台もの織機を管理するまでになって、輸出量でイギリスを超えていく。②その下に零細マニュファクチャの製糸業が散らばる。③最下層では在来からの問屋制家内工業の生糸業が手織機を用いて細々と生産している。それは生産力的には汽織機はもちろん力織機や足ふみ機以下のものであり、農家の婦女子が家計収入を補うために使われている。この低水準の技術が半封建的な土地所有とつながっていたのである。

全体として工業の大部分は中小企業で占められ、賃金は低かった。山田は世界に躍進した紡績部門でもインド以下的な低賃金であったと言うが、それは向坂逸郎の『日本資本主義の諸問題』（1937年）によって批判される。山田は賃金を生産物1単位当たりのコストとして計算していたから、低い数値であるほうがむしろ生産性は高いと推論されたからである。またその低賃金は文化や生活様式の違いを考えたものでなかった。その点で山田は批判されるが、全般的に低賃金であることは事実であった。なぜか。労働力人口が雇用資本量に比べて多いからか。山田はそういう市場関係でなく、生産様式に視点をおく。日本の工業は労働生産性が低くて賃金コストが高い。経営者はその分を賃金にしわ寄せする。そんな低賃金でも工場に行かざるをえないほどに農村の生活水準は低かったと論じるのである。

こうして工業にも農業と同じように「純粋日本の範疇」があてはまり、機械を使って生産力の上昇を考えるよりも、等級賃金制の労務管理がとられる。機械化は遅れる。これが日本躍進の裏にあったものである。山田は明治20年の紡錘1本あたりの綿花消費量に注意する。すると、イギリス35単位・アメリカ68単位・インド134単位に対して、日本はなんと220単位と多い。これは非合理な生産力の上げ方であった。後で取りあげる細井和喜蔵がこのことを『女工哀史』（1925年）で報告していた。それが日本的経営の原基となる。

この労務管理には身分制が残り、職員と工員、事務職と現業との間で賃金に差がつけられる。また工場の外でも、工員が職員の家の私用に使われることがあった。

このようなわけで、日本では機械化の合理化は遅れる。それは重工業部門でも同じであった。山田は第1次大戦後の造船業の「合理化」について言及する。その合理化は高賃金を得ていた熟練工や組長等の役つき職工を整理することでなされ、代りに不熟練工の雇用率が高められた。これは技術合理性を追求するのでなく、単純な労務管理に頼る合理化であった。また、後で取りあげるが、技術者がせっかく労働を節約する機械を発明しても、それが経営者に取り入れられないことが多かった。技術者はそのことを嘆く。いったい合理化とは何か。後に大塚久雄や技術論者はそれとは別の合理化を求めていくことになる。

山田は以上の上部構造を「正常」でなく、いびつだと批判する。彼はその原因を日本が世界の中で遅れを取り戻そうと急いで近代的大工場を導入したことに置く。その不正常な一例を機械に取ってみよう。

まず、機械の生産について。山田は日本をイギリスと比較する。イギリスは産業革命期に次の順序で機械を発明していった。ジェニー紡績機や力織機のような消費財生産用機械の発明→蒸気機関の動力機と旋盤等工作機械の生産財生産用機械の発明。日本はそれと逆であって、工作機械の生産→衣料用紡績機の生産となる。次に、機械は自前で生産されるか否かについて。日本は生産財・消費財部門のどちらの機械も外国からの輸入が先行し、自国での生産はその後になる。この輸入が先行したため、日本では機械の生産と密接に関連する金属工業や部品産業の発展は遅れたのである。でも、山田では見通せなかったが、部品産業は戦後になると、大企業の下請や孫請となって発展し、地域で集積されていく。

山田は技術の発達も日本では転倒し、奇型的であったと論ずる。明治の開化期に早くも最新式のエンジンが作られる。それも軍艦用であって民生用でなかった。民生用は輸入にまつか、国内で生産されるとしても、民間の工場でなく軍事工廠で作られる。そのことはエンジンだけでなく製鋼炉や鉄橋材料・水道用鉄管の場合でも同じであった。山田は民間工場の職工数・原動機数と軍事工廠のそれらと伸びの比較をして、後者の方が大きいことを確かめている。

　ところで、日本にも技術の内生的発展はあった。ただし、それは中途までであった。山田は次のような綿紡績の例をあげる。最初は綿の紡績は麻紡ぎ用の手紡車を流用→それが明治10年に踏車式打綿機に改良→明治14〜15年以降は水車を動力とするガラ紡にまで発展（明治9年臥雲辰致による完成）。だが内生的発展もそこまでであった。外国の圧力で急激に大工業化せざるをえなくなり、特に日清戦争後、洋式の紡績機が支配的になる。それは手工業の80倍の能率を誇っていた。それとともに国産の糸がイギリス植民地のボンベイ糸に代わる。この山田の批判的な認識は鉄道建設の場合にも当てはまった。明治時代に田口卯吉は鉄道の建設にあたって、経済の発展とともに人力車→馬車（木道→鉄道）→蒸気機関車の順をとるのが自然だと論じていた。だが日本鉄道会社によって一遍に遠隔地間の都市を蒸気機関で結ぶ方式にとって代えられる。

　山田は綿作でも内生的発展が抑えられたと診断する。綿は江戸時代以来、農民が商品作物として生産していた土着品であった。明治政府は初期にはその綿を輸出品としていたが、途中で政策を転換し、外綿の輸入を増やしていく。近代的な紡績業にとって外綿の方が安くて質が一定していたからである。政府はその近代資本の利害を農民の利害よりも優先する。その裏には日本農業の生産力がアメリカ等に比べて低いという客観的な事情もあった。日本の農業はアメリカより土地は肥えていたから1反当たりの「土地生産力」は高い。だが農民1人当たりの「労働生産力」は低い。それは山田からすれば、半封建的で零細経営であったからである。

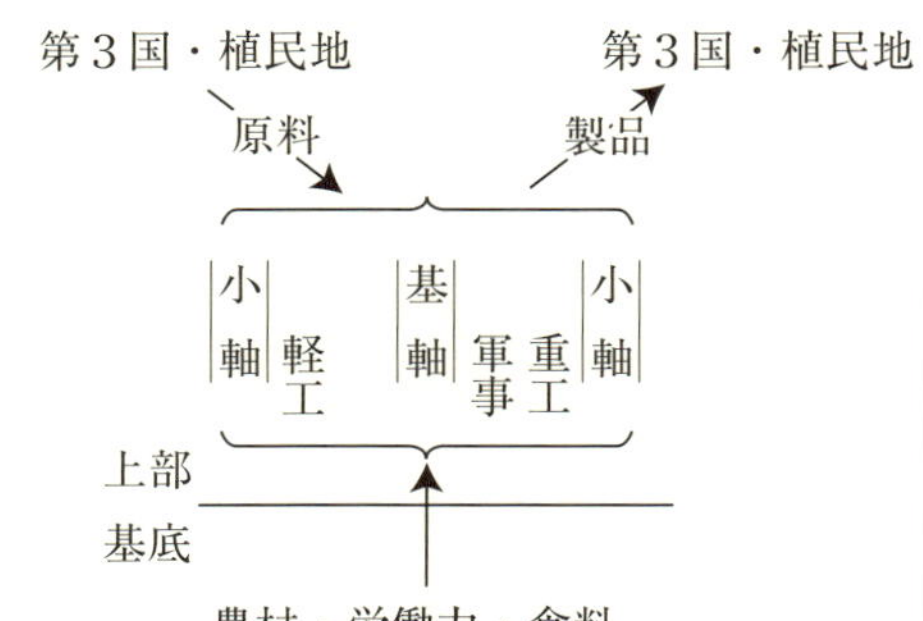

図３

　このように山田は技術を技術の中だけでなく、世界史や経済構造、産業構造の中で捉えるのである。

　結論。山田は日本経済をイギリス等の先進国と比較してその段階を測り、型を打ち出した。彼は日本資本主義を封建的でかつ「アジア的な家族関係」の経済だと見る。この山田の規定には多くの反省が必要であるが、その内容は川島武宜の『日本社会の家族的構成』（1950年）をも参考にすれば、労働者は資本に搾取されるが、同時に企業という家族の一員として遇されたことである。日本の経済にはそのような「経済外的強制」が作用する。マルクスは近代西ヨーロッパの「経済的諸関係の編成」を研究したが、山田の『分析』はその日本版となったのである。経済全体での基底と上部構造の2重構造は図のようになる（参照、図3）。人はこういう国を豊かな国と言わないだろう。

（4）革命戦略と世界史

以上の段階と型の日本はどんな革命戦略をもつべきか。山田は労農派のように日本を近代化していると見て次の社会主義段階に移行すべきだとは考えない。彼はまず封建制や家族制度を破るブルジョア市民革命を起し、そのあとで社会主義化を考える。これは2段階革命論である。西欧であればブルジョアが人権と公民権を求めたが、日本ではブルジョア的発展は弱く、左翼がその代行をして権利を主張する。同時に左翼はブルジョアを批判せねばならない。後発国の道は世界史の中では複雑である。前者の民主主義化は戦後の改革でいちおう実現した。……内田はどう対応していくか。

この革命戦略から歴史は大きく二つに分けられた。分類基準は二つある。一つは封建的な身分制から対等の人間関係への進み具合に置かれる。それは資本と資本の間や資本と賃労働の間でも問題となるが、基底的には農民と地主の関係が問題となる。だがそれはいわゆる市場化のことでない。日本は明治以来、軍事的に華々しい成果をあげ、株式会社や機械制大工場を発展させたが、それらを支えていた根っこの農村が不健全であった。山田はそこに眼を向ける。他の一つは政治的に近代市民革命が発生しているか否かに置かれる。

山田は以上の観点から世界史を以下のように構成した。日本はその「諸資本主義」からなる世界史形成の一環をなすのである。彼のその作業は戦後の改革以降にも続く。

イギリス――農奴制はヨーロッパで一番早くに消滅し、独立自営的なヨーマンリーが出てくる。1642年に絶対主義に対して市民革命が起きるが、これもヨーロッパで一番早い。その時にクロムウェルが出るが、彼は軍隊の主力をヨーマンリーにおいていた。それは国会議員を選挙する権利をもち、社会的にもひとかどの人物と認められていた。このヨーマンリーはやがて彼らの間での競争や18世紀末の国家による強制的な土地の囲い込みによって分解し、消滅していく。19世紀の初めにはJ・S・ミルが感慨をもって指摘したように「丘の農民」は見られなくなる。それに代って近代的な大土地所有制と富農による資本制的農業が成立する。この農業革命があって農村は18世紀末から始まる産業革命に労働力と食糧・原料を提供していく。以上の点を指して、イギリスでは資本主義は自生的に発展したと言われる。……イギリスの資本主義発展にとって二グロ奴隷制や外国商業の展開、地主や金貸が果たした役割は大きいのだが、それは国際比較の観点から軽視される。

フランス――イギリスより少し遅れる。絶対王制の下で分益借地農が多数を占める。彼らは経営の資本を持たず、収穫を地主と折半せねばならない。大農経営はあったが、地域的に北部に傾いていた。市民革命は1789年になって発生し、貴族や寺院の土地は分割されて小農民が創出される。この分割地所有農民がナポレオンの軍隊の基礎となる。ナポレオンはこの軍隊をもってまわりの封建的・絶対主義的国家を攻撃して帝国主義的にフランス革命を輸出する。産業革命もイギリスより遅れて19世紀の30年代になって始まる。だがフランスでは分割地所有農民はその後も持続して分解は遅れ、1830年の7月革命と1848年の2月革命をへて、19世紀半ばには保守的なボナパルティズムの基礎となる（小農反動）。

プロシャ――イギリスやフランスよりもさらに遅れて、19世紀初めになってシュタイン＝ハルデンブルグが上から近代的な改革を行なう。これによって農民は封建的な賦役と貢租を免除される代りに占有地の3分の1から2分の1を領主へ引き渡す。ここでは零細農業とユンカー所有＝大経営が並立する。1848年に後者の封建勢力に対してブルジョア革命が勃発するが、失敗する。その後の19世紀後半にはユンカー地主とブルジョアとの対抗のうえに絶対主義的君主制が成立する。だが労働者階級が台頭してくると、両者は融合して労働者に対抗する。他方、ドイツは19世紀末から産業の独占化を進める。それはイギリスよりもずっと進む。

ロシア――ロシアではツァーによる独裁体制が続いてい

たが、1854－55年のクリミア戦争でイギリスに負ける。その後、ロシアで改革が始まり、1861年に農奴が解放される。しかしその後もミール共同体や農奴制は残存し、その上に高度の独占と会社所有の巨大な地主が立つ。農民層分化の動きは出てくるが、ストルイピンがそれに対抗して上から改革を行なう。それに対して1917年にロシア革命が起こり、土地の国有と集団的農業経営が成立する。

以上、土地改革をとれば、それは時間的には英→仏→独→ロシアの順で進む。

では日本はどこにいるか――明治維新はイギリスやフランスの市民革命でなく、ブルジョア革命以前的である。維新は下級士族と豪農の連携による政治変革であった。いくら近代的な法律が作られ、財閥が派手に動き、先端的な機械制繊維工場が発展し、軍需産業が繁栄しても、西欧のように農村で独立生産者が育つ条件は少なかった。日本の農民の耕作権は弱く、その労働生産力も機械化が進まないので弱かった。自作農はいたが、高率の小作料に誘われて小地主になりたがる。以上の点で日本はプロシャに近く、旧ロシアよりは先にいる。日本は世界資本主義の一環に入るが、脆弱だったのである。では、日本はどんな方向をとるべきか。英仏のように農民的土地所有・自作農化を進めて、しかも経営の大型化や協同化を行ない、その生産力の上で工業化を計らねばならない。山田はそのように処方箋を出す。……内田はどう考えたか。

山田は変革の担い手を求める。労働者の労働力は基軸工業で働くことで陶冶され、質量的で技術的に先見の明ある者となる。それは大型装置に適応して熟練と体力をもつ旋盤工や鉄道の機関庫で働く者、製罐工、ダイヤグラムの下で緊張感をもって働く者、ソーダ工業や硫安工業で訓練を受ける者等であった。彼らが労働条件を一揆的行動でなく労働組合を作って組織的に改善していこうとする。山田はそこに政治的にも変革を担う主体を求めるのである。

最後に確認することがある。山田は分析の最終目標を資本主義の一般的危機とした。彼は基底と上部を関連させて日本型の崩壊を予測する。資本主義の高度化が自分の基底を崩してしまうのである。日本の資本は合理化をするのに機械の導入よりも低賃金の労務管理を中心にして進めてきた。他方で、産業構造は重工業を中心に高度化していく。やがて第1次大戦後、軍需工業動員法が作られて、動員型経済が準備されていく。そのもとで基本構造の軍事的半農奴制的な型が再編成される。そこに日本に特殊な危機が進行する。新興の電力・化学部門に労働者が新規に集められ、従来の重工業における熟練労働貴族層の地盤は崩される。生活関連の衣料部門も圧迫を受けて生産量を減らしていく。女工の賃金も家内工業の婦女子の加工賃も圧迫される。賃銀も加工賃も農家の収入を補っていたから、衣料部門の縮小は農家の副業を狭め、その零細経営を崩壊させる。それはまた家父長的家族の解体を意味する。だからこそ政府は「家」の秩序の維持を叫ぶ。農家は日本資本主義の基底をなしていたのに、資本主義の高度化の結果、崩されていく。これは矛盾である。山田はそう捉えるのである。その矛盾が日本に敗戦をもたらし、戦後、日本は出直すことになる。

さて山田の『分析』は問題を残す。まず第1に、彼は日本資本主義の型を発展の諸段階を貫いて不変だと固定化してしまった。そしてその日本型の崩壊を予測した。日本にも新しい資本が出現し、資本主義は構造的に変化する面もあったのだが、それらは彼の視界から消える。次に、農工間や工業内の二重的構造は戦後の高度成長期になってかなり解消していく。さらに、彼は中国を日本と比較してアジア的停滞の状態にあるとしたが、それは戦後の中国の発展によって反省を迫られていく。

そのような問題を残すが、山田の『分析』はその後の世代に議論と思考の出発点を与えた。そこから内田への道を辿っていかねばならない。

大学教授・山田盛太郎の資本主義分析はどこまで対象の理解に届いたか。『分析』の「上部」の労働者と「基底」の農民はどんな気持で働き暮しを立てていたか。それを細井和喜蔵の『女工哀史』（1925年）と渋谷定輔の『農民哀史――野の魂と行動の記録』（1925-26年の生活記録を後年に整理して1970年に出版）を参照して追ってみる。両者は対象にていねいに寄り添い、しかも冷静に距離をおいている。彼らは山田が捉えたものを別の角度から照らすとともに、山田が十分に見ることのできなかったものを教えてくれる。概念からこぼれ落ちるものがあり、術語は開かれていかねばならないのである。

補正・1　「人類の母」紡績女工の工場勤めと寮生活から

細井は義務教育の尋常小学校を出ただけであり、その後15年間にわたって紡績工場の下級職工を勤める。その彼が『女工哀史』を書いて日本資本主義の貴重な記録を遺すのである。

細井は統計や研究文献も参考にするが、工場労働を体験しているだけに現場感覚にあふれ、働く者の気持が分かっている。彼の本の前に官庁から『職工事情』（1903年）のような調査書は出ていたが、それは主として会社が表向きに公表したものに拠っていたから、とても実情に迫るものでなかった。彼は女工の心の中を知る素材として小唄を集める。女工は自分の思いや考えを文章にすることはほとんどできず、できるのは小唄を通じてであった。それは統計による証明とは別に、工場のなんたるかを鮮やかに教えてくれる。栄養科学研究所は日本人の体表面積1㎡・1時間当たりの消費カロリーを年齢別や男女別に計算していたが、その事態は女工が「三度々々に茶っ葉を食べて何で糸目が出るものか」と唄うことからも把握できるのである。

（1）山田を補う観察

細井は鐘紡や東洋紡のような大工場を観察し、その設備の近代性と労働様式の古さとを対照させる。

工場の外形は近代的であったが、人間関係には封建的なものが残った。細井のこの認識は山田よりも現場に密着的であった。研究者はこういう認識の仕方を忘れてはいけない。会社内では経営者と労働者との間はかけ離れていて、女工は社長の名を知らず、社長と話をすることもない。社長の方も工場から離れた営業所にいて、工場を見廻ることもない。（この姿が変わるのは戦後の高度成長期になってからである。）工場では階級は垂直的に上から下へ、工場長―工務主任―工務―部長―組長―優等工・見廻工―男女工と組織されるが、女工にはそれは「非実力本位」と映った。女工の昇給はその能力や勤勉でなく、上司とのコネの有無によっても決まる。そして中間の役職が同じ労働者を搾取する。小唄がそのことを語る。「定則出来なきや組長さんのいやなお顔もみにやならぬ」。

この階級差は作業場内だけに止まらない。工場内で食事をするときには社員は「特菜」を、職工は「並菜」をとる。また差別は工場の外にも及ぶ。女工の寄宿舎には部屋長や世話婦がいて、彼女らが新米に自分の着物の洗濯や他の用事を言いつけるのである。

女工と会社とはとても近代的な契約関係でなかった。細井はそれを突く。女工の募集の仕方は細井の時には原蓄期よりも改善されていたが、それでも自由な契約でなかった。山田は日清戦争・日露戦争期に産業資本が確立したと見たが、細井はその時期を女工募集の「自由競争」期と捉える。それは後に大河内一男が『黎明期の日本労働運動』（1952年）で描いたことであった。会社は募集の事務を募集人に委託する。会社の募集は「女衒」そっくりであり、農民にうそ八百を並べてだまし、募集人から女工を1人当たり幾らとして買い取っていた。それでも女工は不足する。また募集地は女工獲得の争いや工場勤めで疲弊した女工の帰郷によって荒らされてしまう。これでは会社の募集コストは高くなり、労働力の確保はできない。そこで会社としても募集地「保全」の措置を取らざるをえなくなり、工場の管理人が直接監督するようになる。

女工は入社すると誓約書を会社に提出するが、そこには会社が勝手に決めた労働条件が書かれており、女工はそれに対して不平を言わないとか、女工は他の工場と契約関係を結ばないという条項も入っていた。これでは細井も言うように労働力は「自由な商品」とは言えない。

細井は労働条件を調べる。大工場ではずいぶん改善され、床はコンクリートでなく板になり、採光も十分で、中には換気・防火の設備を置く工場もあった。だがそれで人間が大事にされるのでなかった。労働は高い湿気と温度、騒音、ちりの中でなされたのである。温度は機械熱によって高くなり、湿度は繊維に強度をつけるために噴霧器で湿気を与えられるから高かった。とくに夏期の紡績部の温度はカ氏85～95度、湿度70％台後半と焦熱地獄であった。その湿気が女工に肺結核が多い原因となる。

労働時間は相変らず長時間であった。紡績工の労働時間は工場法によって11時間に短縮されるが、実際はその通りでなかった。工場は昼夜2交替制と深夜業を取り入れる。前者は機械を常時動かすための労務管理であった。後者は夜業を残業という名目で行なわせたから、労働時間は延長される。また休憩時間は定められていても、その時間に食事をとらせたり、機械の掃除や次の作業の段取りをさせる。それは資本による時間の盗み取りである（戦後の高度成長期における日本的経営の特徴）。夜業は1929年になってやっと禁止される。

細井は賃金制度にも問題を見つける。工場法が労働時間を制限すると、経営者は賃金形態を変える。賃金は個人としては日給の時間給であっても、集団の一員としては請負給で払われた。この出来高賃金が労働者を精出して働くように仕向け、個人間でも部や工場同士でも深刻な請負競争となる。職工はトイレに行くのも惜しむようになる。これでは山田も名づけていた「競技会」となる。それには、これも山田が知っていたことであるが、女工の共同体心理が利用された。彼女たちは寄宿舎の一室ごとに、あるいは同郷ごとにグループを作るのだが、自分が属するグループの中では親密であっても、他のグループに対しては不仲となる。このような二重倫理とコネの人間関係では労働者の間で横の「階級意識」を育てるのは難しい。請負制に代えて週給制を取る開明的な資本家はわずかであり、労働者への高賃金が彼らの購買力をまして国内市場を豊かにし、結局は自分たちの商売を繁盛させると認識する者はいなかったのである。

大工場によっては労働者に義務教育を与える。鐘紡などは中等程度の教育も与え、実地上がりの男子職工長には学理も授けていた。工場はそのことを宣伝するが、細井はその内容を批判した。工場は女工に講演会に出席するように強制するが、その内容は不平を言わずに分をわきまえるとか、労資協調と報国の精神を強調するものであった。工場歌がそのことを表している。彼は小林愛雄や弘田龍太郎のような音楽家が「工場芸術」を提唱して工場宣伝に協力しているのを知る。女工はその歌が自分たちの魂に触れるものでないのに、それを高らかに歌うのであった。工場教育は庶民がものごとの理を知って世の中を独立独歩していくためのものでなかったのである。

(2) 山田にない鋭い視点——科学的管理の非人間性

細井は近代的大工場の労働疎外を指摘した。工場内の作業がひどく分業化されるのである。分業は大きくは運転工と保全工に分けられるが、前者の中の純粋の生産工だけでも、またその中の紡績部だけでも混棉工・打棉工・梳棉工・練条工・粗紡工・精紡工、その後の行程工というように細分される。それらはさらに年齢や熟練度からみて、成年男工は紡績部では体力を要する混棉・打棉・梳棉等に多く配属される。成年女工はそれより軽度の練条・粗紡・撚糸等や織布部に多い。幼年女工は単純な精紡工程に、老年女工は眼力の必要な選棉工程にまわされる。以上の分業が機械に付属するのであって、機械が人間労働について廻るのでない。

アメリカのF・W・テーラーが開発した科学的管理法と標準労働が問題になる。細井は織布部の女工が微分割された作業をしようと力織機の間を無駄なく歩き廻るさまを図で描いている（図4、参照）。その図を追っていくと、近代資本は標準労働を見つけようとして「人間と機械を科学的に取り調べる」のだが、それは人間労働の「凡ゆるもののアラをほぜくり出し、各人の個性をして工場制定の「型」に打ち込んで了はうとする」ものだということがよく分かる。彼は精密機械に要求するような標準労働を人間に適用するのは「罪悪」だと言わざるをえなくなる。大工場は「男女工が自発的に工場をよく治めて行くことを欲しない」のである。先端的な生産管理は人間を大事にしない。

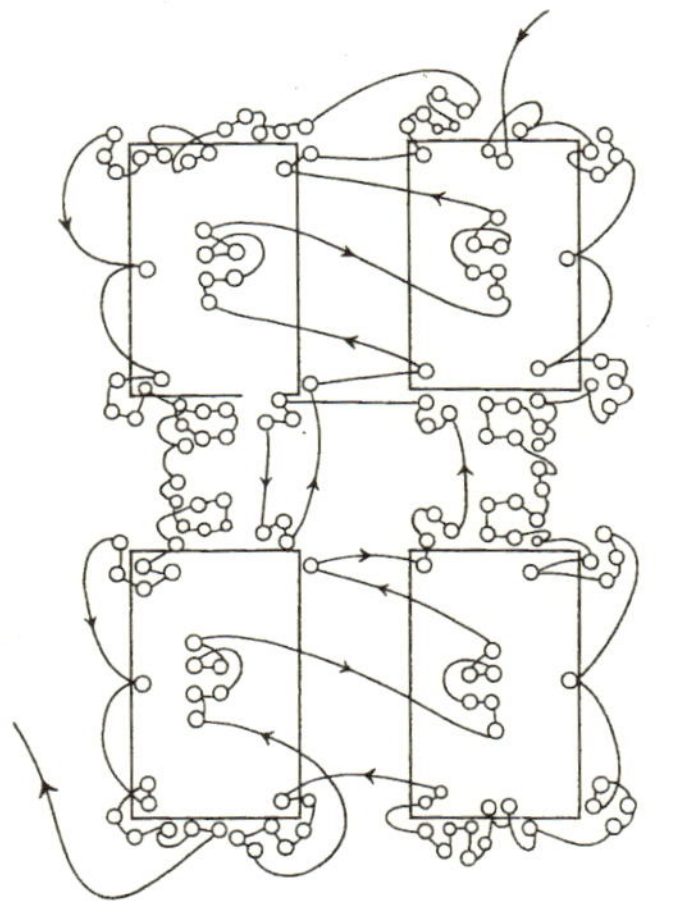

図4（『女工哀史』より）

(3) 細井に独自な視点――自立を妨げる温情経営

細井は大工場内の福祉施設を労働者の自立の観点から批判する。

鐘紡の社長・武藤山治は中産階級が住むような女工の寄宿舎を自慢していた。また同社は女工に肺病者が出れば保養院で治療を施すほどに進んでいた。細井も以上の配慮をほめる。だが彼は同社の大阪支店が女工に芝居・映画・落語・浪花節と盛沢山の娯楽を与えていたことに対して「温情に仮面をかぶった打算行為」と批判した。この「天降り設備」では女工にとって「真の娯楽」にならないからである。女工はお仕着せで低級な芝居を与えられる。それは最後にめでたしめでたしで終る新派ものであって、新劇のような社会劇は排除された。彼の感覚はまっとうである。賃金は「人間として文化生活を営むにあたって必要な物資を購入する」のに十分でなければならず、しかも労働者はその賃金をもって町で娯楽を消費すべきなのである。彼は労働者に「相当な賃金を出して何もせずに放任して置き、労働者の自治を尊重する」ことを説く。彼は工場内の売店に対してもはっきりとこう言う。「これを「福利増進施設」だといって参拝九拝し喜びきっている大勢の奴隷が憎い」、と。売店は「労働者の自治的精神による消費組合」でないから、労働者の解放にとってかえって邪魔だとみなされたのである。

細井は寄宿舎にも厳しい眼を向け、それが労働者の自立を損なうと考えた。近代では女工は工場に一定の時間を切り売りするのであって、工場を一歩出れば自由のはずである。だが寄宿制度が女工の自由時間を奪う。宿泊施設は塀が高く、しのび返しがつけられている！　女工は外出することを極度に制限され、世話婦から食べ物や着る物、化粧や読む本に対してうるさく干渉され、通信の秘密も時に破られる。小唄――「世話婦々々と威張って居れどもとを糺せば柿の種」。会社は寄宿制度を次のように正当化する。私どもには大切な娘子を預かった者として責任がある、給与を贅沢なことに支出せずに国元へ送金するのを忘れないようにさせているのだ、と。小唄――「聞いて下さい××さん　親に孝行がしたい故　海山越えてはるばると　知らぬ他国で苦労する」

女工には社会的な自覚はないのだろうか。細井が見聞きした女工たちは資本家が働かずに美衣美食をほしいままにしていることに疑問をもたず、自分たちの方は働いても働いても絹物一つも買えないことに問題を感じないのである。彼女たちはただ「無智に基づく宿命観」をかこうだけであった。

それでも、資本と労働が共通の利害をもつことはできなくなり、やがて鐘紡のような温情経営であっても女工から賃上げのストライキを打たれる時がくる。久板栄二郎が鐘紡の温情経営が破たんしていくさまを戯曲『北東の風』（1937年3月）に描いていく。

どうしたらよいか。細井の提案は現状分析の鋭さの割には抽象的であった。それは男も女も労働の義務を強制され、働かざる者食うべからず・着るべからず、工場を国有にすべしであった。これでは山田の2段階革命論に及ばない。

細井は知らなかったが、渋谷定輔が長野県岡谷の一生糸女工の投書を新聞に見つけ、それを『農民哀史』に書き留めている。それを以下に孫引きしておこう。それは日本の資本の性格をよくつかみ、資本家顔負けの合理的な認識すら見せている。なぜ「女工哀史」なのか、その理由も分かる。

「私達も、工場の監督様や、いつも講話に来られる講師達から「製糸工女は尊いもの、国の宝である。これがなければ日本は経済的に破滅してしまう。それは輸出の太宗といわれる生糸製造の業務に従事しているからである。だからこの尊い職務を理解して身を粉にするまで働きなさい」こういうことを聞かされました。／私はその都度、もっともだと感心して出来るだけ働きぬいて来ました。ところが、最近この言葉の真意を疑いはじめました。なぜならそれほど尊い職務であるならば、それに従う私ども女工のために、もう少し色々の事を考えてくれそうなものだという疑いであります。／私どもの就業時間は十三時間です。けれどもこの十三時間は機械が運転する時間です。その前の作業準備時間と終業後の整理時間とを合すれば、それ以上の時間になるのです。…（中略）…しかも私どもの賃金には変りはありません。…（中略）…それでも私達は女ですから、なんともいうことができません。もし理屈でもいおうものなら、あの女は馬鹿だ、生意気だとたしなめられることはきまっているから、涙を呑んで口をつぐんでおります。私は女です。終業後入浴と髪結いとをすれば、眠る時間がどれほどありましょう。娯楽だ、修養だなどは思いもよりません。／それに夏の百度にも上る時でも、夕方の暗くて細い糸の見えない時でも、作業場の障子も明けてはくれません。その理由は、障子を明ければ蒸気が冷えて石炭が多くいるという理由です。だが私達は、暑苦しい思いや暗い感じで仕事をしているよりも、涼しい明るい気分で仕事をしたら、石炭の損失以上に能率の上から利益があると思います。」

結局、細井は女工の労働に積極的なものを見つけることはできなかった。それは無理もなかったが、渋谷が労働の人間性を捉えることになる。

補正・2　「野良に叫ぶ」農民の「労働の喜びと呪い」

渋谷定輔は1905年に埼玉県入間郡南畑村で生まれ、1989年に亡くなっている。彼は貧農の家に生まれ、幼い頃から家の農作業を手伝わされていた。彼も細井と同じく小学校しか出ていないが、「百姓は種札さえ書けりゃいい」（詩「おれは知識を尊重する」より）という父親のあきらめの言葉に満足できず、世界の真理に生きたいと願う。彼はそのために本を、新聞を読む。彼は学校に行かなくても牛を引きながら読書するから、「本狂人」と言われるほどであった。彼は若い頃は詩作にふけり、そのかたわら農民運動に関わった。その彼には詩集『野良に叫ぶ』（１９２６年）と農村生活を記録した『農民哀史』および自分の生涯を語った『農民哀史から60年』（１９８６年）がある。

『野良に叫ぶ』は近代日本最初の農民による詩集であった。その文学的評価は他の人に譲り、私は詩の中の社会認識に注目したい。青野季吉はその詩集を読み、そこでの自然描写を中世的で概念的な田園讃美だと決めつけた。また彼は渋谷の社会観察が感情のおもむくままであって、プロレタリア文学は共産主義をめざすという目的意識をもってその自然成長性を導くべきだと書評した。その批評は正当であったか。それは疑問である。

渋谷自身は同書の再刊（１９７７年）「あとがき」の中で、自分の詩は「未熟で、素朴で、八方破れのわたくしの分身」であると述べている。彼の詩にはいわゆる抒情的な味わいはなく、詩壇で行なわれる詩作の方法を反省して書かれたものでもない。それは「美しい手」で書かれておらず、「泥だらけ」の詩である（詩「おれの詩」より）。彼は土百姓の詩を、「ほんとうに生きた／おれたちの詩を／否／生活を／大地に書こう」（詩「大地に書こう」）とする。その詩は百姓を虐げて搾ってきた鎖を断てと読む者を駆り立てるところもあるが、農民がうっすらと感じたり意識下に押しこめていたものを突き出している。

『農民哀史』は彼の詩集の刊行時と重なる１９２５年から26年頃に故郷における生活と農民運動を記録したものであり、日本の農村と農民運動の一つの典型を示している。そこには農本主義的に「大自然に即した原生産者・肉体労働者としての誇り」が現れているが、それは資本主義や都市文明を照らし返すものでもあった。渋谷は本当の文化を求めていく。彼は血肉化していない借り物の口説を嫌い、運動の現場でインテリゲンチャ青年が人民を上から指導してやるという態度に反発していた。彼は「観念論的社会革命論者の如く、少数の同胞に思いをよせることは、新社会建設運動の戦闘力を減少せしめる消極的行為にすぎない」

とは思わなかった。彼は困っている人がいれば、センチメンタリズムだと笑われても、手を差し伸べずにはいられない性分であった。彼は生産者であるとともに「生活者」であったからである。

（1）山田を補う社会認識――家計簿から

ロシア経由のマルクス主義はプロレタリア独裁を唱えていたから、農民を都市の工場労働者と対等に扱わなかった。またそれはレーニンに倣うということでナロードニキを批判し、個人的な私的所有は必然的に資本主義に飲まれ、土地も必然的に少数の地主に集められると考えていた。だからそれは農民が土地を求めることに反対する。それはレーニン理解としては皮相であった。渋谷は現実に合うことだとして農民を一種の労働者とみなし、統計数値と自分の生活実感の双方から農村を分析していく。

一般的には農家は土地所有の有無でみると、地主、自作農、自小作農、小作農、無所有農に分けられる。経営規模別には富農と小農に大別される。地主はさらに自ら耕作する地主とただ土地を所有するだけの地主に、また地主の居住地によって農村に住む在地地主と都市に住む不在地主に分けられる。そのことを頭においた上で、渋谷は自分の村の階級関係を次のように捉えていく。彼は年間の農家経営の実際を１９２６年５月24日の東京朝日新聞から知った。それは埼玉県の小規模だが（渋谷家よりも大きい）模範的な自小作経営の例であった。それによると、経営地は水田・畑・桑園合わせて１町８反７畝10歩。収入は水田から１１６０円22銭９厘、畑から８３０円97銭８厘、桑から66円20銭５厘、養蚕から１８７円26銭６厘、農産加工で88円25銭、合計２３３３円58銭８厘となる。支出は肥料・飼料・光熱・労賃等で８７７円、小作料と税や組合費等の負担を入れると、合計１０３６円57銭４厘。差引１３０１円１銭４厘の所得となる。そこから自家労賃分を引くと、６９３円３銭４厘。これが一年間の生計費であるから、その自小作が生活に不安を感じるのは無理もない。

それに対して渋谷の村はその４分の１の所得しかなく赤字経営であった。それを出稼ぎか女工勤めで埋める。渋谷家の場合は荒川での砂利採取所での臨時の日傭取り等であった。彼の家も零細な自作地のほかに小作地を借りていたから地主に小作料を払う。１９２５年度は作地１反８畝３歩の田で７表の収穫があり、そのうち４表と１斗１升が小作米であった。何という高率！　山田は日本の農村をミゼラーブルに描いたが、それは事実であった。渋谷は新聞から埼玉県の調査として、小作農が自作農になるには、その間に何の災難がなくても、23年かかるという数字を引用する。

(2)　山田が見ないもの――ゆい、都市農村間格差

宮本常一のように日本の農村・漁村・島々を歩き回った人は、当時の農村を地主・小作人の階級関係で代表させることに疑問を抱いていた。渋谷も事情に精通した人として同じ見方をする。

渋谷の目に農村はどう映ったか。彼は社会主義関係の本を読むが、それだけでは農村を理解できないと思う。農村の社会関係は地主対小作人の階級関係だけでなく身分関係でもあって、この点では彼は山田と同じ見方であったが、山田が見ていないものを知っていた。それは三つあり、伝統的な「もやい」や結の共同労働であり、村のなかにある「部落」や「朝鮮人」に対する差別であり、村全体としては都市との間で不平等だということである。ここでは一番目と三番目に限定する。

まず、村は共同体でもある。マルクス主義者は都市の大工業における協業や生産手段の共同利用に注意することはあっても、村の共同体を十分には知らなかった。渋谷は違う。農民が水田を耕作するのに共同で水の管理や配分をせねばならない。各1戸から1人が出て用排水路の掃除や道路の普請に当たる。都会のように公共のことを行政に任せきりにできないのである。ただ渋谷も注意を与えたように、共同といっても個々の家族の経営を前提にしている。だからどの家も水を得ようと、時には水泥棒をする。これは共同体の中のエゴである。

農村の労働には文字通りの共同労働もある。それは慣習となった「結」とか自発的な「もやい」であって、「労働の交換」である。渋谷の家では本家から米の俵縛りやため引きを頼まれ、逆に伯父に茶摘みの人手を頼んでいる。また、隣家の倉庫の壁塗りの手伝いをしたり、たまたま家に来た友人に蚕の世話の「手伝い」を頼んだりしていた。それは農村の中で働く者のみがつかみうる実情であった。だがこの「互酬」を市場経済や資本主義と体制的に対立させるのは渋谷の課題ではない。

以上の共同体と階級関係は違うものだが、実は関連して

いる。渋谷によると、村共同体の原型は各家が総代を順番に出すことにあり、その共同意識は農村が階級分化するにしたがって薄まるが、その共同組織は地主支配の下部組織にされている。これも村の事情に通じた者ができる認識であった。

次に、渋谷は農村を都市との関係で見るが、それは村に住んで暮しをたてているからである。農家は労農派が強調したことだが、商品経済にかなり触れている。渋谷の家は養蚕を営むが、蚕紙は川越の町から買わねばならない。桑は自家でも栽培するが、不足する時にはその時の相場で買う。できた繭は仲買人の店か繭店まで持って行って売る。そのさい渋谷は正直な数字を示して売っていたが、一般に商人は駆け引きをするから、農民も用心して駆け引きする癖がつく。その心理は農村共同体の二重倫理だけから生ずるものではなかった。農家は商品経済に入るが、価格は自由競争の下で生産費を中心にして成立する一物一価でなかったのである。

以上の市場化に問題があった。都市と農村の間は不平等であったことである。渋谷は怒りを込めて言う。「俺達が生産する何一つの物に定価を付けて売る物があるか？　俺達が消費する何一つの物に定価の付かない物があるか」（『農民哀史』）。当時産業組合があって農家の売買を媒介していたが、農家の利害を代表していなかったのである。農家は自分の生産物に自分で値をつけることはできない。これは戦後の経済民主化をへても長いこと農民の不満となり続ける。

人は地主・小作人の階級関係や身分関係の中ではお互いに相手を恨むが、都市の商工業が農村を全体として搾取することを恨もうとしない。渋谷はそのことを憤る。町の人が肥料や日用品を安く仕入れて農民に高く売り、農民からはその農産物を安く買い入れる。渋谷の家は繭を作るが、繭は経費を回収しない価格でしか商人に売ることができなかった。そのことは米についても言える。彼の家は水稲のもち米を作って市場に出すが、自分では陸稲のまずいもち米や大麦の割とさつまいものきざみを食べている。生産者は自分の生産物のある部分を自分で消費することができない。これでは農家は市場関係に入るとしても、その中身を知ると、単純に近代化していると見ることはできない。さらに、渋谷は近隣の志木町に住む肥料商・農機具商・雑貨商に目をやる。彼らは農民にその土地を抵当にしてお金を貸し、農民が返せなくなった時に土地を安く買いあげて地主となる。それは村外の不在地主であり、その利害は農民を金融的に支配することや所有地を高値で転売することにあった。

渋谷はその都市・農村間の不平等な関係にいらだつ。志木町には東武線の駅があり、そこに寺や栗林を散策する人々が乗り降りする。町はそこに目をつけて東京から観光客を引き寄せようと遊園地を改修する。彼は農民生活が「白き手」の都会人による田園讃美や自然美とは無縁であることを呪う。そして百姓娘が農業を捨て、親を村に残して、都会に憧れて出ていこうとすることを嘆き、野良へ出てこいと促す。そして自分では身勝手にも「人類的に意義のある農業労働生活を、真に理解し協働する女性の友」(『農民哀史』)を求めるのであった。

農家が使う肥料には堆肥や蚕の糞、金肥の豆かす、そして人間の排泄物があった。東京の近郊ではタメ（屎尿）は江戸時代から利用されてきた肥料であり、それが専用の貨車で運ばれてきた。渋谷等農民は朝早く家を出て、鶴瀬駅で樽に入った屎尿を受け取る。一樽で12貫目と重い。それを牛車に積んで家から2里半の所にある桑畑まで運ぶ。桑畑では穴を掘ってタメを入れ込む。水田にもそれを打つ。空になった樽は洗って駅に返す。渋谷は詩「沈黙の憤怒」で屎尿運びの自分を町者の見下げた目をかりて自虐的に描く。それは農村の農産物と都市の破棄物の間のリサイクルという中性的な言葉では消されてしまう感情であった。

役畜の「労働力」について付言しておこう。それは研究者の目に入らないものであった。中の上レベルの農家では発動機を使うが、渋谷家のような貧農では共同で役畜を使うしかない。彼は牛に語りかける――牛は人間によってどぶ田に追い込まれ、重い田かき万能を引きまわされる。だが牛はそんなことのために生まれてきたのでない。人間は牛を思うように働かそうとするが、牛は余りに疲れて歩く力もない。こんな時には「枯枝を風呂敷に包んだような牛の尻に、鞭うつことが恐ろしい」と思う。渋谷は1925年6月12日の日記にその詩を書きつけた。「牛よ／おまえを　こんなに酷使するのは／決しておれだと思ってくれるな／この人間のようなおれだって／この不合理な社会制度の下では／おまえとおなじ奴隷にすぎない／牛よ／おまえとおれは兄弟なのだ！」　牛は生活者の渋谷にとって同じ「生産的労働」者となる。役畜を人間の生産的労働者と同一視することは狭い意味の経済学からすれば間違いであるが、広くエコロジー的な視座からすると正しい。そういう反省がなされるのは戦後の高度成長下における環境破壊をへてからである。

（3）労働の喜びと呪い

山田は農村をミゼラーブルに見たが、それは事実であるとしても、そこには高い所からの視線があった。ミゼラーブルはどういう時にそうなるか、そのことが理解されないといけない。

人間は自然科学的には環境との間で物質のやりとりをして生きている。その物質代謝を媒介するのが人間の場合は労働である。渋谷はその農における労働の意義をよく知っていた。まず農作業は自然に翻弄され、自然をコントロールすることはできない。渋谷の日記から一例を引いてみよう。……蚕に与える桑の葉は乾いていないとだめである。5月のこと、雷が鳴って今にも雨が降りそうになった。「私と父は全力を挙げて桑を切り、母と妹は摘んだ桑を籠につめて駆け足で家に運ぶ／――やあ、もうダメだ、ダメだ／――こりゃあ、うんと降ってくるぞ／――間に合わなけりゃ、まるって、ふたをして帰っちまあべ／ザァッと、ぶちまけ押し流すような雷雨がやってきた。稲妻がピカリ光った。空と地が裂けるような雷音がつぎつぎと迫る。私は桑束を車に積んで曳きだす。田かきの牛や馬も一斉に駆け上がり、足音を立てて走っていく。」「本当に天気だけは人間にどうにもなんねえなあ。」

さてこの農作業にも「労働の喜び」はある。4月中旬、苗代で種もみが「一斉にぽっちりした白い芽をほのかに揃えてきた。これから一日一夜、刻々に伸びつづける苗代をみつめることはひとつの楽しみである」。7月末に「小豆たちがつるを大空に向けてするすると伸ばしているのは甚だ愉快だ。全力をあげて伸び、花ひらかずにいられない作物の生命力が、私の生命力に火を点じてくれる」（『農民哀史』）。彼はこの労働における喜びを幾つも詩に書きつける。マルクスの労働過程論を知識人の頭の中だけのものにしてはならない。

しかし社会科学的には、その喜びは「生きる呪い」（久保栄『火山灰地』）に変る。渋谷は「自然はすばらしく雄大だ。私は自然の子。大地の子」と感じても、みすぼらしい家を思い出して「用心しろ！」と自分に言い聞かせる。彼は反省してみる。労働の喜びは地主兼自作農のように食べるに不自由ない者だけが感じることでないか、と。ほとんどの農民は食べるために仕方なく働くから、労働を苦痛に感じるのでないか、と。この労働の喜びと呪いを演劇や技術論、経済学の中でつかむ人たちがやがて出てくる。渋谷は「農民が真実の人間として、自然との関係を回復しうるのは、資本主義を乗り越えた社会主義社会の中にしかないだろう」（『農民哀史』）と考え、ミレーが描いたような精神性をもつ農村生活を求めていくのであった。

（4）社会実践——農民自治会

目前のこととしてはどうしたらよいか。渋谷は不作の年には地主と交渉して小作料をまけさせたが、親たちのようにただ哀願するのでなく、これこれの経費と自家労賃がかかってこれだけの収穫しかなかったから、平年作の場合と違ってこれだけの小作料にしてほしいと、数字をあげて説得する。地主はその合理的な要求に応じないわけにはいかなかった。また彼は他の農民と同盟して小作争議に訴えて要求を実現していく。

この小作争議は考え方の変革を伴なうものであった。渋谷の父親は言う。「たとい小作米をまけてもらったって／自分一人じゃあるめえし／そんなことでひまを欠いたり心配したりするよりゃあ／縄の一房《いちぼ》もよけいなった方がよっぽどましだ」（詩「親爺よ」より。傍点とルビは作者のもの）。渋谷はそのあきらめにはとても我慢できなかったのである。

でも渋谷は小作料の軽減に専心するだけではだめだと知る。争議が成功して終ると、一般の組合員はそれまでの結集力を忘れてしまうのである。だからと言って、それを責めるだけでは小作大衆を理解することにならない。渋谷は小作人の日常的な要求に耳を傾けながら、思想的な教育活動が必要だと考えた。そこで彼は農民自治会に参加する。その運動は日本農民組合と異なっていた。日農はボルシェヴィキ的で中央集権的であり、一般の組合員は知識人の指導者によって上から統制されていた。農民の自主性は軽視される。渋谷は一時、同組合に入っていたが、その方針は自分の村には適用できないと感じて別の組織を考えたのである。また彼はマルクス主義者が唱えるプロレタリア独裁は自己反省の「人間革命」がなされない限り、また「新しい道徳と人格の高さを創造する」ものでない限り、堕落すると(『農民哀史』)批判的であった。プロレタリアには自己を改善する時間と教養を身につける余裕はないとしても、彼はそのことを社会の責任にするのみでなく、自己改造を自分に課すべきだと考えたのである。

彼は農民自治会を組織して農村の改善に取り組む。そこに通底する姿勢が「生活者」であり、マルクス主義者と少し異なっていた。農民自治会の趣意は農民が都会人から搾取され馬鹿にされている状態を自らの力で変えていくことにあった。同会の活動は小作制度を廃止しようとする点で階級運動であるが、その実現の仕方が自治的であった。購買・信用組合を設ける、生産手段の共同利用と共同耕作を進める、農村文化を自治的に作る、政治的にはどの政党にも属さない、等。組織は農民自身のなかにある自発性を基礎にして、下から協働的に作る。これは地方分権の農民自治主義の運動であり、そこには日本で最初の共産村「共生園」と共通する部分があったと言える。宮沢賢治の羅須地人協会も同じ部類に入るだろう。

この農民自治会の活動が弾圧される。渋谷は1928年の普通選挙で無産政党が伸びたことを一つの契機にして政治運動に入る。それはそれまでのアナーキズム的な農民自治の活動から離れることを意味していた。

II　資本主義の構造変動

1　自由資本主義から管理資本主義へ

1930年代の欧米に「現代資本主義」論の二つの潮流が出る。ミクロ的にはバーリ＝ミーンズが出て、資本主義は規模の小さい個別企業間の競争から大規模な集産的企業の寡占または独占の段階に移ったと捉えた（『近代株式会社と私有財産』1932年）。マクロ的にはケインズが出て、今の資本主義は一時的に故障しているだけだから、政府の政策さえよろしければ人の手で修復は可能だと主張した（『雇用、貨幣および利子の一般理論』1936年）注。日本もそれらの動向に連動する。新たな現実に合う新たな思想と理論が求められる。内田は講座派から影響を受けるが、日本的特殊性を資本主義のこの構造的変化と関連させる必要を感じていた（参照、平田清明との対談「歴史の主体的形成と学問」『名古屋大学新聞』305号）。内田は資本のこの柔軟な生命力を知って自分のマルクス理解を再検討していく。ケインズについては、彼は1939年、東京大学経済学部の卒業論文でその『一般理論』を取りあげる。ただその後は、彼は近代経済学の内部でなされた為替安定か物価安定か、貨幣は経済に対して中立的か積極的かをめぐる論争を知っていたが、ケインズを固有に論じたり、ケインズ対ハイエクの枠組をとることはない。彼は日本経済を捉えるのに「スミスとマルクス」の枠組の方を選んでいく。

注　参照、拙著『経済学史と対話する』第Ⅶ章の「序」。マルクスは既に『資本論』第3巻第5編「利子生み資本」で株式会社論を展開し、利潤は企業者利得と株式配当に、そして従来の資本家は資本所有者と機能資本家に分離することに注目していた。企業の中には経営者のみが残り、株主は経営者からすれば余計な者とみなされる。こうなると剰余価値は生産の内部での賃労働と関連されず、経営者と株主との間の分配関係のことと映るのだが、マルクスはその物象化された世界にあって資本制生産の最高の発展として社会資本が成立したと捉える。エンゲルスは1890年ドイツ語版『共産党宣言』の序文で、それまでと違って、大企業同士が国内・国際間でカルテルを結んで生産を調整するまでになったことを認める。

最初に石橋湛山と高橋亀吉の現代資本主義論を取りあげる。彼らは大学アカデミズムでなく民間で活躍した評論家である。彼らは第1次大戦後、欧米での資本主義変化の議論を知りつつ、日本の実情に合う議論を展開していく。そして講座派のように日本の特殊な階級関係に内在しつつ根底的な変革を展望するのでなく、物神化された貨幣の仕組の方に通じて目前の問題の解決に向かっていく。

(1) 資本主義はどう変化したか——石橋湛山

日本は1987年、日清戦争に勝利して清国から得た賠償金をもとにして金本位制に移行した。日本はすでに金本位制を確立していたヨーロッパ諸国に仲間入りするのである。それは紙幣1円を金0・75グラムと交換する(平価)と定めたもので、一国の通貨の値打が一定の重さの金に結びつけられるから、円は他国の同じく金と結びつけられた通貨と交換可能となる。たとえばアメリカの1ドル紙幣は約1・5グラムの金を含む金貨と交換可能であったから、100円＝75グラムの金÷1・5グラム＝49・85ドルと定められる。金は金本位制のもとで世界貨幣となり、外国貿易の最終決済において国際間を自由に出入りするから、円とドルの間の為替相場は定められたレートの上下わずかの間で変動するだけとなり、かなり安定していた。

だが事態は第1次大戦を契機に変る。日本も欧米も戦時の危機の時には金の輸出を停止していたが、戦後、欧米は金本位制に戻る。でも日本では戦後の不況で貿易赤字が増えて決済用の金が輸出されるから、金の保有量は減少し、金本位制に戻ることはできない。円のドルに対する為替相場は不安的で低落する。石橋が確認したところでは、1924年には100円＝42ドルになり、その暮には38・5ドルに低下する。為替の不安定と低落は日本の代表的な輸出産業である生糸等の輸出業者に不利であった。これは「常識」に反することだが、それには複雑な事情があった。石橋は通常の理論通りに動かない人間の行動を観察する。円は将来さらに低落するかもしれないと予測された。その時にアメリカの輸入商は今日本から商品を買えば、先々物価安になった時には損をしてしまう。反対に日本の輸入商はアメリカの商品の先々の物価高を予測して今買い込んでおく方が得だと考える。先物相場での思惑がそういう行動を引き起こす。これでは、政府は為替の低落→輸出促進と輸入抑制→国際収支の改善と予測したのだが、それは常に起きる法則でなくなる。

そこで為替高とその安定を求める声が出る。石橋等がそれに応えて新平価による金輸出の解禁を唱える。その議論の裏で新たな資本主義認識が生まれていたのである。

石橋は為替相場を従来の金本位制のままで安定させることに反対する。通貨には国内での購買と外国での購買と二つの働きがある。その二つの購買力の間にずれが生ずるときに、後者における「為替安定」を優先させると、前者における国内の「物価安定」と対立する。そこで物価安定の方を優先させるために、政府が通貨の価値を統制して金とリンクさせることを止めるべきだと主張する。それはなにも新規の考えでなく、実際には金本位制は純粋でなくなり管理されていることを踏まえた議論であった（参照、『金解禁の影響と対策』１９２９年）。

石橋は金解禁の方法をめぐって政府と対立した。彼は為替市場の現状、例えば法律上の平価より低くなっている42ドルとか41ドルを基準にして、金の輸出入を自由にせよと論じる。そうすれば為替はすぐに安定し、国内の物価は急には変化せず、財界にショックを与えることはないだろう。彼はそう見越して、金本位制を導入した時の松方正義の言葉――「物価貸借租税の負担其他現存の関係に変動を生ぜらしむる」――を参照するのである。しかし石橋らは絶対少数派であった。石橋は実際的な評論家であって学者でなかったが、それでも注意深く「研究」することを怠らなかった。彼は旧平価での解禁は日本にとって有利か、必要なことかを研究する。彼はそのために日本とアメリカの物価動向、日本の対米物価と対米為替の動向の指数を調べ、そのうえで旧平価での解禁後の物価を予測する。石橋は自分と政府側とどちらが学問的かを問うのである。

だが日本は１９３０年に金本位制に復帰する。その中心になったのが、浜口雄幸内閣の大蔵大臣・井上準之助であった。井上は現実に低下していた為替相場と関係なく、それ以前の平価（１００円＝50ドル弱）で金の輸出を解禁した。政府は為替高は一国の威力を示すと考えたのである。石橋も為替安定のためには金輸出解禁を良しとしていた。だが彼は新平価での解禁を主張する。政府は旧平価で解禁する目的として、物価引き下げや財界整理、財政緊縮をあげた。

石橋はそれらは反対に金解禁の手段であって、本来目的とすべきものでないと批判する。でも井上は国民に向かって以前の金本位制に戻ればもろもろの問題は解決されると説いた。その彼の議論は信仰に近いものであって、国民はその自信たっぷりの議論を聞いて支持してしまう。その結果、お金の商品に対する交換比率＝貨幣価値は上昇し、反対に商品のお金に対する交換比率＝物価は下落した。

(2) 資本主義はどう変化したか——高橋亀吉

高橋亀吉も石橋と同じように旧平価での解禁には反対であった。高橋の議論は石橋の論じ方が直接的で骨っぽいのと比べて、分析用具や統計をうまく使って解説しているので分かりやすい面がある。以下、高橋の『金輸出再禁止論』（1930年）によって石橋を補足してみる。

旧平価での金解禁はデフレ政策であったから、日本は不況になる。そこに1929年のウォール街の株暴落に端を発した世界的な恐慌が日本にも波及し、1930年から32年にかけて昭和恐慌が発生する。河上肇がこの時に『第二貧乏物語』を出している。

井上はなぜ金解禁をしたか。高橋によれば、財政健全と経済の「建て直し」を計るためであった。政府はその一環として輸入消費を節約して国際収支を改善しようとする。そのさいに政府は一律に節約をし、現在の衰退産業や農民・中小工業の窮状を救うのに必要な政策や将来の発展に必要な公共事業まで切り捨ててしまう。政府は労働者や失業者が必要とする分まで節約するという乱暴な「絶食療法」をとるのである。それでも井上は財政家として緊縮財政を「信念」として貫く。政府は国民に忍耐を説き、それに応える愛国心を求める。高橋らのように旧平価解禁を批判する者は国賊扱いされる。どちらが真の愛国者であるかが争われることになる。

高橋からすると、井上が進める建て直しは特定階級の金融資本の利益のためになされ、産業資本や労働者、中小企業や農民のためでなかった。その点で政府の金本位制復帰策は反「国民」的であった。井上は金融破綻を救う方に目を向け、金解禁が産業と労働に与えるショックを過小評価する。両者は合理化を別様に考えるのである。高橋は失業者を救うために公債発行をして土木事業を起こし、産業に販路を与えることを提案する。これはそれまでの自由主義的政策に対立するものであった。

高橋は井上の議論と政策は日本の実情を考えない抽象論だと批判する。その井上の議論を支えたのは景気循環論であった。財政緊縮と公務員の減俸→不景気→物価下落→生産費下落と輸入減→輸出増加と国際収支改善→景気回復。それは大学の講壇経済学の論理を現実に当てはめるだけで、副作用や併発症に対処する準備を伴なっていなかった。高橋は経済学の教科書通りにならない理由をこう説明する。国民に節約を説いても、これまでの不況で無駄はだいぶ省かれている。これ以上生産費を削減するには次の方法をとるしかない。技術改善と資本コストの低下、原料・エネルギー・運送費の低下、生活品の節約。だがそれらは旧平価の下では無理である。高橋はこのように長期の経済行程でなく、短期の実情に目を向けるのである。

高橋の議論は政治家が国民に向かってよくするように、全てか無かではなかった。ケインズのデフレ・インフレの比較論がそうであったように、二つの対立する議論について、どちらがよりましで、より不利益かを調べ、そのうえで政策選択の決断をするというものであった。どうしたらよいか。高橋は石橋と同じく、日本の実力を考えて新平価での解禁を主張する。高橋は100円＝44ドル以下が為替の実勢であったと見る。彼は実勢での新平価解禁の結果を計算する。それによると、貨幣価値は20パーセント下がって物価は反対に20パーセント上昇し、有価証券も不動産もそれだけ上昇する。産業界はこれで刺激を受けるが、銀行や投機界は損をする。労働者はどうか。物価上昇は労働者にとって不利とならないか。高橋は物価上昇は一律でないと考える。すぐに価格が上がるのは輸出入関連品であり、国内の生活必需品の価格はその後で上昇する。必需品の価格に影響が出るまでにタイム・ラグがある。この高橋の議論は経済学史の知識で言えば､貨幣の連続的影響説である。でも結局は必需品の価格は上昇するから、賃上げが必要になる。高橋はその賃上げは比較的容易だと考えた。こうして労働者にとって新平価解禁は旧平価解禁よりも比較的有利である。この高橋の議論は開明的であり、賃上げの客観的基礎を指摘するものであるが、しかし賃上げは自動的にはなされない。賃上げは実際には階級間の争いを通じてなされる。それは高橋の視野に入らないことであった。

結局、解禁は旧平価でなされ、為替は13パーセント上昇する。高橋はその結果を次のように診断した。輸出は悪化して輸入は促進されるから——この点では石橋と見立ては異なる――、国際収支は悪化する。輸入品は生活様式が欧化していたことに応える物であり、それを買う者は都市の月給取りや利子生活者であって労働者には関係ない物である。そのうえ公共事業はないから、産業界と労働者は大打撃を受ける。高橋にとって必要なことは今このような事情にある日本がとるべき政策であった。

日本は昭和恐慌に陥り、井上に対する国民の信頼は揺らいだ。財界は財政緊縮の緩和を要求する。銀行家も井上を精神的に支えることを止める。銀行は金輸出の再度の禁止を見越して資本逃避をする。円価値がドル価値に対して暴落することを予測して今のうちにドルを思惑買いする。資本の投下先を国内から国外へ移すのである。以前には銀行は金解禁を予測して投機的にドルを売って円を買っていた。それらは国民感情を刺激するが、経済界には自然の論理であった。井上はこの時の銀行の行動を非国民扱いしたが、高橋にとって問題は銀行家をそのように動かす制度の方を変えて国民的利益を求めることであった。

以上、高橋の新平価解禁論を検討してきたが、それは資本主義は変化したという一般認識を背景にしていた。彼は少々大げさなタイトルの『経済理論の革命時代』(1935年)で次のように言う。――世界経済は第1次大戦または1929年の恐慌を画期として変化した。それは一時的な変化でなく、時代的な変化である。政策はそのことを見分けてなされるべきである。だが政治家も講壇経済学者も「経済常道論者」であってこの事態を理解できていない。高橋は続ける。――経済の原則は無条件の永遠の真理でなく、歴史的なものである。従来の経済は生産力が需要に比べて不足し、物資も比較的不足する状態にあった。したがって生産されたものは良質で安価であればすべて値がついて売れていた。経済に不均衡が生じた場合でも、それは自由取引によって調整されていた。恐慌は失業と賃下げを強い、それは商品に対する購買力を低下させるが、同時に生産費も低下させるから、景気はやがて回復する。ところが19世紀末以来の科学技術の進歩で生産力は飛躍的に伸び、生産は常に需要を上回って過剰気味になる。それに加えて市場は大企業によって寡占または独占されるので、景気回復の力は弱い。こういう事情の時に自由放任の政策を実行すれば、生産はますます過剰となる。そこで必要なことは消費財・生産財双方に対する有効需要を大きくすることである。それは物価を上げるインフレ政策である。これはウォール街の金融資本家が非難したように資本主義を破壊するものでなく、その延命を図る政策なのである。

さて、日中戦争後になると、再び供給不足の事態となり、高橋の議論で済まなくなる。「生産力」が問題となる。それに答える理論と思想がまた必要となる。

2　理研コンツェルンの科学的管理と日本的経営、農村工業

山田盛太郎の『分析』に十分に反映されなかったもう一つの新しいもの、新興財閥による科学的な企業管理の検討に移る。

夏目漱石は『吾輩は猫である』の中で、当時の新式の経済人の性格を鈴木藤十郎という小実業家に代弁させていた。鈴木は英国仕立てのツィードを着用して、「猫」の主人である苦沙彌先生に金儲けの経済の法を説く。それは「三角術」といって、「義理を欠く、人情を欠く、耻を欠く」という「三欠く」術であった。猫はこの話を傍で聞いて「今の世の働きのある人といふ人を拝見すると、嘘をついて人を釣る事と、先へ廻って馬の眼玉を抜く事と、虚勢を張って人をおどかす事と、鎌をかけて人を陥れるより外に何も知らない様だ」と嘆く。その代表にさせられたのが三菱の岩崎弥太郎であった。猫はこれでは日本の国家は衰えると憂える。

だが事態は漱石がそうとらえたものと少し変っていく。欧米では19世紀末から20世紀にかけて第2次産業革命が起き、企業の形態は資本所有者と企業経営者が同一の一人一企業から、両者が分離する株式会社へと移る。日本はその欧米と比べると、まだ農業と粗製工業の国であったが、日露戦争後あるいは第1次大戦後になって急速に重化学工業を発展させていく。産業構造は繊維の軽工業から鉄鋼・機械・合成染料・化学肥料の重化学工業へシフトする。それに対して旧財閥の三井・三菱等は対応が遅れ、新興財閥がその隙を突いて出てきた。その一代表が大河内正敏が率いる理研コンツェルンである。それはもちろん資本主義企業であるから、剰余価値を生産し取得する点で旧資本と変りないが、内田はこの新しいものを敏感にキャッチし、そこに本来の近代資本主義が出現したと見るのである。

(1) 理研登場の背景

日本は明治以来、欧米から科学技術を学んできた。それはよく言われるように、基礎科学の物理学等は軽視され、応用科学の工学系は重視されてきたのだが、昭和の1930年代になってもこの応用偏重の姿勢は変らなかった。政府は研究者に軍事技術の開発にすぐにつながる研究を求めた。それでもこの日本に新しい資本が出てくる。それは老舗の旧財閥と一線を画して将来性のある分野で活動を始めていた。日産の化学肥料、日窒の硫安・カーバイド、森のアルミニウム等電気化学工業、日曹の電解ソーダ等、いずれも化学工業が中心であるが、その中でもちょっと変っていたのが理化学研究所(以下、理研と略す)を中心としたコンツェルンであった。この理研に新興財閥の特徴が典型的に出ている。(理究は今日に至るまで組織形態を変えて存続している。)以下では大河内正敏の『農村の工業と副業』(1937年)、『工業経営総論』(1939年)、『統制経済と経済戦』(1940年)、『生産第一主義』(1941年)を対象にし、三宅晴輝『新興コンツェルン読本』(1937年)を参照しつつ検討してみる。

理研の特徴と経営目標は次の三つにあった。①科学研究を基礎にして特許を獲得したり発明を行ない、それらを自ら実業化する。②従業員には他より高い賃金と福利厚生を与える。③消費者には安価で良質の製品を供給する。理研は以上の三つで利潤をあげようとする。それは従来の旧式で乱暴な剰余価値生産の企業にないものであった。

理研コンツェルンの由来を概観しておこう。第1次大戦が始まると、日本はドイツ等のヨーロッパ諸国から工業製品を輸入できなくなった。人造のアニリン染料や医薬品、空中窒素固定法による人造肥料、機械等が輸入できなくなる。日本はその輸入品を自給する必要に迫られ、理研はその国策に応えるべく作られる。1916年、渋沢栄一等の努力によって公益法人理化学研究所が作られる。その目的はヨーロッパの先端研究を真似するだけでなく、日本でも独創的な研究をして軍需品や物資を国産化することであった。日本の科学技術研究は純粋な好奇心以外に熱い愛国心に支えられていたのである。科学技術は国家目的に関連させられ、「国民青年」型科学者・技術者が輩出する。(このナショナリズム性は形を変えて戦後から今日にまで続く。)

1921年、大河内正敏が研究所の第3代所長となる。その時から理研では産学連携が進んだ。以下、この理研の性格を企業内と企業間関係において考察していこう。

大河内にとってイギリスはモデルでなく、反モデルとなった。イギリスがモデルであったのは明治の文明開化期であり、1930年代の講座派にとってであった。そのイギリスは19世紀末から20世紀にかけての産業戦でアメリカに敗れ、「世界の工場」はイギリスからアメリカに移っていた。大河内はその原因を企業経営のありかたに求める。イギリスはヨーロッパの中でも第2次産業革命の新しい技術を導入するのに熱心でなく、熟練工を温存していた。熟練工は自分の腕に誇りをもつが、独善的な面がある。日本では1930年代に産業構成が重化学工業化し、労働力の中心も繊維の女性労働から筋力のある男性労働に移っていく。でも機械工業の分野で単能式の精密工作機械が作られると、それは女性の不熟練工でもちょっと訓練すれば操作できるものとなる。特にドイツはこの分野で優れていた。モデルはドイツに求められる。

(2) 科学的な生産管理の導入

大河内は「科学宗の信徒」として「科学主義工業」を実践し、従来の財閥を利己的な「資本主義工業」と蔑視する。彼から見ると、旧財閥は次のようであった。

①自己変革をしない利潤追求主義。旧財閥は経営危機に直面すると、他企業とカルテルを結んだりトラストを結成して市場を独占的に維持しようとした。また彼らは労働者の賃金を抑える。これは内部で経営方法を革新してコストを下げることをせず、ただ利潤を確保しようとする「我利々々主義」であった。②資源の所有のための所有。旧財閥は新規の分野に打って出ることに臆病であり、特許を買ってもそれを工業化することに熱心でなかった。三菱は北朝鮮の長津江に水利権を持っていたが、それを利用しようとせず、宝の持ち腐れにする。③資本関係による他企業の支配。旧財閥は初期のころは大胆で勇気があったが、今では過去の業績やのれんにあぐらをかき、あえて冒険にのりだすことをしない。福沢諭吉が指摘していたことが現実のものとなり、他の会社の株式を所有したり、他の会社に金融することで支配の網の目を広げていく。

大河内はそれに対抗して次のような「科学主義工業」を唱える。

1)基礎科学研究の上での発明

一般に基礎科学といえば、何の役にたつか分からない道楽のようなものと思われていた。中谷宇吉郎は１９３６年に北海道帝国大学の低温実験室で雪の研究を始めるが、彼自身もそれが何の役に立つか確信をもって言えなかった。やがてそれは防災に役にたつと分かっていくのだが。森鴎外はこの純粋研究を軽視する風潮を突き、日本にはフォルシュングの精神がないと批判していた。留学生はヨーロッパの学問を学んで帰国しても、彼らを迎える研究所はなく、学術行政や教育畑に押し込まれたのである。

大河内は逆に理研の所員に「研究」を目的にさせる。所員はどんなテーマでもよい、それがものになるかどうかを気にせず、好きなこと、面白いと思ったことをやれと勧められる。研究に必要な器具や施設はお金に糸目をつけず整えられる。それは研究者にとって「楽園」であった。でもそのことが結果的に多くの有用な発明につながったのである。沢山の失敗を伴なったのだが。（こういう雰囲気は戦後の創業期のソニー等にある程度受け継がれていく。）

2）能力主義の組織

旧財閥は資本家の主人が番頭を使って経営していたが、新興財閥は一般に技術に通じた者が経営のトップに立った。なかでも理研は特有であった。大河内は年功序列を止めて主任研究員制を採用する。それは実力のある主任がチームの人事や予算、研究テーマを決めるものであり、主任には本多光太郎とか鈴木梅太郎等、名だたる学者があてられた。後になると宇宙線研究者の仁科芳雄も主任に加わる。研究所全体の風通しはよかった。研究員はその実力と研究実績で決められ、コネや情実は利かない。昼食時になると、皆が食堂で上下の分け隔てなく歓談して知識を交換する。大河内も自ら工場に入って機械と「睨めっこ」して改良を考える。当時は生徒が先生の威厳を侵すことがタブーであったから、これは珍しい風景であった。

以上の環境の中で発見や発明が続出する。ビタミンAやオリザニンの発見、ピストンリングや新ＫＳ鋼、ビニロン、炭酸マグネシウム（ジェラルミンの素材）、ポジ感光紙、実験のための高圧測微計の自作、等。後には完成にほど遠かったが、原子爆弾の開発研究がなされる。

3）事業の将来性による融資基準

発明を事業化するには資金が必要である。日本の大企業は欧米と比べて一般に自己資本を作る力は弱く、銀行からの借り入れや他者金融に頼っていた。旧財閥は自分の中に銀行を持つから、株式発行で自己金融する割合は少なかった。株式を持つことがあっても自分の家族だけで占め、社会に公開する比率は少なかった。新興財閥は反対に自分の中に銀行を持たないから財政力は弱い。だから新資本はどこも外部の銀行から借金をしており、理研も同様であった。それでも大河内は銀行から融資を受けられると楽観した。それは理研の独創的な研究と技術に自信があったからである。一般に銀行は融資の基準を企業が所有する土地家屋等の不動産の有無においていたが、大河内はそれに抗して、新規の事業でもその将来性を銀行の旦那衆に説明すれば解ってもらえると考えるのであった。生産資本循環P…Pが金融資本循環G－′Gを自己の運動に組み入れるのである。この楽観には客観的な根拠があり、新規の事業は資本主義の高度化という時勢に合っており、それには国策で推進する軍需関連部門が含まれていた。そのためもあって、新興の野村銀行などは大河内の経営思想に共鳴してどんどん融資をする。

4）「芋ずる式経営」――技術的側面と経済的側面

重化学工業は体系的に編成される。特に化学工業では際立っていて、各種工業がコンビナートを作って有機的に連結された。その過程で従来は廃棄していた副産物が原料や半製品として再利用される。その結果、最終製品1単位当たりのコストは削減される。大河内はこの生産方式を「芋づる式経営」と呼んだ。その例は化学工業の行程関連図や工業系統図をのぞくとよい。また企業の内部で副産物が再利用される様子についてはフォード社の経営を調べればよい。同社は鋼生産に必要な半製品の銑鉄を機械工場から出る鉄くずからも得ており、コークス炉から出るガスをも再利用してその発電能力を上げていた（参照、C・E・ソレンソン『フォードとの40年』１９５６年）

理研の特徴は経済関係にも現れている。「理研コンツェルン諸会社の規模と出資関係一覧表」（『新興コンツェルン読本』より）を見ると、理化学興業株式会社（事業会社でもある）と理化学研究所が主な出資者となって直系22社と傍系8社の株式を所有している。この形態は旧財閥が持株会社を頂点にして配下の会社を金融的に支配する場合と変りないが、理研の場合は株主は血族に制限されず、株式の所有は親会社が子会社の経営と技術を合理的に指導することを目的にしている。親会社は小会社が過剰生産をしたら過剰品を引き取り、子会社の製造能力が落ちたらその技術の改善にあたる。（これも戦後日本の企業経営に受け継がれていく。）

（3）超合理的な生産と労働の科学的管理、その問題点

科学主義工業の合理性は「流れ作業」で一つの極点に達した感がある。生産は工場内に原料や半製品を山積みにせず、作業を流れさせることで合理化される。在庫ゼロ！H・フォードが自動車生産でこの流れ作業を実現した。大河内も流れ作業のシステムを構想し、そのために原価計算を徹底させた。作業時間と原材料コストに対する意識を高め、製品1単位当たりにかかる個々の全時間とコストを計算する。そのモデルになったのがテーラーの「科学的管理法」であった。それは細井も見ていたが、もっとその本体に迫ってみよう。

どれも実際の作業は流れるように動いているが、テーラーはそれを無理にでも細かく分ける。例えば、旋盤工はまず削る品物を盤に取りつける準備をし、その後で品物を盤に取りつけ、次に各種の工具を調整したり取りつけて個々の手作業を行なう。それが終ると品物や工具を盤から取りはずす。最後は盤を清掃する。テーラーは以上の各段階の作業をさらに5から15ほどに分割する。このように細分割すると、各作業は外見は異質に見えても、それらの間に同じ要素の作業があると発見できる。そして異質の作業はそれら要素作業の組み合わせを変えただけということが分かる。各要素作業は時間とコストで示されるから、工場内の具体的な労働は抽象的な要素作業に還元され、それらの合計値として表示される。この原理自体はすでに19世紀のマルクスが『資本論』で確認していたことであった。

さらにテーラーは「標準作業」を見つける。これも細井が注視していたことであって、専門の係がストップウォッチをもって作業者の後ろで各動作を測る。その結果を数学的知識のある大学卒業者が研究すれば、どんな作業にも「最も速くてよい方法及び道具はタッタヒトツしかない」（『科学的管理法の原理』1911年）ことが見つかる。それまでは作業も道具も工員の個性に任せていたから、作業には大変な数の違いがあった。工場内での運搬作業について「目分量をやめて科学的に方法をとれば」、つまり、1日あたりに運ばれる物の重量と個数、運搬品1単位当たりの作業時間と作業速度、単位仕事量当たりの賃金等を調べ、それらを適当に組み合わせると、1工員の運搬能力を最高にする場合を決定することができる。テーラーはその数式を出し

	旧制度	新制度
労働者の人数	400 − 600	140
1人1日当り平均運搬トン数	16	59
1人1日当り平均賃金	1.15ドル	1.88ドル
1トン当り平均作業費用	0.072ドル	0.033ドル（前掲書より）

ている。そして彼は標準作業を採用した結果、以前と比べて、必要労働者数の削減や1人1日平均運搬トン数の増加、また1人1日の平均賃金の上昇や1トン当たり平均作業コストの低減において、成績は格段に向上したと数字で示す（上表、参照）。

この標準労働が大量生産と大量消費を可能にする。……イタリアのマルクス主義者グラムシはこのテーラー・システムを評価する。またソ連のスタハーノフ運動はテーラー・システムに類するものであった。

テーラー・システムはその目覚ましい生産性上昇の裏に以下のような重大な問題をはらんでいた。内田はこの問題性を当時は深刻に意識していなかった。

1）人間的な「熟練」は消える

大河内とテーラーには認識の仕方にちょっと違いがある。テーラーは時間研究は工員の頭の中でなされる思考には適用できないことを知っていた。人間の思考にはひらめきや直観があり、異質なものが複雑に絡まっていて、型通りの順序をとらないことがある。時間研究はその人間的な活動には適用しがたいのである。だが大河内にはそのような反省はない。（このテーラー・システムの延長上に戦後のトヨタ自動車工場での「かんばん方式」や「ジャスト・イン・タイム」生産が出てくる。）

小工場では大工場のような少品種大量生産は採用できず、多品種少量生産しかできないから、原価計算はなされない。大河内が例示する町のポンプ工場では何種類ものポンプが家庭用・灌漑排水用・都市水道用と作られる。時には注文に応じてポンプ以外の機械も作られる。これではそれぞれの製品についてコストを細かく計算することは面倒であり、その必要に迫られない。それに町工場の親方は各々が特殊の技能をもち、コストはかかっても生産を楽しむという封建的気風をもっている。大河内はこの「熟練」を批判する。フォードも熟練を批判していた。フォードは流れ作業の組み立てラインを作り、T型車の大量生産方式と大量消費様式を開発するのだが、彼からすれば熟練工は自分の経験に固まる保守主義者でしかなかった。だがそんなフォード社でも熟練工は仕事の計画や監督、工具の作成には依然として必要だと認められていた。大河内がそのように目を広げることはない。(現在でも監督労働はロボットによる無人工場であっても残る。またロボット製作やそれに必要な精巧部品を作ることは、生産そのものを楽しむような熟練職人によって支えられている。このことを忘れてはならない。)

大河内は科学主義工業を「生産工学」の観点から意義づけており、それが労働にどんな影響を与えるかにはほとんど注意しない。科学的管理はシステムの設計者や技術者のものであり、そのもとで働かされる労働者のものでなかった。労働者は指図書に書かれてある標準設計の用具を使って働くだけである。その労働はまるでチャップリンの『モダンタイムス』のごとくであった。大河内はM・ファラデーを引き合いに出すことがあったが、ファラデーが『ろうそくの科学』(1861年)で労働者の科学精神を引きだそうとしていたことには関心をもたない。以上のことは後段の技術論争で改めて考えることにする。

2)科学と企業一家

大河内の科学的経営は実は「日本的経営」に浸されている。彼は現代の工場システムを一つの「人倫」と考えたのだが、このことを問題にする研究者はこれまでほとんどいない。

大河内は理研の研究者には自由な自発性を期待するが、従業員には精神教育を施した。彼は従業員に技術を教えるだけでなく、会社人としての自覚を持たせようとする。彼は仕事は会社のためにするのであり、自分の利益や楽しみごと、家族と時間を過ごすためというような個人主義を捨てねばならないと説教する。従業員にとって「会社」が「社会」となるのである。日本的経営は後に文化とみなされていくが、このように教育によって作られた面を見失ってはならない。(それは戦後になって深刻に開発される。)

大河内は個人主義を批判して集団主義を採用する。集団主義とは自分の担当する作業を工場全体の作業や成績と関連させることである。それ自体は日本にのみ特有のことでなく、およそチームワークを必要とする現代企業に当てはまることだが、大河内に特有なことはそのチームワークに

「企業一家」や「滅私奉公」という日本的観念を植えつけることである。そうすれば労働者に雇われ者根性はなくなり、労働意欲は湧くと考えたのである。大河内は山田にない新しい企業像を出したが、旧資本と同じく労働者との間に等価交換の人間関係を求めないのである。この点では山田の日本資本主義の家族的構成論があてはまるとみてよい。

以上のようにして新資本はその内部で労働者に対して家父長的関係を保ってある程度の福祉を実現し、科学的に生産力の向上に努める。その結果は良質で安価な商品の生産となる。彼らはこの生産力に支えられて内外で自由取引を求めていく。日本窒素はそれまで三菱から融資を受け、三菱と相談して事業を行ない、肥料の販売等も三菱商事に任せていたが、力をつけると自由に他から融資を受け、独自で事業展開をし、製品の販売も一部を三井物産に依頼するようになる。旧財閥からすると、新興財閥はこれまでの縁を忘れ、冷たいことをすると見えるのである。この新資本は外国に対しても実力をバックに自由競争を主張した。外国が関税政策で邪魔するのであれば、その国に直接出ていって投資するまでだと意気込む。ドライな資本が登場する。

3)「農村の工村化」は農村の利益になるか？

日本は1930年代後半から40年代にかけて本格的な戦時体制に移行するが、その時に「農村工業」が流行する。農村で工業と言えば、従来、地元の農産物の加工やそれ独自の小工業であった。そこに軍需工業が地方に金属・機械工場を分散したり、地場産業を下請化していく。政府はその農村工業化に助成金をだし、積極的に指導していく。その目的は農民を救済し、農工間に調和をもたらすこととされた。各県は競って「わしが国さ」の農村工業を誇る。以上のことは大河内が発行に関わった『農村工業』誌（1934年12月～1944年9月）に無数に窺うことができる。大河内は農村工業の発展を明るく見たが、それは農村の中から身分に縛られない対等の人間関係（価値関係）を作り、主体的に経済力を発展させたか。渋谷が批判した都市と農村との不平等は解消したか。

大河内は工場が農村に立地する理由を考えた。彼は新たな技術段階に合う工場立地を展望する。工場が港や都市の近傍でなくても立地できる産業分野が出てきたのである。それが機械・自転車・自動車等の組立産業であった。それらは部品の加工に専門の（万能でない単能の）精密工作機械を用いており、それが農村に進出する。大河内はそのことを高く評価する。機械の操作は都市の熟練男子労働者でなく農村の婦女子であっても、多少の研修を受けて実地に経験すれば十分に可能であった。その結果、製品の最終組立工場は都市に置かれるが、部品はそこで生産しなくてもすむ。部品の内製化率は低下し、外注割合が高まる。そこで全体の工場配置は、都市の最終組立工場――地方都市の中間製品工場――末端の部品生産農家となる。末端の家内工業は形態からすれば産業革命以前の古い組織に見え、山田はそれを『分析』で問屋に支配されたミゼラーブルなものとしか評価しなかったが、第2次産業革命の新たな技術段階において見直され再編されるようになる。大河内はこの家内工業を「農村の工村化」と呼んだ。彼は農村工業のモデルを新潟県の上越・中越地方（柏崎・柿崎・長岡近郊・小千谷等）においた。現地では大河内の思想に共鳴する者が現れ、農家の納屋に機械を持ちこんで共同作業がなされる。農家の娘が最新式の厚さ測定器や顕微鏡測定器を操作して部品を検査する。これによって娘は女工として出稼ぎに出なくても家にいて副業収入を得ることができた。

以上は農村の明るい光景である。他方で、次のように経済上と精神上で問題があった。

農家は副業収入を得て家計の足しにするが、都市の同じ労働よりも低賃金であった。またその収入で喜ぶのは農家だけでなかった。猪俣津南雄が『窮乏の農村』（1934年）で報告し、渋谷も認めていたように、当時たいていの農家は小作料や借金の利息、税金の支払いに困っていた。それらを取り立てるのは、地主や金貸、村役場である。農家の収入は農家にとって一時的な救いになるだけであった。副業収入はとても資本形成とならず、農民の中から工業を興す力とならない。これでは農民間で近代的な分解は起きない。またこの種の農村工業は地域経済にとってさほど有益でなかった。ピストンリングの原料は工場のまわりの地域から得られるものでなく、製品もその地域に販売するものでない。後に宮本常一はこの状態を農村の「内地植民地化」と呼んだ。ここでも山田の問屋制家内工業の範疇はなお当てはまると言いうる。技術移転だけでは従来の地主・小作人関係や金貸・小作人関係を壊すものとならない。これでは不平等な都市・農村関係を変えることにならない。

大河内は農村工業の担い手が「農業精神」をもつと評価した。農業精神とは「土」や「郷土」に愛着をもち、「奉公心」をもつことである。それは都会の「工業精神」と対照される。工業精神とは賃上げやストライキ権を要求する「個人主義」のことであった。農村の婦女子は農業精神をもつから、専門工作機械を使って単能作業に耐えて能率をあげると期待されたのである。大河内は新潟県人が勤勉で義理人情に厚いと感心していたが、その裏には以上の計算があった。

大塚久雄が以上の経済的・精神的な問題に対して、ヨーロッパの経済史研究をもって応えていく。イギリスに伝統的にあった「田園工業」を日本のモデルとして。彼は「農村の工村化」に対立して商品交換を媒介とした社会的分業が人間的平等を生むと考える。内田はそれを受けて経済学の分野で労働価値論を基底とした資本主義論を展開していく。

3　国家統制と経済新体制による上からの合理化

日本は1937年の日中戦争以降、国家による戦時統制経済に入る。翌1938年に国家総動員法が制定され、経済と生活への全面的な統制が始まる。理研は企業を利潤本位でなく生産本位にしようとしたが、統制経済はそれを国家的に行なう。その時に日本資本主義が避けていた近代化が上から思いもかけず実現される。その中でこの事態を見届け、今をどう生きたらよいか考える人々が出た。彼らは国力のもとは「国民生産力」にあり、その中身は健全な産業構造と市場構造であって、その実現は階級的・市民的生産関係の如何にもよると考えた。……以下では『国家総動員1』（みすず書房）を基礎資料にする。

（1）統制経済

統制経済は大きくは資本主義が構造変動していく時の一段階であると言うことができる。現代資本主義論者は以前は、生産能力はあっても商品に対する有効需要が不足しているから、政府が財政を使い、日銀が金融を操作して刺激すべきだと説いていた。それが戦時になると、政府の需要が軍需を中心にして急激に増大する。でも生産がそれに間に合わない。お金はあっても物がない。1930年代から太平洋戦争に至るまで経済指標はGNPや個人消費、民間設備投資を始めどれも低下した。この危機の時に改めて「合理化」や「生産力」が問われていく。

「合理化」に当たる「ラチオナリジールング」とか「ラショナリゼーション」は欧米で論題になっていた。その一つがテーラー科学的管理法であったが、日本では、鐘紡等の先進的な工場を除けば、民間で実行できるか疑問視されていた。そこで当時の商工省の幹部・吉野信次は合理化を上から実行しようとする。彼は二つの政策、企業統制と輸出振興をあげた。前者は、第1次大戦後の需給不均衡を解決するためには企業の設備は過剰であったから、能率の良いものを残し、悪いものを整理するというもの。後者は第1次大戦中に東南アジアで獲得した市場を維持し拡大しようとするもの。そこでは繊維・雑貨の中小工業と零細の家内工業が同業者間で過当競争をして値崩れを起しており、行政は工業組合法を作ってそれを止めようとする。

また政府は重要産業統制法を作って産業界に介入した。それは吉野も言うように国家による計画経済ではなく、合理化の一環として、銑鋼一貫経営の八幡製鉄所と他の民間製鉄会社を合同させるというものであった。それが戦時統制経済へのステップになる。……以上の上からの合理化に対して下からの合理化を考えて者が出てきた。それが大塚久雄等である。

1937年6月、賀屋（興宣）・吉野（信次）3原則が出ていた。それは「日本の経済、財政的には革命的なもの」（『昭和経済史への証言』）と自賛され、軍需品を中心とした生産力拡充と国際収支の適合（=為替相場の維持）、物資需給の調整が計られる。この3原則は相互に密接に関連しているのだが、以下、個々に概観してその意味づけをしておく。

1) 生産力拡充計画

これは企画庁（後の企画院）が中心となって、鉄鋼等の重要な基本産業部門に「計画経済」を導入して増産を促すものであった。企画庁はまず必要物を補充する計画を立て、それに対して現在の供給能力（輸入+国産+貯蔵+代用）を計算して不足分を知る。次にその不足分を生産して埋めるのに必要な固定資本・運転資本を計算する。だがお金はあっても、鋼材や人造石油・アルミニウム等の物はできず、また機械はあってもそれを動かす人間がいない。いったい「生産力」とは何かが反省される。生産力は当局が生産力拡充表に挙げる鉄・石炭等の資源や銑鋼一貫等の設備のことか、また外国から買う工作機械や石油燃料のことか。生産力は技術的にそれら個々の生産要素を指すものではないだろう。生産力は少なくともそれら外国品を買うための外貨を獲得する輸出部門での経営力あるいは生産における組織間の関係のことでないのか。社会全体の再生産の体制ができねばならない。あるいは生産力は生産関係と関係することについて、経済警察が農業部門についてであるが感づいていた。統制で農家に肥料が配給されるが、それは農家の希望の半分しかないため、小作農の中には小作地を地主に返還したり、肥料不足で生じた損失や作柄の被害を地主に転嫁する者が出ている、と。地主・小作人関係がネックになっていたのである。

以上の生産力問題に大河内一男が『独逸社会政策思想史』（1936年）と『スミスとリスト』（1943年）において、また内田等が技術論を展開し、大塚が『欧洲経済史序説』（1938年）において取り組んでいく。

2) 国際収支の均衡

1936年の2・26事件後に軍部の統制派の力が増し、それが軍事予算の増額を強く要求する。それに対して迫水久常や賀屋興宣のような官僚が政治家に代って抵抗する。その経緯は前掲『国家総動員』の「まえがき」によるとこうであった。金本位制への復帰は混乱を引き起したので、そこから再び離脱する。すると為替相場は低落し、輸出は増大した。それに高橋是清の積極財政（農村救済と軍部の圧力による軍事費増）が絡んで、経済は活発になる。でもその後、絹・生糸の輸出はアメリカの不況のために減り、軍需品や原材料・設備投資用資材の輸入が増え、国際収支は悪化する。国際収支は赤字となり、日銀は金を現送する。赤字を解決するには財政支出を抑えて景気を冷やすか、不用・不急品の輸入を統制するしかない。前者は日満支一体の生産力拡充計画が出ていたので採用できない。後者は国民の消費生活を犠牲にすることとなり、「消費」とは、「生活」とはと問題になっていく。

3) 物動

日中戦争の長期化で戦時統制経済が整備され、国家予算はお金でなく、物の予算となる。企画院の手で物資動員計画が作られ、官僚が自由放任の経営思想を否定していく。

当局の理性的な部分は戦争の遂行には軍需品を中心とした社会全体の生産物の間にバランスが確保されねばならないと考えた。最初に必要供給額が決められる。それは当年の輸入可能額（特に重要なのは重化学工業用の精密部品であり、英米の第3国からのもの）＋円ブロックからの輸入額+国内の生産額の合計によって決まる。その後で、軍需と民需への配分が決められるが、民需は常に圧迫された。以上の計画で一番重要な項目が最初の第3国からの輸入可能額であり、その輸入のための外貨の獲得であった。外貨の量は繊維・雑貨の工業製品の輸出と輸出工業用原材料の調達を確保することで決まる。この物動計画は太平洋戦争に突入するとともに挫折した。日本は第3国から資材を輸入することができなくなったのである。そこで日本は目を東南アジアに向け、そこの占領地域から資材を輸入せねばならなくなる。そのためには資材運搬用の船舶を確保することが最重要事項となる（参照、『国家総動員』（1）経済、中村隆英・原朗の解説）。

物動計画は一国の再生産の仕組を貨幣額でなく物量で測っている。商品の交換価値と使用価値は平時では「自由放任」と「見えざる手」によって均衡するが、危機の時には両者は最初から目的に合うように一致させられる。この場合には交換価値は現実の物財をただ代表するだけであり、それが使用価値から離れて景気を過熱させたり沈滞させることはない。社会や国家にとって重要なことは交換価値の大きさで示されるものでなくなる。また労働者が職業選択を賃金の大きさだけで決めることは許されない。戦争によって人は「軍需品の生産を中核とする社会的総生産物間の均衡の確保の必要が意識され、この見地から、戦時経済における、生産、流通、分配、消費、生産の秩序が総体として再編成される必要が迫られたのだと言える」[注]（大河内『戦時社会政策論』、傍点は彼のもの）。

注　大河内の他に国家統制を歴史的必然だと認識して正当化した者がいる。奥村喜和男が「革新官僚のエースの一人」として1938年に電力国家管理法を成立させた。

この物動には生産統制、配給統制、労務統制、資金統制、貿易統制、物価統制があった。そこにも日本経済の型が示され、それに対する合理化が促される。ここでは配給統制と労務統制を検討する。

1)配給統制

物資は収集されて配分され、価格も予め設定されて需給は調整される。その仕事は直接には問屋等の商人が行なうが、国家が指導する統制団体を通じてなされた。この「国体」が中間商人を整理統合して配給機構を単純化し、従来の中間利潤を流通事業に対する「手数料」に変えるのである。

この上からの合理化に消費者はどう対応したか。その一端を『学徒勤労動員の記録』（神奈川の学徒勤労動員を記録する会編、1999年）から拾うと、自己保存の「利己心」がうごめいている。――動員学徒の服装は上は国民服、下は女性の場合はモンペと決められた。戦争も後になると、食糧事情は悪化し、寮に住む学徒には食堂で赤い高粱入りのご飯とさつまいもが出される。これでは足りないので家から送られた米をやかんにいれて炭火で煮る。また『戦争中の暮しの記録』（暮らしの手帖編、1980年）から拾うと――家庭の父親や母親は食糧を求めて農村へヤミの買い出しに走る。農村では最初はお金で米を買えたが、やがて農家は物との交換を要求するようになり、消費者は着物をもって行く。米は有難がられ、お金のように一般的購買手段となる。農家は尺祝と言われてうらやまれる。渋谷が憤っていた不平等な都市・農村関係はここでは逆転したのである。極限的な状況も生まれ、親族の間であっても食べ物を奪い合うとか、空襲に会った者が着のみ着のまま実家に避難しても厄介者にされる。

2）労務動員

物を作るには労働力が必要である。この労働力の質と量が国民登録制を使って調べられ、そのうえで労務は配置され、育成される。

労務の配置は自由主義段階では賃金の上下を情報として自然に決められていた。それが戦時では国家が労働力の需給の計画を立てて労務を配置する。そこに問題が起きる。農村や職場では戦時の応召によって労働力が不足するから、補充が必要になる。学徒や女子挺身隊が援農や勤労奉仕に動員される。また労働力は雇入れの制限や国民徴用令によって再配置されるから、失業や転職の問題が起きる。それは今までの熟練を捨てることであるから、亀井勝一郎などはこの一面を見て天職の破壊だと嘆いていた（参照、『我が精神の遍歴』）。重工業の部門では熟練工や技術者が不足するから、彼らの争奪戦が起きる。当局は転職者に職業紹介と補導の施設を拡げて対応する。未婚の女子無業者は女工として輸出繊維工業に就くことが勧められる。農村では青年が兵役に取られて労働力は急減したので、それを補うために労務の「合理化」が勧められる。その中で思いもかけず、作業の集団化、施設の共同利用、畜力と機械力の利用の拡大（＝平和産業における労働時間の短縮と労働強度の緩和）等がなされる。日本における農業の合理化は統制経済の下で着手されたのである。ただし共同経営は昔からの村落共同体の慣行と結びつく。（戦後になると、共同の託児所は社会保障政策に受け継がれ、共同の炊事は企業が電気製品を開発したり調理品を提供することで少し代行されることになる。）

国家はまた労働力の「培養」を行なった。保健衛生施設が拡充されて労務者の体質が強化される。労務災害を防止するために過重な労働は抑制され、設備は安全装置を施される。女子の労働は保護される。賃金の決定は労働者の生活の恒常性を確保し、労働生産性を増進させることを考えてなされる。生活刷新運動によって生活を堅実にする。これらは自由資本主義の下ではおざなりにされていたが、戦時経済がそれを押し進めるのである。

国民は労務動員をどう受け止めたか。以下、学徒について前掲の『学徒勤労動員の記録』から拾ってみよう。——学徒は軍国少年や皇国少年少女となるように教育されていた。彼らは戦敵を鬼畜米英と教えられ、お国のために役立つ時をまだかまだかと待つのであった。少女はただ先生の教えを体して、結婚したら子供を産んでお国にささげるのだと思っていたのである。彼らは故郷で万歳の声を背に勇躍工場に入っていく。工場の作業に入る前にラジオ体操をし、訓示を受け、「誓いの言葉」を述べる。彼らは「神風」と書かれた日の丸の鉢巻きを締め、「祖国」の必勝を信じて命がけで仕事にぶつかっていく。ある者は監督から少しでもまずいと兵士の命に関わると教えられて身の引き締まる思いで手を動かし、他の者は戦地の兵隊さんの苦労を思って生死を越えた「撃ちてし止まむ」の意気に燃えるのであった。（どこかで戦後の高度成長期にも見られた風景がある。）

学徒は以上の環境のなかでも「労働の本質」に触れ社会認識」をも得ていく。彼らは「若き日の再び還らぬものを」味わえなかったが、その一方で他では得られないものを経験する。彼らの中には与えられた作業をただ盲目的にこなすのでなく、客観的に観察する目をもつ者がいた。それらは前掲の『記録』に残されている。たとえば、電線作りやゼロ戦補助翼の鋲うちと流れ作業、電波兵器工場でのメッキ工程の補助作業、設計部での作業、等において。また、彼らは工場で実社会の人と接することで、世の中の偏見から自由になってお互いの立場を理解することをも覚えていく。批判的な目も失わず、彼らを引率する権威ある教師に実は裏があることを知る。外国人労務者の食事が黒いコッペパン一つと味噌汁というひどさに驚き、こっそり食事をやる、等。

(2) 新体制と指導者、戦争責任

１９４０年、第２次近衛内閣の時に新体制運動が始まった。若き内田義彦はそこになんらかの意味を認める一人であった。

新体制の前史は１９３３年に発足した民間の昭和研究会にある。同会のメンバーは日本の前途を憂えて左右の党派や各界・各階層から集まった。近衛文麿をはじめ、蝋山政道、笠信太郎、尾崎秀実、三木清、等々。知識人が傍観者的な態度を改めて政治に「参加」するのである。同会の目的は政党政治が党利党略的で民主主義を空洞化させていたのを革新することであった。同会は国策を研究し、第１次近衛内閣のブレーン集団となる。その研究の仕方には新しいものがあった。研究者は学際的に横断して集まり、特定の課題別に総合的なプロジェクト研究を行なう。理研の研究組織も課題解決型であったが、昭和研究会はそれよりも少し広い。でも問題はあった。総合研究は純粋な研究でなく政治的な効果を求められたのである。また馬場敬治が『組織と技術の問題』（１９４１年）で指摘したように、総合と言っても分科的な知識を寄せ集めるだけになる危険があった。反対にそれは個性を生かさず画一的に統率する危険もあった。同会はファシズムには反対しつつ、東洋からイギリスの勢力を排除して東亜協同体を作ることを構想していた。でも中国の近代国家建設のナショナリズムや蔣介石の抗日運動・統一救国運動、孫文の国民党の活動には理解を示す。他方で彼らは共産党が政権を獲得することには警戒していた。以上の研究会が議会制度の欠陥を補って首相の権限を強化しようと考え、やがてナチスをモデルとした下からの一国一党の再組織運動に変っていくのである。

第２次近衛内閣が成立したそのすぐ後で日中戦争が始まる。近衛は戦争を拡大させず早期に終結させようとして新体制運動を展開し、国民を背景に軍部を抑えこもうとした。でも軍部は現地の青年将校に実権を握られており、彼らが上位の政治家を動かしてしまう。近衛のもくろみは成功しない。当時、日満財政研究会が国力を研究したことがあったが、その内容は当局にとってショックであった。だが軍の上部は戦争拡大を阻止できなかった。その理由は先にもあげたように、政府が戦争の可否を決定する権限をもっていたのに、軍が天皇の大権である統帥権をたてに拡大路線を突っ走ったからである。証言者はこう言う。「口に一億一心を唱えながら、心は一人一心」(『昭和経済史への証言』)であって、内部で争ってばかりいたのである。

日本には強力なリーダーシップをとる政治家はいなかった。三木は指導者を期待したが、それは出現しなかった。三木は『新日本の思想原理　続編』(1939年9月)において新体制を理論的に意味づけている。彼は国民の再組織は官僚主導でなく、下からの「自主的な協同」でなければならないとしつつ、でも機械的な民主主義と異なって「指導者」に重要な意義を認めた。それは「専制的な独裁者でなく、国民から遊離したものでなく、却って国民の中に入って国民を教育し、国民の要求を取上げてこれを指導的に組織する者である」と説く。だが彼の指導者像はかなり理念的であって、現実の近衛はその意図は良かったとしても、決断力のある指導者になれなかった。それにしても決断力不足は近衛一人に帰せられない。多くの知識人は事態に流されてしまい、後になって、あの大事な時に決断していればせめてその結果について責任を負うことができたのに、その決断ができずにずるずるとやってきてしまったと後悔の念をもつ。それは戦後に内田が描くことになったダンテ『神曲』の前地獄の様相であった。

日本の新体制運動はドイツのナチスをまねているが、両者には違いもあった。大塚も内田も丸山も両者の異同には関心をもっていた。彼らは後述するように弾圧によって時論を時論として展開することはできず、それを学問的テーマに変換せざるをえなくなっていく。時代の変化に敏い高橋亀吉はドイツが第2次大戦で緒戦で勝利したのを見て、ドイツのシステムが英米のシステムに対して優越していると評価し、それが世界を変革しうると予測することがあった。彼は次のように英米のデモクラシーでは機構が主人公になって人間はそれに従属させられていると批判するのである。英米では官僚も会社役員も機構に責任を負わせ、各人が自分の仕事に責任をもつことはない。これでは政治も経済も能率が上がらない。ドイツは反対に指導者システムを作って「人間」を主人公にした。英米がドイツに敗れたのはこのドイツ・システムをもたなかったからである。日本の新体制はこの点を忘れてはいけない、と。ではドイツ・システムは日本にできるか。高橋は悲観する。日本の官僚は統制のシステムを作ったが、それが失敗に終っても責任を負わなかった。日本では指導者システムはできず、ヒットラー的な独裁者は出てこないのである。結局、新体制は前述したように軍にイニシアチブを取られてしまう。

１９４０年12月に「経済新体制確立要綱」が出され、企業活動は国家目的と「生産本位主義」に適合させられる。「主要物資の価格を公定するに当りては中庸生産費を基礎とし適正利潤を計上す」。これは利潤を株主への配当よりも内部留保に多く配分し、それを生産性向上や価格引き下げにつなげようとするものであった。つまり経営を資本から分離し、経営に統制利潤を得させるものであった。こうすれば企業は利潤目的でなく生産本位の経営に向かうと考えられたのである（酒井三郎『昭和研究会』１９７９年、参照）。私益はどうしたら公益につながるか。自由資本主義の下では両者は景気変動や恐慌を通じてつなげられたが、統制経済の下では直接つなげられる。（この生産本位の企業体制は戦後の高度成長期に根づいていく。）

１９４１年12月８日、日本はアメリカとの開戦に踏みきる。日本はアメリカに勝てる見込みをもてなかったのに戦に打って出てしまった。東条内閣は開戦直前に大本営連絡会議を開く。海軍はその時、勝つ見込みはなく半年くらいはもたせられるが、その後は請け負えないと発言した。陸軍はそれに対して国力と戦力を甘く判断し、勝利は確かだと開戦を迫る。石油が日本に入ってくることを当てにして。戦後に当局者は弁明している。――日本はやむを得ず開戦したのであって、世界制覇を目指してアジアを侵略したのでない。開戦前の日本は英米から資金を凍結され、英米ブロックとの貿易を禁止されて経済を封鎖されていた。アメリカと外交交渉をして戦争を避けようとすれば、それはそれまで築いてきた大陸での権益を失うことになる。そこで坐して衰退していくよりも戦って活路を得ようと、「自衛」のために開戦を「決断」したのである。…それは日本の内部では理由のあることであっても、何かが欠けている。

日本の国力を冷静に研究して判断する者はいた。宮崎機関や企画院の国力研究がそうであった。後者の報告書によれば、日本は軍需・生活の物資とも70パーセントを英米圏から輸入しているから、英米と長期にわたって戦争する能力はなかった。しかし、その冷静な調査は国策に反するとして捨てられてしまう。開戦派はどれだけ数字で困難な事実を突きつけられても、それでは英米圏と経済断交をする前に重要物資を繰り上げて輸入しておけばよいと言うのであった。物資がないから物資をえるために開戦するという変な論理がまかり通る。戦争の準備をしないで精神主義で勝てると思うこの「非合理」！　日本の政治では科学精神は生かされなかったのである。

人々は12月8日をどう迎えたか。学徒は職場や学校で開戦のニュースを聞いて万歳三唱をし、気を引きしめて頑張ろうと決意する（参照、『学徒動員の記録』）。大人の普通の人々はどうであったか。とうとうやったかと受けとめた者が多い。東アジアをめぐる国際情勢は日本には厳しく、国際連盟を脱退後、ＡＢＣＤ包囲網は強まり、日米交渉も進展しない。その重苦しさの中、人々は開戦のアナウンスに「とうとうやったかと身のひきしまるのをおぼえ、暗雲一時に晴れ渡った気がしたものであった」（参照、『暮らしの手帖』）。高村光太郎がこの国民的空気を背景にして詩集『おおいなる日に』（１９４２年）を出版する。内田は戦争のすべてを見るのだと心に決めて戦地に赴いていた野間宏に同書を送ろうかと手紙で書いている。

国民は大きな世界史の動きについて社会科学的に無知であったが、それとは別に環境に埋没してしまい、自分の中で常識のはかりを働かすことができなかった。自分を他国の立場に置いてそこから自国を見返す想像力が足りなかったのである。日本は敗れる。国家の生産力は国民の生産力なくしてありえず、国民生産力は健全な産業構造と国内市場のことであり、それは市民的で階級的な生産関係の正しい認識をまって可能となる。日本はこのことを大変な犠牲を払って知っていく。

III　日本精神による近代批判とそれへの反批判

1　右翼革新による下からの全体主義

山田『分析』の「基底」の中からマルクス主義や細井および渋谷のような対応とは別の動きが出る。1930年代に右翼革新が日本の「立て直し」を図ってテロを断行する。1932年2月には金解禁を強行した井上準之助が、3月には三井合名会社理事長の団琢磨が、血盟団員によって暗殺される。そのすぐ後で5・15事件が起こり、1936年の2・26事件に発展する。その右翼革新の一人が橘孝三郎であった。藤田省三は橘を権藤成卿とともに反動とみなし、ファシズムを支えたと批判したが、橘の背景から歴史の教訓を得ることはできるのである。

右翼革新は「進歩」の歴史に対して反動する。進歩とは科学技術の発展や文明化であり、フランス革命とロシア革命のことであった。橘はマルクス主義と同じく階級対立や分配の不平等を問題にするのだが、その解決を精神主義的に考えた。彼はこれまでの進歩の歴史は利己的欲望や権力争いの場にすぎなかったとみなし、精神的価値を世俗の歴史の中で地道に実現しようとしないのである。

まず橘の経歴を簡単に追い（参照、豊島武雄『橘孝三郎1982年）、彼の行動の社会的な背景をおさえておく。彼は1893年に水戸市で生まれる。生家は紺屋であって近隣の家内工業の綿や絹を染色し加工していた。彼の家はそれで産をなし、地方の有力者となる。でも近隣の家内工業はイギリスの機械製糸に押されて没落したから、橘家の染色業も傾く。橘家は中小企業が生きのびるためには大企業に原料を提供するか、大企業に雇われるしかないことを日々見せつけられていた。後進の日本では中小経営は順調に伸びないのである。橘は1912年に一高に入学するが、中退して帰農する。彼が37歳の1930年に昭和恐慌が起き、農村は困窮した。他方、都会ではエロ・グロ・ナンセンスの風潮があった。

橘は社会の革新を考える。彼は1929年に愛郷会を結成し、農民を愛郷心に目覚めさせ、団結を説いて更生運動を起こす。やがて彼は井上日召と知りあい、権藤成卿や海軍の青年将校と交わって、クーデターを計画する。1931年には日本村治派同盟に加盟した。そこには「新しき村」の武者小路実篤、室伏高信、弁護士の辻潤、土田杏村等がいた。1932年1月20日、橘は土浦で青年将校を前にして「日本革新本義」を講演して檄を飛ばし、一連のテロを決行する。彼の思想をその「革新本義」をもとに検討してみよう。

橘は故郷の現状を次のように実証的に分析した。彼はその点で右翼革新でイメージされるような「至誠」一点張りの心情家ではない。その分析は大まかには渋谷定輔や高橋亀吉の計算と同じ結果になっている。彼は家族7名（その内で労働可能者数3名）で田畑面積1．4町歩余（水田5反5畝、畑8反5畝）を耕作する自作の精農家を取りあげ、その家計の収入と支出、差し引きプラス・マイナスを計算した。それをみると、当の農家はまめに働くのに借金が増えていたのである。次に、橘は日本全体の平均的な農家の経営を分析する。標準的には1戸当たり6人の家族で夫婦2人が1・2町歩を耕作する。計算は貨幣の出入りに限定し、現物収入は除かれる。作付は最大限をとり、収穫高も最高値をとる。つまり一番良い経営状況を取りあげる。収穫物は換金用と自家用に分けられる。以上で販売量が分かれば、次は価格の計算となる。それは地方の相場や全国平均値を参考にして計算される。これで収入額の合計が出る。後はコストの計算であるが、それには第1次生産費（生産に直接関係する肥料代、用具と機械の減価償却費、種子代）と第2次生産費（生産に直接関係しない借金の利息、民間・公課のもろもろの負担）があって、両者を合計すると支出総額が出る。こうして収入総額から支出総額を引いた残額が生計費となる。それを見ると、これで生活ができるかと思うほどであった。大多数の農家はそれより条件が悪いから、その困窮ぶりが推測できるというものである。

愛郷会は以上の計算結果をもとに合法的な請願を行ない、負債返済の3年据え置き、肥料資金反当り1円の補助、満蒙移住費5千万円の補助、等を要求するのである（参照、豊島前掲書）。

橘は「郷土」に思想の根拠をおくが、政府的な農本主義者ではない。彼は農村の困窮を解決するのに米価の改善を要求しなかった。その理由は、政府の米価維持の政策によって米価の上昇を喜ぶのは小作米を売る地主であったから。他方、農民は実に律儀に借金を返そうと努めている。橘はこのアンバランスに憤るのである。また都会は橘にとって怒りの対象であった。都市は特権階級と財閥、政党屋の集まりであるとか、財閥は金解禁を利用してドル買いに走って祖国を売っている、あるいは政党は財閥に資金をせびっていると、かなり感情的であった。

橘は農村の貧しさの原因を考えた。マルサスは貧しさは人口数が食物量に比べて多くなることから生ずると超歴史的に論じていたが、橘はこれでは原因を特定の社会組織に求めることはできないと批判する。日本では耕地を増やさなくても、小規模だが勤労に励み農法を改善する精農がいて、彼らによってコメを大幅に増産できる。彼は小農の生産力性を高く評価し、その増収分がすべて農民の純収入になるような社会組織にすればよいと考えるのである。

ところで、マルクス主義も社会組織の変革を考え、生産における階級関係の廃絶を求めていた。橘は農村の実情に通じていたから、階級社会論は日本では抽象的だと映る。彼は農村の貧しさの原因を都市・農村間の不平等に求める。農村から都市に人・物・お金が一方的に流出し、反対に都市から農村への還流や補充は少ない。彼は以下のような社会簿記をつけた。

農村の負担金額は四つの項目の下、以下のように計算される。

①肥料代　1戸当たり100円×全農家戸数550万＝5億5000万円。ただし、統計に出ている3億3000万円の少ない数値の方がとられている。

②農会費　4億4000万円。ただし、小作貧農は農会費を負担しない。

③負債　担保付きで60億円。ただし、ここでも低い数字を出す人の50億円に従う。利子率10パーセントで5億円の利子。加えて元金償却として3分付きであれば1億5000万円。合計6億5000万円。

④小作料　田では物納で反当り平均1石。全体の小作地は160万ヘクタールだから、小作米は1600万石。それに畑の小作料が加わる。それは米に換算

される。米1石15円とすれば、畑の場合は10円。田畑合計で3億5800万円。

以上、①+②+③+④=17億8800万円。

そこから小作料の利子化等の部分を引くと、14億3000万円。

農村の収入金額

米・繭・タバコからの収入　合計8億3000万円。

農村側は14億3000万円−8億3000万円=6億円の大幅な赤字。

以上の社会簿記のつけ方自体は農村自治会の渋谷や現代資本主義論の高橋と同じであるが、それの意味づけや解決の方法で異なっていく。

橘はインドのタゴールを引き合いに出して農村窮乏を比較文明史的に説明する。ただその説明はおおざっぱであり、少し踏み込んでみると不正確な点が多いが、俗耳には入りやすかった。彼の思想は内的な連絡が薄く、雑多に構成されている。

彼の議論はこうである。——近世の資本主義は重商主義のもとで都市文化を発達させた。それは唯物的で金力支配の個人主義である。人は「人間生活の根本である土による勤労生活」を捨て、ロンドンや東京の「市民」となる。この大都市の膨張につれて農村は疲弊していく。彼の議論はさらに続く。西洋の都市文明と市民社会に対抗するものは東洋の農耕文明である。中国もインドも都市でなく森林と農耕を元としており、そこには原始共産体の農本社会と相互に信頼しあう愛情の社会がある。大地の上の生活は人に永遠の生を約束する。彼はそう言って、資本主義を精神的・倫理的に超克することを考え、「東洋の真伝統精神に還れ」と主張した。彼はその点では後段の「近代の超克」論とつながる。だがこの東洋社会論や市民社会批判は学問的に検討されたものでなく、その東洋解放論も現実味に欠けていた。そういう議論が社会のある部分に受け入れられていくのである。

橘は「国民本位的共存共栄的協同社会」を建設しようと呼びかける。その主体は「相互に枕を並べて死に付き得るの血盟の同志」とされる。彼の言う志士の範囲は狭く、親子・兄弟・夫婦の血縁と隣人の地縁に限定される。彼は一般の農民に対しては、簿記をつけて計画を立てることができないのに営利心だけはあると批判的であった。彼は狭い範囲の志ある純粋農民に頼り、それと盟を結ぶ軍人に依拠していく。これは既存の代議制や政党政治を批判するものであるが、人間性を軽く見るから現実の大きな力になることはなかった。

最後に橘の社会変革の内容を見ておこう。彼は「国体」論者であって、日本の国家は西洋的な征服国家やマルクス主義的な階級国家でなく、君民が一体の愛国革命をしてきたものと見る。神武天皇が東征によって農民を奴隷状態から解放し、大化の改新が国民を豪族の支配から解放したように、と。この国体史観は王中の王の立場から歴史を整理した一つのイデオロギーなのだが、橘にとっては歴史上の実在であり、その現在の姿が農民と軍人の兄弟信義体であった。それが日本的な下からのファシズムと言われるのである。以下に彼の社会再編案を出すが、そこには東洋精神論からの近代批判が貫かれている。

イ　政治組織の再編。橘は政党主導の議会政治に代えて国民総意による決定機関を提示する。それは地方の共同政治組織を土台として上に向けて順次政体を構成していくもので、国民協同の自治体であった。この構想が実現するには国民の側での政治的成熟が必要だが、それは期待できるものでなかった。

ロ　経済組織の再編。橘は市場価格で動く個人主義的な経済組織を批判する。彼はどの産業部門もその内部だけでなく、総体的にも合理化され計画化されねばならないと考える。だがそれは社会主義的に独裁権力のもとで大工業化を進め、農民を犠牲にするようなものであってはならない。彼は協同の経済を主張する。そこでは誰もが「天職」と「勤労」をもって社会的有機体の一分肢となる。彼はそれを厚生経済生活と名づけた。ではそれを実現するための具体策はどうか。それは軍需工業・重大産業の国家管理、金融の科学的管理、資本を奢侈品工業から農業と軍事に向けること、農業については家産法の設定・大地主排除・国有地の解放とそれの内地植民地化・信用組合による金融、等。以上のあるものは現実の国家統制によって実験されていくものであり、またあるものはナチズム的な農民解放策を日本に適用するという甘いものであった。彼は自作精農の生産力性を保全するような都市との関係の改善については具体策をもたないのである。

ハ　共済組織の充実。医療や保健、冠婚葬祭を営利事業にせず、協同の組織に代える。
ニ　教育の改編。教育も営利事業に任せない。彼は人を育てるのに適切な組織として塾をあげた。それは国家教育や私立の経営では不足する面を突く点で意味はあるが、人間教育と知識の獲得を対立させるのは、両者を統一させる福沢諭吉を待たずしても、狭い考えである。
ホ　国防組織の改編。橘は軍事上の成功は軍備や作戦のいかんの他に農民兵によると考えた。それは農民の体力と勇敢さに頼るものであり、近代戦に通じた考えではない。

橘は以上の国内変革の上に世界革命を唱えた。第1次大戦後、国際連盟の理想は崩れ、ナショナリズムやモンロー主義が主流となる。彼はこの大勢を前にして、国民主義が東洋を西洋から解放し、同時に西洋をも解放すると考え、それこそが「日本の世界人類史的使命」だとみなす。それは具体的には日本が満蒙を支配することであった。日本にそんな力があるかという疑念に対して、彼はそれを笑い飛ばすかのように豪語する。国内が改造されて「大掃除」ができれば、農民に力がつく。その農民が軍隊に入れば、アメリカの太平洋艦隊や中国の軍閥、インドにおけるイギリスの勢力を一挙に粉砕してドイツを立たせることができる、と。

以上の改革案と檄はおおざっぱで景気のよい言葉を使うから国民のある部分を動かしたが、事態を冷静に見届けずに非現実的な観念を自己増殖させ、満蒙への移民などと身勝手にも現地人の意志や利害を無視する行動に走ってしまった。その結果は歴史が教えてくれることになる。もっと地について考え行動する人が求められる。

2　禅による「近代の超克」と家族国家

戦争中、政府は国力昂揚と生産力拡充を叫んだが、同時に「日本精神」を高く唱えた。それは明治以来の近代化が西洋の文物を輸入して日本の伝統を解体してしまったと批判するのである。これに近い議論が評論界で「近代の超克」として展開される。その論客の一人が西谷啓治（1900－1990年）であった。

西谷は西田幾多郎のもとで哲学を学び、禅の実践と普及に努めた人である。1942年、日本がミッドウェー海戦で空母4隻を失って戦局が転換しだした時、雑誌『文学界』9月号・10月号に「近代の超克」という題のもとで論文と座談会の記録が掲載された。それらは戦後になって、ファシズムと戦争を正当化したと批判されるが、そこにもわれわれが考えねばならぬものがある。西谷の議論にも橋と同じく通俗的なところがあり、それが人々に読まれ、影響力を与えた。ただ彼は自分の禅体験や考えを人々に説明して広めようと努めているので、われわれもその仕方と内容を知っておかねばならない。彼は近代を批判するが、批判対象に内在するのでなく、超絶的に乗り越えようとするのである。

西谷は日本が受容に努めてきた近代ヨーロッパを超克しようとする。近代ヨーロッパ、それは15世紀のルネサンスと16世紀の宗教改革、そして17世紀の自然科学であった。ルネサンスは人間性を肯定し、人間の感情と理性を信頼していた。宗教改革は反対に人間性に暗く、個人を直接神の前に立たせる。自然科学はそれら二つに対して、意識をもつ人間ももたない生物・無生物も等しく知識の対象にしていく。それらがお互いに関係なくばらばらに日本に入ってきたのである。西谷は日本はこんな分裂したものを輸入したからアイデンティティを失い、自分とは何かを知ることができなくなってしまったと考える。彼のこの議論には一面当たっているものがあった。

西谷はその分裂をどう乗り越えるか。それはヨーロッパに内在するのでなく、東洋の宗教を対置させることによってであった。西谷は自分の禅体験をまじえて東洋的宗教の特色は「主体的無」にあると言う。普通は「主体」と「無」とは対立するものだが、彼はこう説明する。——西洋の自然科学は人間の身体や意識を外から見て、それをさまざまな角度から切って分析していく。だがどんなに分析していっても分析しきれないものがある。科学研究はどこまでも分析し続けることを生命とするが、宗教はそこに疑問をもち、分析しきれずになお残るものに目を向けるのである。それは個別的に限定される有限なものでなく、また知覚された自我でもない。それは物質的な形や人間的な欲念を消去していくことで得られる「身心脱落」あるいは「無心」の状態である。それは形をもたないが、確かにある。続けて彼は言う。——この何ものにも囚われない状態、絶対的な超越と合一していると心得した神秘的な状態、そこに「自由」がある。自由とは経済的自由や政治的自由のようにこの世で積極的に富や権力を求めることでなく、そういう具体的なものを求めないことである。それが「本当の自己」であり「真の主体」であるから、それを「自覚」すればよい。そうすれば、今度はそれまで否定してきた人間の肉体や外の自然、心の中に浮かぶ思い、形をとった人間の文化、それらと自分とが不離で一体であったことが覚られ、それらを新たな気持で受け入れ肯定するようになる。

この禅体験は同じ仏教でも親鸞の他力信仰・悪人正機説と対照的であるが、日本人にはなじみやすいところがある。また禅は西洋のゆきづまりを感じる西洋人にとって魅力的に映ることもあった。でもその東洋的宗教が受け入れた日本の現実の中身は「滅私奉公」の国家生活であった。人々は戦時下にあって戦争完遂という国家目的に向かって、自己のエゴを捨て、各々の職域で技術を練磨することに努めさせられた。人々はその国家的有機体の一部であることを実感する。こうして禅の修行は国家総動員体制を支えるものとなる。西谷はこの国家倫理の精神を日本の古い伝統に遡り、心に一物をも蓄えない虚無の心に求める。聖徳太子や北畠親房がそれを体現していたと言われる。三木がこの日本主義を批判し、大塚が国家倫理から生産力は本当に拡充できるかと問題を立てていく。丸山も別の北畠観を出していく。

西谷は世界史に対しても禅の考えを当てはめる。――今日世界の各国は自分のエゴを捨てなければならない。日本はその時にあって、新しい世界秩序の確立に向けてアジアから英米の支配を排除しなければならない。だが日本は英米のような植民帝国になるのでなく、大東亜共同体の建設にむけて努力せねばならない。日本は世界主義の立場にあって各国にその所をえさせる「八紘一宇」の理念を掲げて邁進すべきである。その新しい世界史を作るところに日本固有の清明心が、古人の説く天の道が現れる。

以上の西谷の議論には神がかり的なところがあり、実際の政治家には期待できないことであった。いったい宗教は政治と一緒になることができるのか。また、大東亜共同体にしてもその理念だけでなく、満州で実際に諸民族の協和を考えて動いた人の経験に聞かねばならない。さらに資源を持つ国と持たざる国の間の共存の可能性については、同時代の石橋湛山の小国民主義論に聞かねばならないだろう。

3　日本主義と神話への二つの批判

(1) 純粋芸術からの批判

日本主義が唱えられている時、古事記や日本書紀、万葉集等の古典がよく読まれた。古典の研究が学問的になされればよいが、古典に現在の要求を押しつけるとそこに問題が生ずる。古典の訓古解釈がそれを生んだ時代の文脈に沿ってなされれば意味はあるが、日本精神の発掘に役立つ限りで行なわれてしまったのである。

三好達治がそのことに異議を出していた（参照、「略記」、『近代の超克』所収）。亀井勝一郎も古典研究の歪曲に批判的であった。万葉集の防人歌が押し出され、恋歌の多い相聞は女々しいと避けられる。亀井は『我が精神の遍歴』で古典のこの政治化を問題にする。多くの文学者はその政治化に協力したのである。それも本心からでなく偽って。「根本的に相異る、相いれざる二つの観念、即ち政治的利用観念と精神的純粋観念とが、見事に誤解して一致するか、乃至は理解したやうな顔をして一致してみせるといふ「芝居」が始った」のである。そして文学者の力についてこう考える。文学は戦争と政治に対して無力である。それなのに「政治的に「無力」であることに対して信念をもてなかったところに」問題がある。「文学者の政治的関心とは、政治化することではない。個々の政治現象の中に、政治的能力そのものの限界を凝視して、これに抵抗することである。政治的「無力」を以て政治にていこうすることだ」。彼はその例として、当座の問題に何もできなかった親鸞等をあげ、それらの政治的無力こそが今日の永遠の生命を得ていると認識する。

彼はまた、太平洋戦争が始まってから、日本精神が善玉で外来思想が悪玉だという図式に危惧を感じる。それは明治維新期に外来の文物を性急に利用したのと同じ態度でもって、今度は日本主義なるものを速成するだけだからである。そこには読書して自分で考えることがない。このことこそ戦争で戦うべき「敵」なのである。その敵の中身が「近代」であった。彼は近代が画一化され機械化された人間を作ったと批判するのである。

亀井は反俗的であった。彼にとって芸術の大衆化は芸術的感性を麻痺させるものであった。彼はアメリカの映画を機械文明の代表だと軽蔑する。「古びた御堂の、幽暗の裡においてこそ光りを放つ古仏を、映画で露骨化し、かうして普及するのが国民の美意識を高める所以だと考へるのは果してノーマルであるか。」彼は言葉についても論理的な言葉は符牒に過ぎないと考え、相聞と辞世が未到に値する人間の言葉だと主張する。「言葉といふものは、言ひあらはしきれぬ万感の思ひを、敢へて言はうとする切なさにおいて成立するものだ。」そのようにして生まれた言葉を鑑賞できる感受性をもつことが人を大衆社会への埋没から守るというのである。亀井のこの文化的人格性が当時の青年の心をかなり捉えることになる。

(2) 唯物論からの批判

日本主義に対抗する別の者がいた。戸坂潤(1900－1945年)である。

戸坂は『日本イデオロギー論』(1935年)において日本主義を唯物論の方法で「説明」することによって乗り越えようとした。彼は日本主義を次のように捉える。人は日本主義を現実の日本社会から自然と生まれたと思うかもしれないが、それは違う。日本精神は日本社会に対して意識的に持ちこまれたイデオロギーだと、彼はそう言って、当時のイデオロギー論の水準を前進させていく。それまでのイデオロギー論は平野義太郎の『日本資本主義社会の機構』(1934年)に代表されていた。平野は国粋主義はその社会的基盤に制約されつつ、裁判・行政・議会を通じて成立していると論じる。日本の社会的基盤は高度に発展した独占資本主義→帝国主義であり、その資本主義を作る人間関係は封建的だというものであった。だから頭の中の思想も半分古い社会的基盤を反映して古いのだとされる。それに対して戸坂は社会的基盤の上部構造への反映を一応認めるが、それだけではイデオロギーを本当に説明することはできないと論じる。

まず戸坂の『科学論』(1935年)を開いてみよう。戸坂は西谷と反対に近代に内在し、近代科学を積極的に継承する。科学は西谷のように教学的に道を説くことをせず、字の通りに何々科の学であって、特定の角度から対象を切り取っている。彼はこの分科の学であることが科学に権威を与えたと評価するのである。西谷は科学を低次の学問だとみなし、哲学や宗教は価値を説く点で高次の学問だと称揚していたが、戸坂は逆に、道徳や宗教を科学的に対象化して説明することで科学や唯物論の優位性を証明しようとする。その証明の仕方は今日からすれば常識的かもしれないが、彼は科学の特色を3点あげ、知識を究極的には感覚に基づかせる。

第1。われわれの最初の知識は人間の外にある物体と人間の体内にある感覚器官との間の物的な相互関係が生む心理的な結果である。雷が落ちる時、その光はわれわれの網膜に焼きつけられる。手を熱いものに触れるとわれわれは反射的に手を引く。

第2。人間の意識や思考はそうして得た感覚をお互いに関係づけて解釈する。関係づけられるものはその時に得た感覚だけでなく、記憶された感覚も含められる。その結果、長短大小の知覚や単純・複雑の観念が作られる。そして次々に心の中で色々な想いを湧き起こす。彼はそれも実はわれわれの肉体の一器官である脳髄の生理活動の結果だと考えた。彼は人の頭脳を一つの自然物と見る。人はその脳髄を親からもらい、栄養を摂取して大きくしていく。この個体発生は同時に系統発生を含む。個体の生長は人類がその進化の中で作りあげてきた所産の再現でもあるから。彼はそのように人類学や進化論を受けいれ、現代の哲学や宗教の高度な意識を対象化する。哲学や宗教は科学を超えるものでなく、反対に科学の方がそれらの根底にされていく。

彼はこのようにして日本精神と闘うのである。

第3。戸坂は人間を自然科学的にだけでなく、社会科学的にも捉える。人間はある特定の歴史時代のなかで特有の社会関係を作って生産する存在である。そして、現実の日本人は欧米の先進国と同じように高度な独占資本主義のもとで生産を行なっている。その認識は講座派的に国際比較して型を抉り出すものでなかったが、彼はこの社会科学観に立って、日本主義は現実を正しく模写していない誤った議論だと批判するのである。その批判の仕方が独自なので、そのことに言及しておきたい。彼はただその誤りを非難するだけでなく、どうしてその誤りが生じたか、それを解明しようとした。あるイデオロギーは現実の社会構造と機械的に対応するのでなく、社会構造をどのように反映するか、それを説明しなければならない。彼はその説明を「同情」ある批判と言う。[注]

注　戸坂の「同情」の使い方は柳田国男の民俗学的方法を思い起させる。柳田は「同情」という日常用語を漢学や洋学が馬鹿にしていた大衆の俗信や伝説の世界を「理解」するという方法概念に鍛えていった。彼はこの「同情」的方法を用いて、民俗史観――大衆の消費や生活の様式の変化が経済や法制、そして倫理観や美意識にどんな影響を与えたか――とでも言うべきものを展開していったのである。この柳田の方法もマルクスの社会＝歴史理論を豊かにしていく上でヒントを与えてくれる。ついでながら、「同情」を人に対してでなく、その人の「立場」に対して要求することで問い直したのは田中正造である。

戸坂はまず日本主義の本質を家父長的な家族主義にあるとした。だが実際には、特に都市では家族制度は崩壊しつつあった。彼はそのことを統計を使って実証する。東京市内80箇所の小学校をとって6年生の家族2万人を対象にすると、全家族の90パーセントが両親とその子供のみの単婚家族であった。彼はその事実から二つのことを引きだす。一つは、大家族制は解体しており、結婚によって独立する者や別居することが増えていること。もう一つは、地方から家族単位で東京に出稼ぎに来る者が増えていること。彼はここから、家族制度は都市だけでなく、農村でも以前から解体が進み、個人主義化しつつあったと推論する。[注]

注　家族制度については以下の2点に注意すべきである。大家族制の解体＝核家族化は江戸時代から始まっていた。これについては速水融の『近世農村の歴史人口学的研究』（1973年）が参考になる。また家族制度は社会の岩盤としてあったのでなく、明治期に早くも家族制度を廃止するか否かの議論が出されていた。大正時代にはその議論が再燃する。昭和の戦中にも戸主権を改正する民法が制定される。戦後の民法の改正はドラスティックに行なわれたが、それまでの徐々たる動きを受け止めているのである。戦後は戦前と断絶するとは言えない。

戸坂の議論に問題はある。彼は家族の外形を問題にしており、単婚家族であってもその実際の行動や意識については注意していない。単婚家族が増えても、その社会意識は比例的に個人主義的にならないのである。このことは川島武宜が『日本社会の家族的構成』（1950年）の中で「潜在的家族制度」と名づけたものである。それによるとこうである。――農家の長男は結婚しても親と同居して親の家族員のままであるが、2・3男以下は結婚すると親の家から離れ、東京等に出て独立の所帯をもつ。この2・3男の独立は家族制度の崩壊をもたらすだろうか。彼らは父親や長兄のいる本家から財産を分けてもらって分家したのでない。彼らはただ故郷を出て新しい世帯をもっただけである。彼らは外形的には独立しても、頭の中では本家の家族の一員と思っている。彼らが都会で不況に会って失業すれば、故郷に帰ることを当然と思う。本家の方でも家長は家族に対する扶養義務を負っているから、彼らを受けいれる。家族共同体はこうして維持される。

戸坂にはこのような社会学的な認識はない。彼には土台の中にある家族意識を問題にしない弱点はあるが、彼の意義は思想の相対的な独立性や以下のような人為性を強調したところにある。家族主義の観念が家族と異なる領域の社会現象の説明に使われるのである。細井が繊維工業で報告したように、女工は寄宿舎に拘束され、その賃金は低く抑えられていたが、雇主はそれを正当化するために家長として女工の面倒をみるのだと述べていた。戸坂はこの点をとらえて、家族主義は現実の核家族社会を反映したものでなく、意図的に唱えられたと見る。そして彼は次のように論じていく。家族愛を強調していくと、自然の勢いで神秘的になる。すると、宗教的な感情が喚起され、祖先崇拝の氏族宗教となり、意識は復古的で原始的なものになっていく。このイデオロギーが社会の中間層の小市民層の意識に入る。都市の小経営者は大資本との競争で圧迫され、農民は昭和恐慌で苦境に追い込まれていた。家族主義は実際の中間層の立場を反映していないのに、彼らは不安定な地位のために誤れるイデオロギーにとらえられていく。

戸坂の結論。「この復古現象の特色であった原始化は……実はその原始化の理想にも拘らず、日本の最も発達した近代的資本主義が自分自身のために産み出した処の、一つの近代化に他ならぬ」（『日本イデオロギー論』、傍点は私のもの）。彼はここで山田の日本資本主義論とかみ合うことになる。彼の「近代の超克」論批判は、科学的に確定しうる社会経済的な基礎と、それとは内容を異にするイデオロギーとの間の関係をとらえることを背景にしていたのである。

西谷は科学は対象を客観的に知るだけであって、知る主体である自分自身を知ろうとしないと批判していた。確かに科学は宗教のように回心の経験をして自己を内部から変えることはない。では科学的にものごとを知ることは「人間形成」と関係ないのか。植物の細胞をプレパラートを作って顕微鏡で見たり、専門用語を使って社会を分析することは、世の中に埋もれていてはできない。自然や社会に疑問をもって問いかけるには、魔術や常識から解放されねばならない。科学は宗教とは別の仕方で、人を内部から変えるものである。

Ⅳ 「市民社会青年」による新たな資本主義認識と政治主体の探求

講座派マルクス主義の影響を受けつつ、資本主義の新たな展開を背景におき、一物一価的な社会観をもって個の主体性を重視する動きが出てきた。大河内一男の社会政策論、武谷三男の技術論、久保栄の新劇活動、川島武宜の法社会学、大塚久雄の比較経済史、高島善哉・大河内一男の経済学史研究である。内田はそれらに丸山真男の政治学を加えて「市民社会青年」とくくった。それは一枚岩でなく内部で違いはあるが、各人は社会問題をその専門分野のテーマに変換し、輸入物でない自前の社会科学と芸術を作っていく。内田もその一人となる。彼らの活動は戦中に始まり、戦後に続いていった。その彼らに共通することは、現実の圧迫にも拘らず、人間が自然に働きかける時に伸びんとする労働と技術を尊重し、人間の間の交通を対等にしたいという気持をもっていることである。

1 大河内一男：労働力の保全としての社会政策

大河内一男は山田の「アジア的な家族関係の資本主義」認識を社会政策論のなかに取り入れ、社会政策を資本主義の構造変動と再生産の論理に適合させていった人である。そして全体を通じて、彼は資本主義における労働力商品とは何かを問うていった。

大河内が出てくる前に社会政策の伝統的理論と言われるものがあった。彼の『社会政策の基本問題』（1940年）によると、それはドイツで1873年に成立した社会政策学会の背後にあったものであり、講壇社会主義の社会改良論であった。それは従来のドイツ・マンチェスター派による自由放任の階級調和論に対して社会政策を代置させるとともに、ドイツ社会民主党の階級対立論に対して資本主義の改良を主張するものであった。それは資本主義の経済機構を客観的に分析するよりも、富の分配が公正で倫理的かを議論し、労働者階級を国家が保護すべき憐れむべき弱者と見て上から恩恵を与えるものであった。日本の社会政策もこのドイツ経由のものであり、細井が観察した企業内福祉の国家版だと言える。その慈恵的社会政策が19世紀末から20世紀にかけて変化するのである。

ゾンバルトが社会政策から倫理的な色彩を取り除き、社会政策はより高い生産性を実現する労働者階級を保護するものだと論じる。社会政策の主体もそれまでのユンカー地主勢力に代って資本家勢力に移る。それが第1次大戦後にドイツ帝国が崩壊してワイマール共和国が生まれ、労働者階級が政治的権力をもつようになると、今度は労働者が社会政策の主体となる。そこにE・ハイマンが出てきて、社会政策は労働組合によって資本主義を意識的に克服する社会主義的なものと位置づけられていく。それも経済民主主義によって次第に移行していくものとして。それと同時に、社会政策はドイツが世界市場に出て競争する上で資本蓄積と財政にとって負担であるという主張が出てくる。そのさいに社会政策論は政策を基礎づけるイデオロギーの良否を議論するのでなく、政策が資本蓄積と国家財政に対してどのように負担となるかを、没価値的に、科学的に研究するものだとされる。だがこの負担論は社会政策が資本主義の安定と高度化のために積極的な役割を果たすことを理解していなかった。大河内がそのことを課題とする。彼は社会政策の本質を労働者の労働力を「保全」して、かつ質的に「高度化」することにおく。その彼の方法が「社会政策の必然性を経済機構の再生産とその展開とに結び付け」ることであった。

大河内の社会政策本質論に入る前に、その意義を裏から照らすものとして、二つの大河内批判をあらかじめ出しておく。①旧来の社会政策観や精神主義論からの批判。前者は社会政策を人道的で倫理的なものと考え、商品経済・資本制経済の中で理解することを社会政策に対する「名誉棄損」だと批判する。後者は国体論者のものであって、社会政策の目的を労働力の保全と考えることは人間を人格でなく物とみなす唯物思想だと批判する。②服部英太郎からの批判。服部は社会政策が求めた労働時間の短縮や失業保険等は実際には労働者が階級闘争によって資本家から獲得したものである（参照、「社会政策と階級闘争」、『経済評論』昭和24年5月）と論じ、大河内の労働力保全論は階級関係を見ない経済主義であり生産力論だと批判する。

①に対する大河内の反論はすぐ後で展開することにして、②に対する反論をまず取りあげる。彼は労働立法は「資本制経済そのものに内在する理法であって、労働者運動の存在を予定することなくしても思考可能でなければならない」と主張した。では彼にとって階級闘争は何なのか。彼は戦後になってであるが服部への反論の中で、階級闘争とは「資本家的賃労働の一般的規定の中にすでに包蔵されている社会政策の必然性を、ただ実現するための手段」と述べた。また彼は社会政策には限界があり、労働生産性や資本収益性によって上限が決められているのであって、労働運動は反体制運動と混同されてはならないと述べていた（参照、『社会政策40年』1970年より）。

内田は戦後にこの大河内を評価する論説を出したため、彼も革新陣営側から生産力論だと批判されたが、彼自身は労働力保全の考えを絶対視せず、風早八十二とともに歴史形成の力を生産力だけにおいて階級闘争を外すことを一面的だと批判していた（参照、「戦時経済の矛盾的展開と経済理論」、『資本論の世界』）。

以下、大河内の理論に入っていく。彼は『資本論』の第2巻再生産論と第3巻競争論を使って社会政策の意義をつかむ。それは山田の場合と同じく、マルクスはこう読むものかと思わせるほどのものであった。大河内は古典を現代と関わらせるのである。

山田のところでも述べたように、第1巻は平均的な個別資本の立場から剰余価値の生産とそれの資本化を論ずるが、第2巻は資本の運動が繰り返し行なわれ、その再生産は社会的にのみなされる次第を解明する。この社会的再生産の視点から社会政策を見ると、労働問題は労働者への人間的関心からよりも物的な労働力に関することとなる。大河内はここに注目する。

労働者は自分の労働力を商品として資本家に売る。資本家は買ったその労働力を農場や工場で消費する。この労働力の販売と購買、その使用と消費は1回限りでなく、継続される。労働者は労働力を売って得た賃金をもって家庭で個人的に消費するが、その消費によって生産で消耗した労働力を回復させる。そして彼は再び前と同じ体力と気力をもって生産現場に入って行く。この過程が繰り返される。こうして継続的な再生産の立場にたつと、資本家は表向きは自分が買った労働力をどう使用しようと自由であるとしても、そこには労働力の質と量を維持せねばならないという縛りがある。大河内はそこに資本家の利欲や熱情でない沈着な理性が現れると見るのである。労働者の方でもそれに対応して、せっかくの稼ぎを浪費するのでなく、自分の健康や家族のことを考えて生活していく。社会政策はこの資本主義の再生産機構と関連させて労働力の保全を図らねばならない。

社会政策の必然性は以上の再生産論から導かれるが、その普及は第3巻における自由競争の市場論でもって論証される。大河内のその論証はこれまで注目されてこなかったが、労働保護法が成立すると、資本家は乱暴な搾取ができなくなり、合理化によって儲けることに向かわざるをえなくなる。それが機械制大工業を成立させ、例えば、手繰製糸は坐繰製糸をへて機械製糸となる。すると当該生産部門の生産条件は優位に立つ大工業によって標準化されていく。それに対応できるものは上昇して大規模化し、それに対応できない中小企業は転落するか、大企業の下請となる。「社会政策は、個々の雇主的考慮に於いては贅物的存在であろうが、平等なる競争条件の貫徹を求める自由主義的市場法則は、社会政策の一般化・普遍化、言い換えれば、社会政策的負担および競争条件の均等化を強行しなければやまない」。大河内はこの第3巻競争論を世界市場にも適用した。各国の労働条件や競争力は統一されていないが、そのもとで自由競争が展開する。世界には一国の政府に当たるような強制力はないから、国際社会政策の実現は実に緩慢ではあるが、それでもある程度の横断的な協定は結ばれる。

ここで「資本の理性」が登場させられる。その内容は何か。個々の資本は労働力を濫用してでも利潤を得ようとする。これは「絶対的剰余価値」の生産である。日本では女工哀史の時代にあたった。だがこの剰余価値生産は長続きしない。労働条件の引き下げには限度があり、それは歴史的に経験されていたことであった。個々の企業が労働力を食いつぶしていけば、その補充は難しくなり、労働力は不足していく。労働力の調達コストは増大する。「かくして個別資本の立場からだけ考えても」労働条件を改善せざるをえなくなる。大河内はその歴史的事実を以下のように経済理論的に表現する。資本制経済では労働者は「人間」でなく「労働力商品」の所有者として扱われるが、大河内はその是非を問うのでなく、それを凝視する。彼にとって社会政策を研究することは旧社会政策論者のように人格を物化させてはならないと価値判断するのでなく、客観的に分析することであった。資本制経済は人間を手段視するが、科学はそれに対して価値評価を下すことはできない。これはM・ウェーバー的な科学方法論に従うものであった。ウェーバーはマルクスの歴史理論に対抗して、科学は何が進歩で価値があるかを客観的に決定することはできないと論じていた。

大河内はそこからさらに進んで、労働力商品の所有者が人格的存在であることを問題にする。これも大河内に独特な議論であった。それはこういうことである。労働者は労働力の商品性を貫こうとすると、人間労働者という制限にぶつかる。「人間の物化」は「物の人格化」という矛盾に陥る。労働力商品は労働者の生理的存在と一体である。労働力は労働者の自然的生命を無視してまで使用できない。さらには労働者は社会的にも文化的にも生活する人間である。その程度は当の国民経済の発展度や労働者階級の社会的地位いかんによるから、労働力の内容は固定したものでなくその「完成」に向かって鍛えられていく。労働力は工場で資本の規律の下に訓練されて機械体系に適応せねばならない。没価値的な科学研究は資本制経済下における人間をそこまで見届けるのである。

没価値の研究はさらに次のことも見届ける。ある企業が労働力を食いつぶせば、その分、他企業にとっても不利益となる。総体としてはその失われた労働力の分、損失となる。それだけでなく、労働力がどこでも濫用されれば、資本制経済そのものの基礎が脅かされる。社会全体の総資本の立場からすれば、労働力は労働者個人のものでなく、社会全体に属するものである。労働力は「保全」されねばならない。

大河内はこの労働力の保全をエコロジーに類比した。彼はマルクスから学んで、労働力の濫用を農業における土地の自然力の略奪、林業における幼木伐採や濫伐になぞらえる。だから企業が合理的であれば、合理的な農業が地力の回復・維持を図り、合理的な林業が輪伐と植樹を行なうように、労働力を保全し維持せねばならない。啓蒙された資本家はその保全を行なうが、社会的総資本としては国家が出てきて強制的にでも社会政策を施行せねばならない。これは資本主義の熱情でなく理性的「精神」でないか。

さて労働力の保全は具体的には労働立法と企業内福祉となって現れる。ここからも大河内の認識は先鋭的に進む。

労働立法には工場法と社会保険法および労働組合法がある。最初の工場法は労働開始年齢の引き上げや婦人労働の保護、賃金契約の保護、労働時間の短縮、設備の安全と改善等を定めていた。マルクスは『資本論』で、この工場法が労働力の保全を目的としていると見ぬいていた。日本の工場法でも当局者が同じ説明をしていた。大河内も同じ立場をとる。

次に社会保険法や大戦後の失業保険法を含む労働組合法について。大河内はそれも労働力保全の観点から捉えた。労働者は工場の就業時間以外の社会生活においてもその生命・災害・病気・死亡を保険で保障されるのである。労働組合法は経営者の団体が組合を公的に承認し、労働者を自分と利害を異にしても資本制経済組織の一員であり、協力者とみなす。大河内はその時に労働者は社会政策の単なる対象でなく、積極的な生産要素としての「主体」・平穏な「市民」になると評価するのである。「「労働力」の継続的再生産は高度化した資本主義の下では、その集団的規律性の再生産と、技術および機械体系の主体的把握者として訓練させられた「労働力」群の再生産を意味する」。労働組合は一つの「経済力」や「生産力」になる。さらには労働者は労働法の「立法者」・「行政官」ともなるのである。大河内はこうして経済的民主主義と産業平和がもつ「生産力的側面」の意義に注目していく。

労働力の保全は個別企業の内部でも行なわれる。清潔な宿舎、運動練習場や図書室の設置、登山やハイキングの実施、物品の共同購入、労働者の主婦のための料理や裁縫の講習会など。それらは本来、細井も批判していたように、労働者の個人的な消費と生活内のものである。だが大河内にとっては、工場内の労働が社会化したことに対応して工場の外での消費生活も協同化し、企業内福祉はそれを工場内に取り入れたものとされる。日本ではそれは戦後の高度成長に入ってからかなり一般的になった。その後、企業内福祉は労働者を丸ごと管理し、企業外での自由時間を企業内に閉じこめるものだと批判されるようになる。細井の批判していたことが社会的な感覚になったのである。

以上が大河内社会政策論の意味である。

さて、戦争は国民に国家道義と滅私奉公を煽る。こういう時に冷静に科学的研究をすることは簡単でない。大河内は戦後に戦時下での行動をふり返って、わずかでも残っている良心の火を絶やさないようにしようとしたら、それは当局の戦争遂行に対して物的な手段があるかないかを客観的に分析することであったと回顧している。彼は服部への反論の中で自分の社会政策論をウェーバー的に「資本主義経済の約束と制約とを依然として一つの「時代の宿命」としてもっと冷静に眺めようとする態度の結果である」と弁明していた。『戦時社会政策論』（1940年）はその科学的研究の産物である。同書の課題はこうであった。今は「国民社会の与えられた状態や諸々の社会政策的施設やが、どれ程戦時経済を固めるのに役立っているかを反省することが必要なのである」。

すると意外なことに、戦争が大河内の社会政策必然論を実証するのである。社会政策は戦争においてすべて無くなるのでなく、かえって一部ではあっても急速に実現される。それは「奇妙なコントラスト」（『社会政策の40年』）であった。日中戦争の勃発は自主的な労働組合の活動を抑圧し、全体主義的な産業報国連盟を結ばせる。だが同時に企業内福祉が拡充され、労働災害の防止化が進められる。統制の動員経済と社会政策の関係が問題にされねばならない。戦中の統制経済が日本資本主義の遅れた面を一掃し、合理的な労働政策を「一挙に遂行する」（同書）のである。

大河内は統制経済を次のように捉えていく。——一国の経済は再生産構造体としてあるが、それは理論的に分析して分かることであって、実感されるものではない。だが危機の時には、経済は循環する有機体であることが強く意識される。日中戦争は長期化して泥沼化し、日本は軍事的に消耗する。その消耗を補うために設備の拡充を急ぐが、工場の操業度は思ったように上がらない。銃後からの補給はスムーズにいかない。これでは日本はいつまで持つかと危ぶまれる。資本主義はばらばらにあるのでなく、全体的であらねばならないと意識させられる。この時に戦時経済が日本資本主義を近代化する契機となる。

統制と言うと、ファシズムや権利の抑圧をイメージするから、大河内のこの認識は逆説的である。戦争が日本資本主義を飛躍的に近代的なものにする。前段のⅡの3と重なるが、大河内から二つの例をあげておこう。一つが流通機構の合理化である。特に綿業部門で中間商人を排除して生産者と消費者の間の配給機構が単純化される。これによって商業利潤は寄生的な中間搾取でなくなり、配給サービスに対する単なる手数料となる。他の一つが物資の配給であり、それが企業の合理化を促し、生産性を上げる。鉄鋼部門でみると、原材料の割当は優秀な大企業に集中し、生産性の劣る零細メーカーは排除される。高炉をもった銑鋼一貫メーカーは残り、他の平炉工場は閉鎖されていくのであった。

この国家的合理化によって工業部門では重化学工業化が進み、技術をもった熟練工や基幹工が求められる。でも大企業は自分で熟練工を養成せず、下請や短期養成の熟練工に頼っていた。そこで政府は国民徴用令を発して技術者の配置を規制する。また政府は移動防止令を出して一般労働者の引き抜きを抑える。また政府自身でも機械工を養成したり、国営の職業紹介施設を設けたりする。大河内はこういう国家干渉を合理的だと正当化していく。

農業部門はどうか。農民は徴兵されて戦場に取られ、大事な労働力であった馬も徴発される。あるいは農民は徴用されて都市の工業部門に移動させられる。大河内の見立てによると、日本資本主義の一つの特徴であった農村の過剰人口はなくなり、反対に労働力が不足する。この状況下で労働力を養成し、生産力を上げようとすれば、対策はどうしても科学的で合理的とならざるをえない。当時、昭和研究会や『科学主義工業』誌は農業の機械化や耕作の共同化を提案していた。大河内はそれを支持するのである。

以上の国家による合理化の中で、中小企業は転業や廃業を強いられ、大企業の下請に編成されていく。そこに生活問題や社会問題が発生する。中には政府の転業対策になかなか応じない「狭量な」中小企業や熟練職人もいたが、大河内はその編成替えは避けられないことだと冷静に見た。これはそれまでの慈愛心のある社会事業家と異なる理論家的な態度である。内田も大河内と同じ態度であったが、それを問題にするのは後年の高度成長期を経験してからである。

大河内はこの統制を企業の内部にまで及ぼすべきだと考えた。これは自由資本主義の原理に触れるものだが、実際にその通りになる。１９４０年に政府から「経済新体制確立要綱」が出され、軍需工場だけに限定されたが、企業の利潤と経理が統制される。大河内はここでも彼らしく、倫理的にも感傷的にもならなかた。彼は右翼革新のように分配正義の立場から独占資本の過大な不労所得を攻撃するようなことをしない。この利潤統制は明治以来の日本資本主義に合理性を要求する側面をもち、利潤は総資本の10パーセントあるいは自己資本の８パーセントが適正だとみなされる。そして利潤の実質的な部分を企業家労銀に転化し、残余をほとんど固定資本の再投資にまわして株式への配当率を低めようとした。これは現代資本主義における所有と経営の分離を背景にした議論である。大河内はこのことの系として次のように展望することがあった。大企業は資本蓄積をするさいに下請の中小企業に技術を公開すれば、下請は輸入に頼っていた設計図を自分で作るまでに技術水準を上げることができるだろう、と。以上の資本蓄積のあり方と展望は戦後の高度成長期にかなり一般化されていく。

こうして統制経済とは日本経済の構造を改革することであり、国土の綜合的な経営計画となる。統制によって「人間は計画的に再生産を行なう社会的存在たり得る」(『戦時社会政策論』)ものとなっていく。だが革新官僚と同じく大河内も認めるように、統制は私的所有や契約、資本制的生産機構を基礎としているから、社会主義ではない。

労働者は資本主義の下では労働力商品であるが、単なる物ではなかった。最後にこの点を別の角度から再度検討しておこう。

大河内は労働力を自主的な主体として尊重する。労働者は利己的に生きるだけでなく、自分の利害と公共的な統制とを自発的に関係させるように求められるのである。労働者は徴用と転廃業を受動的に受け入れるだけでよいか。彼は労働者に新しい経済的事態の「論理」に合う新しい「倫理」を求め、それを「職能人の倫理」と呼んだ。経済人は「戦時統制下における生産活動の遂行を個人の営利的本能でなく、経済生活全体の生産力発揮のための意識的計画的活動として理解する人間、この強力な国家意識実現のための全体的統制の一分肢として自らの社会的職能に対する客観的判断と自覚とを持つ人間でなければならない」(『スミスとリスト』)。大河内は統制の全体主義をそのように批判的に読み替えるのである。これはスミス的な「経済人の終焉」を告げ、「見えざる手」を「見える手」に代えるものであった。

大河内は産業倫理だけでなく、新しく消費倫理をも説いていく。戦時下、国家は私的な家庭生活にもメスを入れ、国民に対して生活改善を精神的に唱えた。贅沢の戒め、回礼や贈答の虚礼の戒め、貯蓄の奨励、等。戦争も末期になると、衣服を新規に調達することは抑えられ、家のタンスにあるストックを工夫して使いこなしたり、スフを綿製品の代用品とすることが勧められる。食料の面でもさつまいもを米の代用食とすることが奨励される。このような節約で「労働力の保全」ができるのか、ちょっと疑問に思わないでもないが。

大河内は生活改善が科学的に進められることに関心をもつ。労働科学が国民の最低生活物資の種目と量を研究し、栄養学が科学的な栄養知識を広めていた。政府も熱量や栄養素の最低必要量を定める。大河内は安藤政吉の生計調査に注目しそれを支持した。それは労働者家族5人が健康に暮して健全な労働能力を維持するために、エンゲル係数を参考にしながら、食事から衣服・住宅・娯楽・教養とすべての生活設備の最低必要量を１９４１年当時の物価を参照して月１４３円90銭と計算していた。それは勤労者の全国平均収入の約70円を大幅に上まわるものであった（参照、『社会政策の40年』）。こうして大河内は家庭の消費を戦時下の綜合的経済計画の一環に組み入れていく。これは消費の社会化である。

それまでの経済理論は消費を生産や流通・分配と比較して、プライベートで意義の小さいものと見ていた。大河内はその消費を前向きに再生産につなげていく。政府の消費統制は単なる生活改善として他と切り離して論じてはならなくなる。消費は一国全体の資金と生産設備をどういう割合で軍需品生産と生活品生産に振り分けるかという国民経済の問題にされる。彼は生活をこのように「論理」するのである。

生活の論理を制度に実現すると、配給制や切符制になる。戦時下、米やみそ、しょうゆ、野菜が配給され、ガソリンや手ぬぐいは切符なしでは入手できなくなる。この配給制や切符制には欠陥があったが、彼はそれらの制度をもっと拡大し、総合的・計画的に実施することを勧める。そのために不都合なことは改めねばならない。当時の日本では生活様式が各地域・各家庭によってばらばらであったから、それに対して標準化や規格化が求められ、ＪＩＳによる製品統一も求められる。大河内も国民服や国民食を評価する。でも実際には国家による生活の標準化は難しく、それは戦後になって高度成長期に大量生産・大量消費の時代を迎えた時に実現する。寡占的大企業が3種の神器や3C、３Ｋを広告と宣伝を通じて国民的な製品にしていったのである。

消費は物だけでなく、サービスでもなされる。余暇の自由時間や娯楽が経済の文脈の中で意味を与えられる。娯楽は戦時には不要不急のものであるが、それが見直されて奨励される。それには合理的な理由があった。大河内は娯楽をそれだけとりあげて論じるのでなく、「労働力」の培養のために積極的に意味づけていく。人々が盆踊りをし、民謡を歌い、映画や芝居を見る、あるいは本を開く。これらは日頃の生活の苦しさや煩しさを慰めるだけではない。それらはその時だけはめを外して夢中になってよいものでもない。それらは明日もまた技術と士気のある労働力となるために必要な消費でなければならない。また余暇は日頃の労働や生活のあり方を反省する機会にもなる。すると娯楽は生産生活にとって二義的でなく、文化的な消費となる。こうして大河内の考える消費は実に論理的でドライなものとなった。

さて、大河内は戦時統制を契機として、近代化が思わざる結果として実現することを認識した。しかし、その合理化の追求は全体主義や侵略戦争を止める力とはなりえなかった。また労働力の価値実現は国家の関与とは別に市民社会論や労働価値論を基礎にして再生産論に結びつけることが求められる。下からの価値法則の貫徹の道が模索されていく。大塚が当局による上からの精神主義的な公共倫理の説教に対して「神の声」をもって対抗する。高島はヘーゲルのように国家への道を急ぐなと説き、スミス的な「市民社会」に内在しようとする。内田がその市民社会論を経済学史のテーマにしていく。マルクスが展望した社会主義は働く民衆の個性や能力・社会性を伸ばすこととは無縁の官僚的な計画経済になってしまってはいけないのである。

2　武谷三男：適用説と主体的な資本主義認識

内田は太平洋戦争も末期の頃、１９４４年12月から翌年3月まで治安維持法違反の容疑で目黒の碑文谷署に拘禁された。彼はマルクス主義者の中の技術論グループの一員として取り調べられたのである。彼は後に平田との対談で自分の学問的出自が戦中の技術論にあると述べている。この技術論とは何か。技術、それは生産技術である。そんな技術が問題になるにはどんな理由があったのか。

(1)　技術者運動

日本の自然科学と技術は山田盛太郎の分析によれば、資本主義が半封建制であって低賃金と長時間労働によって利潤を追求するレベルにあったから、合理的に発展することが妨げられた。また資本は商業資本的であったから、流通に携わる事務職員の方が生産に関わる技術者よりも地位が高かった。官吏の人事も「法科万能主義」（山田坂仁「当面する技術論の課題」、『季刊大学』第3・4号）であったから、技術者の地位は低かった。大企業では研究投資はアメリカに比べると極端に低く、内部に研究所があっても技術者が課長や重役にまで出世するのは例外的となる。こうして技術者はその技術が十分に発揮されないことに不満をもつ。ある企業が発明を行なって特許を得ることがあっても、それを独占的に所有したままで実業化することが少なかった。これでは技術者は張り合いをなくしてしまう。三木がそのことを評論し、青年官吏が派閥や封建的な官学優位のために自由にその能力と価値を生かせないでいると批判していた。この状態が様変りするのは戦後の高度成長期になってからである。これでは本来の技術学は育たず、技術者も生まれない。こういう状態では自然科学の研究者も生産実践から遊離し、密室で純粋研究に閉じこもることになる。その研究の仕方も職人的であり、研究者の養成は徒弟制的であった。日本資本主義を批判する者も生産手段の所有や労働のあり方に注目することはあっても、技術について考えることはあまりなかった。

技術者は以上の境遇に対して地位向上運動を起す。その一代表が宮本武之輔である。彼は1931年7月に内務省に入り、利根川第2期改修工事に当たった。彼は最初、見習いの「工費雇」として入るが、その期間は事務官僚の約半年に比べて長く、技術官僚は約2年と冷遇されていた。彼は荒川放水路の開削にあたって、最新のコンクリート工法を導入して小名木川閘門を作ることに成功する。しかし彼は工事費が極端に減らされ、技師に予算の最終決定権が与えられなかったことに不満を抱く。彼は1934年、日本工人倶楽部を作り、技術者の地位向上運動を起す。彼は機関誌『工人』で次のように宣言した。技術は単なる手段ではない。それは社会から尊重されるべきである。「技術の運命づけられたる自然の約束に従って技術家が名実ともに社会各方面の原動力」とならねばならない。この宮本らの運動が実ったのか、近衛内閣の時に文官任用の改正された。法科出身者と技術家出身者との間の待遇の差別をなくすことが求められ、法科万能の時代は過ぎていく。

以上の背景があって、内田は科学主義工業の出現に注目し、久保栄の『火山灰地』における実験農場長の活動に関心をもつのである。また彼は経済学史研究において大学教授A・スミスを一介の数学機器製作人J・ワットとの結びつきに注目するのである。[注]

注　経済学史における技術者の社会的地位改善運動は他にも見られる。ケネーは経済学に専心する前は外科医であった。当時、外科医学校は医療の拡大を求めたが、パリ大学医学部はそれに反対して医学教育を独占しようとする。ケネーは単なる経験や憶測による民間療法を否定して実験や科学的知識に基づく医療を広め、外科医の地位向上に努めた。外科医は地位は低いが観察と実験を重視する新しい医学を代表し、内科医は古い学問と権威に安住していたのである。

(2) 技術の様相　戦中

日本は日中戦争と太平洋戦争に突き進み、軍事力を増大させていく。軍事力は大和魂のみで得られるものでなく、どうしても科学技術の裏づけを必要とする。政府は科学技術を動員し再編しようとして「科学技術の新体制」を求めた。科学者と技術者が国策に協力するように求められる。研究者はこの国策への協力要請にどう対応したか。ある者は国策に協力すれば仕事と研究費が得られるという理由で、他の者は生活や出世のために応じた。だから、本心から滅私奉公する者は少なく、大部分の者は戦争遂行に冷たい態度をとっていた。また軍部や政府が日本の戦争能力を過大評価することに疑問をもつ者も少なくなかった。技術にはごまかさない、嘘をつかないという論理があったからである。

技術は科学的精神を必要とする。三木はこの科学的精神のなんたるかをよく知っていた。彼は知性が政治的熱情によって剛直になることを批判し、知性は本性的に「仮説的に働く」ものだと考える。その仮説は再び実証に向かい、そしてまた仮説の設定へと、この繰り返しが科学的精神なのである。ところが政府は国民に向かって科学技術の振興を唱えても、国民に科学的精神が広まることを本当のところは望んでいなかった。昭和15年、呉海軍工廠は巡洋艦最上を竣工するが、政府は教学刷新評議会を設置して国体観念と日本精神を根本とした学問と教育刷新の方途を議論させている。三枝博音がこの精神主義に対抗し、内田はその三枝の技術史の研究から学んでいく。

あの西谷啓治は精神から技術が生まれると考えていた。確かに学徒動員の記録からも了解できるように、国家倫理を熱く説けば人は自分の持場で技術を熱心に修得する。しかし国家倫理のみでは技術はのびのびと発展できない。精神主義者は技術開発を労働条件や能率の改善に向ければ人を怠け者にするなどと言っていた。中谷宇吉郎が『科学と社会』（1949年）で戦中を回顧したように、戦争指導者は科学を「可能を可能にする」良識としてでなく、「不可能を可能にする」魔術と混同したのである。

精神主義は非合理であり、近代的技術と封建的技能は区別されねばならない。湯の温度は温度計を用いなくても器具を使って測る場合と変らないほど正確に手で測ることはできる。製鉄業では溶鉱炉内の溶鋼と色を見て銑鉄が鋼鉄に転化したか否かを判断することができる。でもそういう技術は技能や勘であって、それを得るのに手あたりしだいに模索せねばならないのであれば問題である。

（3）技術の様相　戦後

敗戦後、生活再建と産業復興が国民の願いとなる。革新政党は資本主義体制を改めて食糧の人民管理と労働者による工場管理を要求した。その時に技術者は職場闘争や地域闘争をする労働者と手を結ぶように求められ、労働者の方も科学的素養と技術を身につけることが要求される。『帝国大学新聞』1007号の「闘う技術者」欄や1029号の「生産現場を訪ねて」欄はこういう雰囲気の一端を伝えている。

農業の現状はどうであったか。後段で検討するが、農地改革は規模の零細性を解決できないままに、農場の集団化と機械化、肥料工業の回復が求められる。その技術的改革に農民組合と農業委員会が関わり、植物生理学者と農芸化学者、農業技術者が協力するのだが、当初は農事試験場の施設はあっても、農家に新しい技術を普及する努力はなされず、農家が必要とする技術問題も取りあげられなかった。これは渋谷も戦前に指摘していたことであり、当地の郡農会の技師は湿田にもかかわらず田に機械を入れようとしており、自ら田に入って農民と語り合いながら指導することは少なかった。宮沢賢治はこの状況を解決しようとして羅須地人協会を作ったり石灰技師となり、研究と現場の媒介者になろうとしていたのである。

工業の現状はどうであったか。戦後の一時期、企業は敗戦によって自信を失い、価格や利潤だけを考え、政府に対して価格差補給金や為替の切下げを求めた。彼らは自己努力を回避するのである。また、日本電気はその研究所を閉鎖し、東芝は電子研究所の研究員を整理する。企業は自前で研究開発をするよりも、戦勝国のアメリカからてっとり早く技術を導入する道をとる。これでは日本の技術は育たず、工業生産は軌道にのらない。

技術者は労働者との同盟や生産の指揮を求められるのだが、その性格からして社会的意識は低かった。技術者は会社に入ると、雇主の意志の下で与えられた課題をこなすだけとなる。彼らは反労働者的性格を露にすることもあった。彼らは労使対立のさいに労働者が実力行使に出ることに恐れを抱き、労働者を軽蔑しがちになる。それでも東芝のストライキの時には技術者が労働組合の中に入っていき、労働者と協同して組合大会をもつことがあった。技術者は労働者の労働条件改善運動の中で自分の技術を発揮していくのである。

（4）技術の定義をめぐる論争

以上のような戦中・戦後の問題状況があって、技術とは何か、その定義をめぐって論争がなされる。労働手段の体系説と客観的法則の意識的適用説である。

論争はその常として泥沼化しがちであるから、吉岡金市がこう言うことがあった。「具体的に旧来の生産方法を変革することのできないような、技術の解釈に終始する「哲学者」や「経済学者」の技術論はもうたくさんだ」（「最近の技術論から」）。でもその論争には重要な意味があったことに注意したい。

1）体系説

体系説の代表者は山田坂仁である。彼は技術を「社会的生産過程における労働手段の特殊な体系（各産業部門における特殊な組合せ）およびこの体系一般（封建時代の技術、資本主義時代の技術など）」（「技術論について」）と定義した。

この体系説は次の点で意義があった。技術は人間の外にある物質的な労働手段の体系であって、他の生物のように道具や器官を自分の体内に持つのと違って人間に特有なことである。またそれは現代的な資本主義の特徴である資本集中や結合工場に、そして化学装置工業やオートメーションに適合的な定義であった。現代の大工業では労働者が組織されるのに応じて、道具や機器も有機的に結合して一つの体系――一企業内の資本の物的構成や社会の産業構造に示されるものであり、内田は戦中にこの点を学んでいた――を作っている。それは勘やこつという封建的で主観的な技術を批判することになる。

体系説の別の意義は技術を特殊な歴史時代の中で捉えることにある。技術は資本主義の生産関係である資本・賃労働の階級関係の中で捉えられる。この歴史的な視点は適用説にもあるのだが、後段で検討するように、両者は階級関係を認識する仕方で違っていた。

この体系説には問題点があった。体系説は技術を物的対象において見るので、次のような技術の流動的な面を見逃してしまう。

①企業内の労働組織。マニュファクチャの分業に基づく協業や現代的工場内の工程分割と統合というシステム。②農業で必要な暦の知識。いつ種を播き、肥料を与え、収穫するかという知識。③農業で労働対象に加える知識。土地改良や品種改良、施肥改善、輪作等。④生産を管理する技術者の知識。

技術は単に物的な対象でなく、それを動かすところで捉えねばならない。技術は生産現場でどう内面的になされるかが問題となる。そこで次の適用説に入る。

2)適用説

適用説の代表者は武谷三男である。彼は「技術とは生産実践において客観的法則性を意識し、それを意識的に適用することと」と定義する。内田も戦後にはその定義が技術のすべてを含むと評価していく。この適用説で注意すべきことは「客観的法則性」と「意識的に適用する」ということである。

イ　客観的法則性

客観的法則性とは科学法則そのものを指すのでない。武谷は科学は認識であり、技術は適用であると両者を区別する。言うまでもないが、武谷は科学的認識を軽視するのでない。三枝は『日本の思想文化』（1937年）で日中戦争を契機として起きた「宇内に隔絶した国体」論に対して警戒して論評していたように、日本人は自然に浸かって自然になじんできており、西洋と比べて自然を対象的につかむことに弱かった。物を作ることでもあまり思惟に処理を委ねないでやってきたのである。その日本人にとって科学的認識は緊要なのである。

武谷が言いたかったことは技術は自然法則を解明することがなくても成立することである。技術は対象についての科学的法則が知られていない場合でもとにかくある形にしてしまう。技術は原因と結果の中間過程を精密におさえなくても、ある現象に他の現象がくり返し続くというパターン認識（中岡哲郎）だけでもよいのである。この点をおさえておかないと、適用説は労働者のものでなく、科学者支配やテクノストラクチャを狙っていると誤解されてしまう。

そこで技術は次のような構造をとる。武谷や星野芳郎は日本の遅れた土壌のなかにあって「技術、技術学、科学の区別と協同」（内田「星野氏技術論の有効性」）をはっきりさせ、科学と科学者が技術学と技術者を媒介にして自然を克服するという関係を解明したのである。これは革命的なことであった。それが技術＝生産実践における客観的法則性の意識的適用という定義の中味となる。

以上、適用説は技術と技能を区別する。この点は体系説でも同じであったが、適用説は体系説とは区別の上で関連づけるその仕方で異なる。

まず区別について。技術も技能も同じく自然法則によらねばならないが、技術は「客観化した形で人から人へと伝えられる」（星野「最近の技術論」）のに対して、技能は主観的で秘伝的である。前述したように、温度は温度計を使わなくても手で触れたり目で見るだけで経験さえ積めばかなり正確に測ることができる。[注] でも手で触れることのできない物もあり、人による違いもなくすことはできない。適用説は高度の科学的要素を必要とする技術の方を優れていると評価する。

注　亀井勝一郎は『我が精神の遍歴』においてこの技能や熟練の意味を次のように一方的に説いていた――近代の産業革命や現代日本における軍需工場への労働力移動および画家を宣伝ポスター作りに徴用することは人間を分業化・機械化し、「そこを以て己の死所とすべき固有の熟練」（傍点は亀井のもの）と「職人気質」を失わせた。

もちろん、技術と技能は対立するだけでなく、関係する。ナイフで鉛筆を削る場合、道具や対象の法則性に無意識であっても、とにかく続けていくうちに上手になる。これが技能である。それが対象の法則性が理解されて客観的に伝えられる技術になると、鉛筆削りは急速に上手になる。その技術が続けられると、それはまた新たな技能となる。この技術と技能の関連は戦後の高度成長期の重工業でも確認されていく。

星野はそのこと以外に次のように両者を関連させた。手工業やマニュファクチャの段階から機械制大工業の段階に入ると、労働者のもつ技能は低く評価され、労働手段と技術者が技術進歩を担うようになる。すると技術者は現場から遊離し、労働者は機械に従属するようになる。機械システムの背後で、生産を管理する技術者とその技術者によって動かされる労働者とが分裂する。技能と技術の担い手におけるこの分裂と両者の位階的な結合。

この分裂は労働者が技術的要素を身につけることで解消する。敗戦直後、日本の資本家は自信を失い、生産をサボタージュすることがあった。その代りに労働者が工場の再建に取りくみ、自分たちで経営して自発的に生産性を発揮する。内田はそれを見て、労働は本来労働者にとって厭わしいものでなく創意工夫を発揮する場であることを改めて確かめるのであった。資本主義の下では精神労働と肉体労働が分離し対立するから、労働者は労働を嫌い、工場から出た後で楽しみを求めるのである。彼はマルクスが労働過程と剰余価値生産の下でのそれぞれの労働の意味を論じていたことを知っている。だから彼も適用説もソ連でのスタハーノフ運動を評価した。この運動はドンバスの採炭夫スタハーノフが１９３５年に一交替期に普通の標準の14倍にもなる１０２トンの石炭を掘ったことに始まる。労働者は自分で機械を改良したり一度に多くの機械を操作することで、肉体労働と精神労働との分裂を克服したのである。労働者は機械に使われるのでなく、機械を使いこなしたのである。これは技術史的には、R・オーエンがその工場経営でめざしたことであった。大谷省三はこの運動の成功を技術の面のみでなく、社会主義的生産関係が資本主義の生産手段の私的所有と生産の社会性の矛盾を揚棄した結果であると評価していた。しかし、適用説はスタハーノフ運動がどこまで実際に労働者に受け入れられたかを知ることはなかった。また適用説はスタハーノフ運動における時間研究・コスト研究が現代的な労働疎外を生んだことを視野に入れることもなかった。

ロ 「意識的に適用する」

適用説の特徴はいったん人類史の観点に立ち、人間と他の生物との異同を調べたことにある。星野によれば、技術学は「経済学が物に対象化された人間と人間との関係を研究する」のに対して「人間の自然に対する能動的関係を研究する」（「技術論序説」）ものである。その点で技術論は体制の違いを超えて工学的である。彼もマルクスにならって技術をこう定義する。「技術は人間が彼と自然との間の物質代謝を彼自身の行為によって媒介し、規制し、管理する所の一過程である。人間は自然の物材にたいしてそれ自身一つの自然力として対立する」。

この労働過程論は抽象的に見えるが、生産の現場にいる者自身が実感で受けとめていることである。例えば、渋谷はその生活記録において、自分で考えて行動することは他の生物と異なる人間の特性であると認めていた。それに、労働過程論は危機の時代の課題に対してアクチュアルなものとなる。三木は、日中間で戦争が起きているが、今後再び戦争を繰り返さないようにするにはどうしたらよいかと考えることがあった。そのことは両国が地理的に近接しているとか、儒教文化の点で共通しているということからでなく、次のような世界的な思想に台座を置くことでなされるとされる。人間は自分を中心にして周囲と関係をもつ。人間は空気を吸い、水を飲み、食べ物を口にして生きている。そのことはどの生物でも同じであるが、人間は他の生物と違って、科学によって自分自身をも対象化し、道具を使って環境に働きかける。人間は民族に閉じこめられるのでなく、世界に向かって開いている。この人間―自然関係の認識はナチス的な有機体説や「血と土」のスローガンに対立するものであり、歴史を無視した地理的決定論を批判するものでもあった。

人間を他の生物と区別するものは何か。生物が物質代謝のために対象を利用する点では人間と同じである。カラスは飛びながら木の実を地面に落として割ろうとし、ラッコは水に浮かんでお腹においた貝を石で割ろうとする。対象のこういう利用を技術と言うのであれば、技術はすべての生物のものとなる。だが適用説はそういうことを主張するのでない。人間の特徴は本能的でなく目的意識をもって計画的に行なうことにあるはずだ。しかも人間は言葉をもって他人に技術を伝えている。適用説はこうして技術における決定的なものを人間の意識と主体におく。その論の裏には、戦中の生産力拡充の呼び声や東洋的自然主義、反知性的な日本的心境への対抗があったことに注意されたい。

体系説はそれに対して技術を資本主義という特定の歴史的な社会の中におく。山田は資本主義下では技術は「自然の諸力を統制する人類の物的手段であると同時に、資本家が労働者を搾取してより多くの利潤を生みだす社会的手段でもある」と定義する。技術は生産手段の所有関係や労働力の管理、生産物の分配という社会的な仕組を離れて考えることはできないのである。山田は技術そのものに目を向けても、それを社会的につかむことはできないと言う。それはその通りであって、資本主義の中では機械は企業会計的に減価償却の対象となる資本財であり、発明は特許制度のなかにあって発明者の権利として保護されている。そこで彼ように機械や発明は社会的なものになっている。このは適用説を誤った自然主義やヒューマニズムであり、社会科学でないと批判していくのである。

両者の論争から何を引きだしたらよいか。武谷は山田から技術を生産力と生産関係との交互関係として捉えていないと批判され、それに対してこう反論した。交互関係の認識は「内面的に立ちいった技術の分析なしに生産関係の規定性を頭からいうだけでは何らの解決ももたらさない」(「自然の論理について」)。つまり、適用説が技術を人類史的な観点で論ずるのは、技術が資本主義の下ではどう具体的に現れるかを知るための前提であったのである。星野も論説「産業防衛斗争と技術論の焦点」で次のように同じ方法を自覚していた。労働過程における技術の役割を云々することには意味がある。体系説のように工場のなかの旋盤をいきなり社会的な存在として見るのでなく、いったん「ひとつの自然物、また技術的存在として観察し、製品をつくる全生産工程のなかに、それが演ずる役割だけを、考えるわけにはゆかないだろうか」。そこで星野は現場に入っていく。「町工場があつまってできた、N通信工業では、うちつづく金づまりのために、終戦からこのかた、一度も、工作機械の分解掃除をしていない。そうでなくても、そろそろ寿命のきている機械は、そのおかげで、かんぜんにガタがきていて、磁石発電のアマチュアのセンターが、よく出ない。現場の労働者たちは、このとき、まず、機械の性能を問題にしている。そして、分解掃除をすれば、けっこう、まだつかえるのだが、と結論をくだしている。このばあい、機械のなかから、あきらかに、いったん、社会関係は捨象されて、考えられているのである。しかし、現実に、それではどうしたらよいか、というと、そのためには、会社側に、「機械を修理せよ」、「修理のための人員を増加せよ」という要求を、ださなくてはならない。言うまでもなく、この旋盤というひとつの自然力、技術存在には、資本主義的な所有関係、生産関係のワクが、同時に、ぴったりと、はめられているからである。そこで、この生産関係をきりくずす、具体的な闘争となるわけである。」

内田はこの星野から学んでいる。それは資本主義を階級搾取一点張りでおさえるのでなく、人間と自然との間の物質代謝を媒介する労働過程を基礎に置きつつ（ポジ）、それが特殊歴史的な資本主義の下でどう現れるかを問題にすることである（ネガ）。それはまた日本資本主義の半封建的な構造と型を捉えることと関連する点でも有用であった。

以上、技術をめぐる諸問題を追ってきたが、そこになお残る問題がある。それは体系説・適用説ともに人間の自然支配を強調していたことである。山田にとってアメリカ生まれの殺菌殺虫剤や除草剤の化学薬品と化学肥料は「植物の正常な生理化学的過程を促進すべき対象的諸条件を提供する」ものであった。武谷は「人類社会を自然史の最高の一環」と認め、星野も人間は他の動物と違ってその労働によって「自然を彼の目的に役立て自然を支配する」存在だと楽観する。内田も最初は同じ考えであった。

それが戦後の特に高度成長期になってから、武谷は技術発展が労働災害・公害をもたらすという矛盾に直面する。彼は米ソの核実験による放射能の人体への影響を憂えて平和運動の先頭に立っていく。１９５７年には関西原子炉の設置に対してその安全性に疑問をもち、反対運動を展開する。彼は技術についての論争相手から技術主義だと批判されたが、その批判者の方は公害や安全問題に対して行動しなかったのである（参照、『安全性の考え方１９６７年』）。星野も次のように考えた。労働災害や公害を生む技術は資本主義的労働過程におけるものであるが、その階級性を脱却するには、火力発電所であれば、亜硫酸ガスを取り除く脱硫装置を開発することであり、資本家はそのコストを含めて原価計算を行なうべきである、と。これは外部コストを内部化することであり、それの価格への転嫁である。すでにこの時点でこのような議論が出ていたのは注目すべきである。また星野の次の認識も忘れてはならない。公害も労働災害もそれらを防止する機械や装置は高度の技術を必要とする。だから公害反対運動や労働条件改善運動は技術の発達を促す。しかし資本による労働支配の強化と労働者の技術者からの分断は技術者が安全を確保しようとすることを妨げる。１９６０年の三池炭鉱における労働運動は敗れたが、それは１９６３年の炭塵爆発という結果となった。……技術の階級性論が資本主義批判にとどまらず、社会主義体制下における公害や労働災害にも目を向けるのはこのすぐあとのことである。

もう一つ、科学者の社会的責任の問題がある。科学の特徴は実験物理学によく現れている。科学は手の込んだ装置や器具を用いて、自然が隠している法則を無理にでも明るみに出そうとする。そして自然界に決してない物質を人工的に作る。このような科学観は早くにはF・ベーコンやW・ハーヴェイが、近くでは湯川秀樹やアインシュタイン等がはっきりと認めていた。物理学者は純粋に原子の構造を知ることに熱中し、原子核に中性子を当てれば分裂させることができ、そのさいに莫大なエネルギーが放出されることを発見した。その科学的「発見」が原水爆の「発明」につながり、その投下による人類の殺害と実験による被爆を引きおこし、科学者がそのことに責任があると自覚されていく。それまでは純粋な好奇心で科学研究をすることが科学の領域であり、それを善にも悪にも応用するのは社会や政治の側であると考えられていた。それが原子力を解放することで、両者は関係ないと言えなくなり、科学研究はどこかでストップしなければならないとまで反省されていくのである。

3　大塚久雄：資本主義の小生産者的発展論
——ウェーバーとマルクス

大塚久雄は日本の経済史学を作った人である。彼の学問の基礎は1930年代から40年代前半にかけての昭和恐慌と満州事変、そして日中戦争・太平洋戦争の総力戦の時にできる。彼は自由な思考が抑圧された中で、日本からは時間的にも空間的にもはるか遠いヨーロッパの中世封建制から近代資本主義への移行期の研究に沈潜する。そこから彼独自の資本主義の小生産者的発展論とエトス論が生まれた。彼はそのヨーロッパ研究をもって日本に向かい、明治以来の政治経済を「封建的絶対主義」と規定し、日本を貧しさから解放するために中産的生産者層と初期の産業資本を母体とした国民的生産力を作ろうとしたのである。内田はこの大塚に傾倒しつつそれと対置して自分が取るべき方向を定めていく。

まず大塚の時代意識を探り、それをどんな学問的テーマに変換したかを追い、その後で彼の方法を検討してみる。

(1) 時代への問題意識と学問的テーマ

大塚は時論に敏感であった。その跡を追うと、彼はこれまで本書で論じてきたいろいろな人の日本経済論を復習しているかの感がする。

1) 銀行を実業の利害に合わせる

1930年1月、井上準之助蔵相は金輸出の禁止を解く。その時に銀行はドル買いに走り、井上はそれを非難するが、問題は政府がドル買いを起こさせない制度を作って金融資本を「国民経済」の中に組み入れることにあった。大塚は客観的にはこのことに応答している。彼はファン・ディッラー編の『公立銀行の歴史の研究と銀行・信用史の文献目録』を『経済学論集』(第4巻第6号)に紹介して、銀行の意義を産業資本の蓄積を媒介することにあると捉えた。彼は後にイギリスの近代的銀行が民間に流通する商業手形を割引いていったことに注目する。

2) 資本主義の構造変化

石橋湛山は資本主義が大きく変化したことを認識した。大塚もE・レーデラーの論文「世界経済恐慌における信用の問題」(1932年2月)を紹介して、所有権よりも債権債務関係が優位になり、経済は管理通貨の「国民経済」となっていること等、資本主義が構造的に変化したことに触れる。

3) 企業経営の変化

大塚はG・トッドの論文「1844―1900年に於ける英国株式会社の諸相」を書評する(1933年5月)中で、株式会社が第2次産業革命と関連して発展し、株式所有者と経営者が分離したことを知る。また彼は1934年に立教大学経済学部で講義をし、その中で近代の企業経営が機械制大工業にまで発展し、20世紀になるとコンベヤー式組立工場や化学装置産業が現れ、資本集積と資本集中が発展する様子を追う。その最新の企業形態がカルテル、トラスト、コンツェルンなどの独占形態であった。資本主義は資本主義の限界内でその私的性格を揚棄しつつ、次の時代の物質的諸条件を準備していくのである。さらに大塚は高村象平の『近代技術史』を書評し(1941年1月)、技術発展が独占を形成し、その独占が積極的に技術改良を採用してコスト低減・利潤増大の「合理化」を行ない、他方で独占価格・独占利潤に甘えて技術革新を怠る面もあることを知っていく。彼は前者の故に新興の化学工業を肯定的に評価する。

大塚は以上のように現代資本主義の現象に注目しつつ、イギリスの初期資本主義の成立史を研究する。その契機となった一端を紹介しよう。5・15事件の後、高橋是清はケインズ的な積極財政を出動させた。彼は低金利金融と公債発行による有効需要の創出で公共事業を行ない、産業を刺激して雇用の確保を狙う。これは「国内市場」を優先させる政策であり、そのことで中間層がファシズムを支持することを抑え、中国大陸に市場を求めて侵略しなくてすむと考えられたのである。

この高橋財政を農村更生事業で点検してみれば、それは自作農を創設するとともに村ぐるみの「農民精神」で自力更生ができると期待されていた。これは地主・小作人間の分配の改善よりも生産力を向上して協同関係を築こうとするものであった（以上、参照、長幸男『昭和恐慌』1973年）。大塚はそれに対して別の方法を考えるのである。彼は政府が金融や財政をもって上から農民のインセンティブを喚起させるのでなく、農民が下から自発的に生産力を向上させる道を考える。それが中産的生産者による小ブルジョア的経営であり、そこから健全な産業構造が展望されていくことになる。

以下、大塚がもっと意識的に時論を研究テーマに変換したところを出してみる。

1)新資本による農村の工業化から

大河内正敏は前に検討したように科学主義工業とともに農村工業を実行していた。大塚も後で述べるように農村工業論を展開するが、それは大河内のものと対照的であった。

大河内の農村工業は従来のものと比べて新しかった。でもそれはすでに検討しておいたように、地域の農産物や木材を原料にして加工するのでなく、経営指導や技術、販売先も農村の外部に依存するものであった。また大河内は農村工業は「農業精神」を破壊するものであってはならないと反省していた。彼は農村の工村化が農家を潤して1戸当たりの耕地面積を増やす結果となることや競争力のない者が離農して都市に集中することを恐れる。これは農村における貨幣の資本化を否定し、農村工業を農民が季節的な余剰労働力を利用するだけの副業として狭めるものとなる。そうすれば都会人の個人主義的な「工業精神」は生まれず、純朴な農業精神は失われないと考えられた。彼はこういう農村工業が都市工業と対立せずに調和すると見ていたのである。

大塚はそれに対して農村の中から生産力の発展を展望できるような「農村工業」を説き、その典型を近代西欧に求めたのである。

2)新体制から

大塚は後年になってであるが、戦中に「ファシズムの歴史的性格(とくにナチスと日本のいわゆる新体制の対比)ということで頭が一杯であった」と証言している。

戦時下、政府は軍事力を保持し高めるために軍需産業の「生産力拡充」を叫ぶ。近衛文麿の新体制運動はそのために企業の利潤追求を自由に放任させるのでなく、企業を全体的統制のなかに組み込んで生産責任を自覚させようとした。大塚はこの全体主義と対立する。彼は太平洋戦争も押しつまった1944年に「最高度〝自発性〟の発揚」等の一連の論考を発表する。彼は大河内一男と同様に国策にいちおう応える形をとり、それを実現するには現実の条件下でどこまでできるかと客観的に考えた。これは「イソップの言葉」をもった抵抗である。彼はこう考えるのである。国民は生産力拡充のために勤労意欲を高めねばならないが、生産意欲は上から説くだけで湧いてくるか。確かに銃後の国民は、兵士は戦場ではもっと困っている、ここは幸せだ、それなのに働き方が少ないのは怠けであって罪悪だと言われると、頭に鉢巻をして「大和魂」をもって生産に打ち込むのであった。それでも倫理は上から強いられるだけでは本当の自発的なものとはならない。これでは生産力は有効に上がらない。倫理は持続するエトスにならないといけない。大塚はこの人間論をもって全体主義に対してよくよく考えて抵抗したのであった。

大塚は戦後に占領軍が日本の戦前・戦中の体制を「超国家主義」と規定したことに「十分に胸におちないものを残していた」(「現代とナショナリズムの両面性」)と告白する。超国家主義の中には排他的な膨張主義と区別されるべき本来のナショナリズムが混じっていたからである。その区別の基準が、ナショナリズムは小資本のマニュファクチャ経営を基礎にしているか否かであり、社会的な分業・産業構造の国民経済の形成に貢献するかどうかであった。これは本来のナショナリズムをもって国家的ナショナリズムを批判する議論である。それゆえ大塚は右翼革新の反資本・反西洋の名目の裏に伸ばされるべき小生産者と農民の問題があったと捉え、近代資本主義の起点である農民的土地所有への希求が隠されていると読み取る(参照、「危機の診断」)。

この問題意識が彼の学問的テーマ——小生産者は資本主義の成立にとってどんな役割を果たすか——に変換される。

3)ドイツのナチズムに対する評価から

大塚はドイツの全体主義をとんでもないものとただ非難するだけに終らせない。それが国民的に受け入れられた原因を冷静に知ろうとする。ただ当時の彼は治安維持法の下で当局からマークされていたから、「かなり窮屈な表現方法」(『近代欧洲経済史序説』再版「序」)をとる。彼は同様の微妙な表現方法をとる三木に共鳴するものを感じていた。ナチズムはなぜ広まったか。大塚はこう考えた。(「危機の診断」や「現代ナショナリズムの両面性」)——西欧先進国は17・18世紀の市民革命をへて19世紀に資本主義的産業化を進めた。その典型がイギリスである。イギリスでは中産的生産者層が原蓄過程で苦しめられ、政治的に反動の動きを見せることはあったが、全体としては両極分解して産業革命を迎えていく。それに対して後進国は市民革命を経験しないで工業化を行なう。ドイツでは中産的生産者層を広く残したままで高度に発展した独占資本の時代に入っている(ドイツ的二重構造)。このドイツで第1次大戦後の1918年に民主革命が起きる。それによって小市民層は封建制から解放されたが、大資本との競争で急速に衰微していく。それはイギリスでのように中産的生産者層がその内部で両極分解するものでなかった。そこにヒットラーが登場して小市民層の利害と意識を吸収し、ワイマール憲法や社会民主党を押し流して国家主義的ナショナリズムを築いていく。

大塚はそう捉えて、当時の社会民主党は政権党に近かったのになぜナチズムの台頭を防げなかったのかと問い、その答を探していく。彼はドイツのマルクス主義の歴史理論に「盲点」があったと見るのである。マルクス主義は資本主義は商業資本と高利貸資本が産業経営に乗り出すことで成立したと考えていた。しかしこれでは、イギリスが他の国と比べて相対的であるが、中産的生産者層の中から資本と賃労働を分出していき、その分解過程で「生産力」を経営合理的に増大させていった「史実」を無視することになる。マルクス主義は小生産者は結局のところ没落するか、あるいは必然的に資本家に雇用される賃労働者になると捉えていた。したがって小生産者は歴史的に意味がないと低く評価される。そしてマルクス主義はドイツに残存していた前近代の封建勢力と闘う時に、小生産者と協同せずに商業資本や高利貸資本の子孫となっていた大産業資本と共闘していく。他方、ナチスは大資本との競争で没落の不安におののく小生産者層を吸収していく。大塚はマルクス主義には小生産者を歴史的に位置づける理論的な枠組がなかったと批判するのである。彼はこのナチスが土地革命を実行すると予測した。[注]

注　内田は反対にナチスは土地革命を起さないと考える。参照、吉沢芳樹「内田義彦の学問世界」。丸山は大塚的な生産力理論はナチスが金融資本や商業資本を攻撃して産業を重視したことを評価する点でナチスに甘かったと批判的であった（参照、『丸山眞男回顧談』）。

大塚はドイツのナチズムに対するのとほぼ同じ見方を日本の全体主義にあてはめていく。日本も市民革命なしの工業化であり、高度に発展した資本主義と中小工業・零細小作の二重構造であった。その中で農村の小生産者は順調に伸びないままに全体主義に吸収され、対外膨張と民主主義否定のナショナリズムを支えていく。彼は小生産者層を政治的反動に向かわせない経済の道を探るのである。

（2）方法への意識

1）比較史的方法

歴史研究は史実をして語らせる学問であるが、大塚は誰もが認めるように理論的であった。でも彼は経済学の理論がどの時代や国にも通じる普遍的なものと考えることに批判的であった。経済学における法則的認識は文化の違いによってその妥当する範囲は限られるのでないか。資本は資本一般としてでなく、それぞれに独自な資本として運動している。彼はその点で講座派の国際比較の方法に親しみを感じていた。ただ講座派よりもずっと経済の担い手の意識や行動様式に関心をもっていた。その例を、後年のものだが、初期からの姿勢を示すのでここに紹介する。

イギリスでは早くに農奴制は崩壊した。純経済論者はその理由をこう説明する。イギリスの荘園は中世末の15世紀になると、農民数と土地供給量のバランスが変化する。14世紀にペストが大流行して農民数が減少する。その結果、農民は土地供給量との比較で有利となる。それが農奴制を崩壊させた、と。大塚はそれに対して比較社会学的に反論する。その説明はイギリスの内部だけで見れば当たっているが、どの国にも通じるものではない。東部ドイツはどうであったか。そこでも農民の人口は17世紀の30年戦争や18世紀のフレデリック大王の下での戦争によって減少する。そのため農民側は土地供給量との関係で有利となる。だが実際には農奴制は崩れないで、再版農奴制（グーツヘルシャフト）が生まれた。

同じ経済事情から異なる結果が生まれる。これはどう説明したらよいか。こういう疑問が比較史の観点に立つことで湧いてくるのである。イギリスとドイツについての説明はどちらも個々的に見れば正しい。だが両者を同時に成りたたせるものについては説明がない。大塚はそれを探求する。イギリスと東部ドイツの両者を互いに比較してみると、一見して人の目につきやすい史実のその奥にもっと大切な事実がひそんでいることが分かる。その比較史上の事実が「民富」（コモンウィール）の形成や「農村工業」の有無であった。経済的なバランス論は農奴制崩壊の促進要因であっても根源的要因とは言えなくなる。

大塚がこの比較史的方法をとる根本の動機には自分は「日本人」だという意識があった。それは狭い民族主義的なものでないが、日本の現実には西欧の尺度で割り切れないものがあったのである。彼自身、戦中の農村での疎開生活で次のような体験や見聞をする。村人は内部では商品交換や売買を水臭いと感じ、価値通りに交換するという意識は薄い。反対に村人は村外の者に対しては敵視して値をふっかける（「二重道徳」）。村の内部では物や労働は本家分家関係を軸として交換され（「ゆい」や贈答）、村抱えの店がある。これらは戦前の渋谷定輔の農村生活記録や戦中の田中仁吾『百姓日記』（『暮しの手帖』所収）などでも確かめられる事実であったが、大塚がその人類史的な意義を捉えることはない。彼はただこの20世紀の日本の農村と15世紀のイギリスの農村とを比較し、後者の方が商品交換は盛んであるという日本とのあまりの違いに「驚く」のである。だが彼のまわりの西洋経済史研究者には比較史の意識はなく、その方法から新たに意味をもって現れる史実に驚くことはなかったと言う。彼が研究を開始した1930年頃はマルク・ブロック流の比較史の方法は評判が良くなかったようである。彼はその中で「比較ということは……史料にもとづく実証ということと並んで、事実の確認のために不可欠な今一つの重要な方法的操作だと考えねばならない」（『株式会社発生史論』）と自分の方法を固めていく。[注]

注　比較史の方法は柳田国男の民俗学にもあった。柳田は『都市と農村』（1929年）において、日本の都市は西欧の概念だけで説明することはできないと捉えていた。西欧では都市は中世に農村と対立して作られたが、「日本の都市は、もと農民の従兄弟に由って、作られた」からである。

大塚は理論と実証との結合について思考を深めていく。歴史研究は第1次史料による実証を基礎にしている。けれども史料はいくらかき集めてみても、そこから何か見えてくることはない。史料が史料になるには史料を「見る眼」が必要となる。三木も論説「新興科学の旗のもとに」で史料堆積の単純実証主義を批判していた。大塚はその眼を比較史によって得たのだが、次のことを付け加えておく。彼は第1次資料だけでなく、第2次文献を沢山、しかも良く読んでいる。そのことは前にとりあげた書評や文献紹介からも窺えた。彼はその「読書」によって資本主義成立の古典理論に代る認識枠組を作っていったのである。その枠組は第1次史料によって固めねばならないが、彼は研究環境に恵まれないことがあった。彼はあることがきっかけで指導教官の本位田祥男から大学への出入りを禁じられ、大学の研究文献や史料の利用ができなくなる（参照、石崎津義男『大塚久雄　人と学問』２００６年）。また戦争によって海外からの情報も遮断される。それでも彼は「乏しい文献からだけでも、なかなかおもしろい事実を発見」（『株式会社発生史論』）していくのである。その史料も個々の地域的な荘園経営でなく、全国的な議会の法律や議事録を用いることによって、もっとも中心の問題だと見た中産的生産者の動向を「大きくつかむ」ことに努めていくのであった。

単なる実証のレベルからすれば、大塚の小生産者的発展論から外れる事実はいくらでもある。彼はイギリスのように資本主義を自生的に発展させた国でも、商人→産業主のケースが多かったと認める。また彼は後発国では商人・地主→産業主への転化の方が多いことを認める。では何が問題となるのか。実証屋は近代産業主の系譜を小生産者、地主、商人のどれにも決めず、多様なコースがあることを拾いあげていけば自ずと判定がつくと考えた。大塚はこれに対して、事実を整理する「社会科学の方法」を問題にする。彼は次のように問を立てた。ドイツ歴史学派やマルクス主義者のある者は資本主義の発展を商人→産業主と捉えるが、イギリスのような先進資本主義国では小生産者→産業主の事例が特徴的に多いのはなぜか。反対に後進国はイギリスのような先進国の外圧を受けて成長したはずなのに、イギリス的なコースは弱く、地主・商人→産業主の事例が多いのはなぜか。彼にとってはその疑問を解明してくれる「理論なくして実証なし」なのである。

理論と実証との関連についてもう一つ注意しておこう。大塚はこう言う。――「資料と理論との関連はそれのみに止らない。かかる理論はそもそも蒐集せられた資料を母胎としてそこより抽象せられたものであるが、また之と同時に、この資料の蒐集並びにその正しき選択すら《ママ》もが、理論による照明と方向づけなくしては決して可能ではないのである」（『株式会社発生史論』[注]）。

注　大塚の以上の方法を知ると、文明史家・田口卯吉の方法に想いが及ぶ。田口は『日本開化小史』（1877―82年）を著すが、山路愛山がそれを辛く書評していた。山路によれば、同書は新しい史実を発掘したり既知の史実を考証するよりも既に出ている歴史書を用い、歴史展開の原理を保生避死という人間本性において上代から幕末までの文明開化の跡を描いた。それは山路からすれば、「少なき学問を以、多く考ふる」ものであった。そういう書が文明開化を西洋のものだけでなく日本のものでもあることを示した点で画期的となったのである。

こうして大塚はヨーロッパ経済史をヨーロッパ人の眼でなく日本人の眼でみていこうと思い定め、日本の文化的土台の上に立ってヨーロッパを理解しようとした。そのことには第2次大戦の勃発によって、彼がオランダへの留学を断念せざるをえなかったという事情も作用した。でも西欧の学界の影響を受けなかったことは彼にとってかえって幸いとなった。彼は外面の「鎖国」状況の中で学問を「自給」する必要に迫られる。それは他の「市民社会青年」にも共通する境遇であった。大塚には自前の概念装置がどうしても必要となった。社会科学は「概念装置」を用いねばならないが、それは輸入して済ませられるものではない。そこで大塚は「前期的資本」とか「中産的生産者」、「局地的市場圏」等の概念を造語するのである。最初「前期的資本」などは他人から「思いつき」にすぎない「いい加減なこと」（『人と学問』）と受け取られたが、それがその後の彼のすべての仕事の元となる。創造的な仕事にとってこの種の「思いつき」がもつ意味は大きい。いずれにしても大塚の歴史理論は日本が欧米の異文明との接触で化学反応を起して生まれた新しい「雑種」（加藤周一）となったのである。やがて内田も経済学史の分野で自前の概念装置を作っていく。

2）「ウェーバーとマルクス」という認識枠組

大塚が「ウェーバーとマルクス」というフレームをフレームとして提出したのは1964年であり、2年後の『社会科学の方法』で一般読者に広く知られていく。実は大塚には1930年代から、このウェーバーとマルクスという一見して似ても似つかぬものの組み合わせを考えていた形跡があることに注意されたい。彼は近代西欧の資本主義をマルクスの物的な「生産様式」とウェーバーの「プロテスタンティズムの倫理と資本主義の精神」の双方から捉えようとしていたのである。

　信仰と社会科学は両立するか。大塚自身は新教徒としてキリスト教に入信していた。多くの知識青年はマルクス主義の体系を絶対的な真理と受け止め、それのみが経済的な苦境を救うと考えていたから、ウェーバーのように宗教や倫理で資本主義の成立を説くのは観念論であり、キリスト教の道徳はブルジョア道徳だとけなしていた。またマルキストは現在はマルクスやニーチェの後の時代だから神は死んでいるとも言っていた。だが大塚はそれでは自分抜きの「客観的」な思想史の知識となるだけであり、キリスト教にはマルクス主義に替えられない価値があると感じていた。その一方で、彼は現代人として社会科学を捨てることはできなかった。彼は「変わり者」のクリスチャン、あるいはマルクス理解者としては「不純な」者と見られる。基督者・内村鑑三[注]が動物学研究者として進化論を受けいれていたように、大塚も信仰と社会科学との矛盾と緊張のなかに生きていく。両者はどうやって統一されるか。

注　内村は経済を厳しく非難したが、経済一般を斥けてはいない。彼は論説「富と徳」（1902年）において、重商主義的な富＝貨幣観を批判し、古典派的な貨幣＝交換手段視と富＝商品観を示した。彼は三井・三菱の政商が作った富や放蕩三昧に使われる顕示的な富を軽蔑し、心の独立につながるような富の生産や消費を勧める。彼は国富についても、最初はスペインのような金銀鉱山の所有国が富んでいたが、やがて富はオランダやイギリス、アメリカ合衆国のような新教徒の国に集まっていったと認識していた。さらに彼は『代表的日本人』（1908年）の中で二宮尊徳を紹介し、倫理とつながる富を肯定する。金次郎は封建的な家族倫理に忠実であることによって、かえって「独立」と「正直な労働」という近代的な倫理を体現した人として捉えられる。これは日本版のピューリタニズムの倫理と言ってよい。

大塚は自分なりにマルクス＝エンゲルスの『ドイツ・イデオロギー』を読み、人間は社会的過程のなかで意図せざる結果をもたらすという見方を学ぶ。人間は何らかの考えをもって行動するが、社会はその人間の意識から独立した過程として人間に対立する。この矛盾の原因についてマルクス＝エンゲルスは人間社会が分業を自然発生的に組んでいるために「疎外」を起こすのだと答えていた。人間は分業に縛られて狭い利害のなかで動くから、全体を見渡して計画的に行動することはできない。自分たちが生産したものが自分たちの予測や期待を超える力となって自分たちに反作用する。それが恐慌である。大塚はどうしたらよいかを考えた。人間が全体を見渡せるところに立って疎外が発生する仕組を観察し、破壊が起きないようにチェックすればよいであろう。その時に社会科学が頼りになる。その社会科学の方法がマルクスにあっては「史的唯物論」と「経済学批判」であった。大塚は歴史家なので、その方法を過去に適用し、そのさいに主観的な意識を歴史過程のなかに置いてみたのである。そして意図と結果の食い違いが生ずる因果連関の歴史をおさえ、その上でできるだけ理想に近い目的と手段の系列を見定める。彼はこのことをイギリス経済史を叙述する時に具体的に生かしていく。

大塚はウェーバーから次のことを学んでいく。ウェーバーによれば、「思想」は特定の社会層に肉体化して社会を作る力となる。近代資本主義を成立させるのに経済的利害だけでなく、キリスト教の理念が絡んだのである。大塚はこの考えを受けいれた。資本主義の初期では物的な利害状況は局地的な農工間の市場圏における小ブルジョア経済で示されるが、それに照応する理念が「資本主義の精神」なのである。それはあのD・デフォーの『ロビンソンの・クルーソー』物語やB・フランクリンの『自伝』の中の一章「13徳の樹立」で知ることができる。ロビンソンは孤島に漂着した後、勤労と節約の経済倫理の持主として資材と労働力を合理的に組織する産業経営を行なう。その勤労は倫理的な義務の意識をもってなされ、外側から強制されていない。このエトスはどうしたら得られるか。それはフランクリンが自らに実験したように、規律を自分に課して修練することで身につく。彼は若いころ、節制や沈黙から純潔・謙譲まで13の徳目をかかげ、その一つを1週間かけて集中的に実行した。こうすると、すべての訓練は13週で一巡するから、1年間にすれば13徳を4回繰り返して実行できる。また13の徳目はよく関連づけられ、その順番通りに行なえば効果が上がるように工夫されていた。しかもそれが毎度の祈祷によって敬虔な気持をもってなされる。エトスとは合理的・体系的に修得され、金儲けの熱情でなく倫理的で冷静なものなのである。

エトスはこうして作られるが、ウェーバーによればそのことに歴史の初発で思わざる形で与ったのが、資本主義と無縁で対立的ですらあった古プロテスタンティズムの禁欲倫理であり、その逆説的連関を媒介したのが職業＝召命という教義であった。大塚の説明に聞こう。――禁欲倫理は商業や金貸による金儲けを攻撃する。それは資本主義を批判するものであるが、仁愛や信義のような人倫からの批判ではない。それは世俗の中での職業労働が神に喜ばれるという「職業倫理」を媒介として資本主義の精神に転化する。その倫理はM・ルターによって説かれ、J・カルヴァンの予定説によって鍛えられていく。そしてルターの宗教改革は南ドイツの勤労民衆と、カルヴァンの宗教改革はジュネーヴの小ブルジョア的農民や職人と結びつく。宗教的達人の回心の体験は特定の社会層に受け入れられて民衆を内面から動かし、目に見える社会層のエトスとして観察可能なものとなる。このことがその後のヨーロッパ史を大きく「近代」資本主義の方向に転換させ、理念は歴史の方向を変える「転轍手」の役割を果たしたのである。

以上の商業資本主義批判の部分は講座派や現代資本主義の議論と重なり、倫理＝経済の議論は両者を対立させた日本主義や教学を批判するものとなっている。

ところがここで「価値の倒錯」が生じる。大塚はその問題を早くも戦中から戦後にかけてのウェーバー研究で提出していた。フランクリンは営利活動を倫理的な雰囲気で行なったが、それは金儲けができるからであった。活動の重心はやがて営利の方に傾いていき、それが自己目的となる。すると当初の倫理的な雰囲気は薄まる。ここで大塚はロビンソンの合理的経営がスウィフトの『ガリバー旅行記』によって痛烈に風刺されていることを引き合いに出した。近代化論者大塚は近代化のもつ問題点を知っていたのである。合理化は人間を封建的な迷信や国家の魔術から解放するが、それはいつしか形式的で官僚的となり、人間の内面的革新と無関係になり、価値の倒錯が起きる。産業革命をへて19世紀に資本主義が確立すると、その外的な機構の方が個人に倫理を強いるようになる。ウェーバーはその事態を「鉄の檻」と称した。プロテスタントの誠実な理想であったものが現実の結果によって裏切られていく。「資本主義の精神」のエトスには「職業人」や「専門人」を理想とする小生産者の世界観が含まれており、小生産者の間での商品交換のコモンウェルスがユートピアとされたのだが、その理想の追求が搾取や階級対立の資本主義を生んでしまうと言うのである。これは矛盾である。そう認識する大塚は俗に言われるようなピューリタニズム万歳論者などではない。

　こうなると、エトスはその内部だけで研究しても不十分であり、その矛盾を生んだ社会過程を科学的に観察することが必要となる。大塚は現代のクリスチャンはその結果に責任をとって社会を科学していかねばならないと考えた。大塚の「二足のわらじ」はこのようにして内面的に統一されるものとなる。

　大塚はこの「ウェーバーとマルクス」の枠組をなぜ、どのようにして、作ったか。それは以下に示すように、日本人だからこそできたことであった。

　マルクス主義者は金本位制崩壊後の世界資本主義を末期段階にあると診断していた。修正資本主義者は資本主義をインフレ政策によって活性化しようとしたのだが、マルクス主義はそれを資本主義の生産・消費の不均衡や不況・好況の波を和らげるだけであり、体制を維持するものだと応じる。そして今日の大恐慌の激化は戦争とファシズムを生んでいるから、この戦争を階級闘争に転化して社会主義革命を遂行すべきだと主張した。マルクス主義にとっては、旧平価による金輸出の解禁は中小の生産者を苦しめたが、それが階級分解することは資本主義の生成・発展・崩壊の客観法則にかなうこととされる。大塚はその中産的生産者観に違和感をもったのである。

　一方、労農派は資本主義の成立を商業の発展が大工場にまでその支配を拡大するという線で捉えていた。猪俣津南雄は日本の地主には明治以前から引きついだ純粋地主と商人や高利貸が地主になる場合と二つの型があることを検出し、昭和になると後者の方が経済力を強めていったと見る。労農派はどの国もこのような資本主義化のコースを辿り、違いは資本主義化を先にしたか後でしたか、あるいはその資本主義化の程度にあると捉えていた。大塚はそこに疑問をもつ。その一例を明治維新に見てみよう。労農派は明治維新を市民革命とみなしたが、大塚はそれに反論する。イギリスでは産業資本は絶対王政下の重商主義によって上から成立させられている。これに対して市民革命は産業資本の活動を政治的に解放したのであるから、それは封建制否定のみでなく、ある種の産業資本（農業資本主義）をして他の種の産業資本（商業的資本主義）に対抗させたと考えねばならない。市民革命は商業的な独占資本に対立する小ブルジョア的農民の政治的な表現であったのである。大塚からすれば、このイギリスの歴史的事実と比較して明治維新の担い手や経済的階級は何かと論ずべきなのである。

そこで大塚は講座派の方法に共鳴する。彼は後年になってであるが、山田の『日本資本主義分析』を次のように的確に評価していった。——資本主義は資本主義一般としては実在しない。実際の資本主義は国によってその発展のコースが異なり、その構造もイギリス型、ドイツ型、ロシア型、アメリカ型と個性的である。日本について言えば、その資本主義は封建的なものを色濃く残していて、それは商業化（＝市場化）とともに消えていく経過的なものでなく、「日本資本主義」を積極的に構成するものとなっている。「戦前日本資本主義の「基底」をなしていた土地所有関係、あるいは地主＝農民関係、零細な規模の耕作、そうしたものを山田先生ははっきりと「範疇」として封建的なものとお考えになりました。ところが、……それは、それ自体としては封建的なものでありながら、同時に、資本主義の「基底」としてその存在を支えるものになっている。あるいは、それがなければ、世界史的連繫のなかで日本資本主義はもはや競争に耐えていくことができないようなものになっている。」（「山田理とんと比較経済史学」、『土地制度史学』93号）

では日本資本主義はどうして古いものが新しいものを支えたのか。大塚はその原因については山田と違っていく。山田は大塚からすると、外圧を、国際的な影響を重視していたのである。日本の資本は世界市場で先進国の高い生産力に負けないようにするために封建的な土台に立つことで労働力を安く買っていた。大塚もこの世界史的な契機は視野に入れている。しかし彼は一国が世界市場に向かう前から既にあった国内事情の方に注目する。また、山田が日本資本主義を輪切りにしてその構造を研究していたのに対して、大塚は封建制から資本主義への構造的な移行を追っていく。それも、日本の位置を測るためにイギリスを比較の対象とし、かつ移行の担い手の行動様式に注目して。そこにウェーバーの眼が入り込むのである。

山田は社会変革の担い手として組織された労働者をあげた。それも軍需工廠や重工業で働く基幹的労働者、例えば旋盤工であった。大塚はこの山田の見方を留保する。近代資本主義は発展すると大きな経営体を生む。そのシステムはそれまで無規律であった労働者を陶冶するのだが、大塚はその組織された労働者から自発性は生まれるかを問題にする。彼は真の主体性は人間変革や文化革命を契機にして発揮されると考えた。そして留目すべきことに、彼はこの人間作りを封建制から資本主義への移行期だけでなく、資本主義から社会主義への移行にさいしても必要なことと考えたのである。それは戦後すぐの『近代化の人間的基礎』（1948年）の「序」の「追記」において表明される。[注]

注　内田義彦も高度成長期になって、現存社会主義の内部における市民社会の問題を意識していく（座談会「戦後経済学の展望」）。そして平田清明との対談や「個体と社会科学的認識」前後から現実の社会主義国が個人や人権を抑圧することを批判していく。平田はマルクスが『資本論』で資本制生産様式の分析に入る前においた価値論・交換過程論・貨幣論からマルクスのエトス論を発掘しつつ（「マルクスにおける経済と宗教」）、社会主義における市民社会の問題を正面から論じていた（「社会主義と市民社会」、『世界』1968年1月）。内田と平田は連携している。

大塚は「ウェーバーとマルクス」のフレームにおいてマルクスの史的唯物論を豊かにしている。彼はそのフレームを次の3つの方向、マルクスにあるウェーバー的なもの、両者の対立性と関連、ウェーバーの独自性から、作っている。そのことをここでも時間的に後で書かれた論説を参考にして説明しておこう。

　大塚は歴史の移行にあたって、移行の客観的条件とともに、担い手の主観的意識に注目した。このことは前に述べておいた。人は「範疇の人格化」として機構の一員に骨化されて動くだけでなく、もっと複雑に観念的自由の意識をもって動くのである。マルクスは『経済学批判』の「序言」でいわゆる唯物史観の公式を出していたが、大塚はそれのマルクス主義的な解釈に不満を覚えた。マルクス主義は政治・法・芸術・宗教等の意識諸形態は経済の下部構造に究極的に制約されると論じていた。そのさいに上部構造は下部構造から相対的に自立することは認められる。大塚はそれに対してもっと上部構造それ自体の法則性を追求するのである。彼は人間の意識諸形態と経済的な社会構成を建築学的に考えることを止め、横に並べ直す。それは彼の後年の「横倒しの世界史」論を模して言えば、「横倒しの史的唯物論」と言ってよい。彼は川島と同様に、整備されたイデオロギー形態と流動的な意識とを区別するのである。エトスは体系化された教義や制度化された規範と関係はあるが、しかし、それらと区別される。エトスは下部構造のなかの経済的人格を内面から押し動かす機動力である。大塚はこの意識に目を注ぐことで、マルクス主義の社会認識の方法を豊かに補ったと言える。

　右のことが大塚の言う「複眼」的思考である。彼は人間を外的利害と内的利害に、経済と思想の双方に生きる者と捉えた。だから彼の経済史は普通の経済史と違って「人間」が生きていた。ただ後年に『昭和史』（遠山茂樹他、1955年）を批判する亀井勝一郎のような文学者からはまだ人間が不在であると批判されてしまうのだが。

ここで問題が出される。人間を内的利害や思想の面から考察すると、科学的な認識に価値判断が入らないか。大塚はこの懸念に対して次のように応じた。科学的認識と価値判断は区別されねばならないが、科学はおよそ価値判断を排除することではない。科学の対象自体が価値判断を含んで行動しているからである。経済学は科学である限り、形式的合理性を貫かねばならないが、それが自立してしまうと、その一面性が忘れられてしまうのである。この点について、再度確認しておくことがある。人は現実にはある具体的な目的をたて、それに見合う手段を選んで行動する。この目的設定には価値判断や規範が含まれる。さて人は孤立しているのでなく、他の人とともに活動し生活している。すると個々の合目的的行為は絡みあって最初の意図とは別の結果を生みがちである。社会科学はその主観的な目的間の連関を客観的な原因・結果の連関へと移しかえる所に成立する。ところで当事者の合目的的行為には何らかの内面的動機が含まれている。観察者はその当事者と立場交換をしてその内面に入っていき、「そうだ、分かる」と追体験することができる。大塚は近代の商品交換社会を二つの方角から捉えていった。一つは商品所有者間の等価交換（——重商主義の独占利潤に対立して自由競争下で成立する適正利潤に生産費を加えたもの）に伴うエトスを追体験的に理解することであり、他は商品価値は投下労働によって決まるという価値法則を客観的に分析することである。後者による科学的な知識は前者で補われることで「納得」できるものとなる。以上の二つの方法は内田が『生誕』で統一させようとしたものである。

以上、長々と大塚の方法を検討してきたが、そのことが、あって以下のようにして、大塚の歴史理論を再構成することができるのである。

(3) 小生産者的発展論

大塚のアカデミックな研究の一つひとつは自分が住む日本の比較史的な位置を捉えるためのものであり、それがそのままで政治的実践の方向に対する示唆となるものであった。発表の順序は逆になるが、最初に『共同体の基礎理論』（1955年。1952–53年度の大学院講義に修正加筆したもの）とそれに関係する論説を――もっとも彼はすでに戦争末期には疎開の経験から共同体について関心をもっていた――、次に『欧洲経済史序説』（1938年）および『近代欧洲経済史序説』（1941年）とそれに関係する論説を取りあげる。

まず大塚の歴史観をおさえるのに三つの注意をあげておく。どれも重要だが、それだけの評価を正当に受けているとは思えない。

第1。大塚は世界史を大きく近代資本主義以前と以後に二分する。二分すること自体は川島も行なっていたが、大塚は封建的共同体の解体＝資本の本源的蓄積期を境にして分けた。彼はこの二分法をウェーバーの所論の「断片」を読み込んで一般化している。大塚によれば、ウェーバーは世界史を、共同体における内部経済と外部経済、対内道徳と対外道徳の二重構造が「悠久の歴史」の中で次第に薄められていき、遂に近代西欧において二つの対立は消滅させられるとつかんでいた。それの精神的な促迫要素となったのがプロテスタントの禁欲倫理であったのである。[注]

注　その消滅は近代にむけては自然的になされたのだが、大塚はもう一つ、資本主義から社会主義への体制移行においては、2重構造は生産諸力が「機械化を基礎とする協業」によって社会化されることで意識的に破棄されると見通した。そして社会主義では倫理も個人主義的な市民倫理でなくて、新たな「共同態倫理」になるだろうと予測した。だがその予測は歴史理論上の要請であって、現実には社会主義的原蓄（＝国家資本主義）が進行したのである。

当時、世界史はマルクス的にアジア的・古典古代的・封建的・資本主義的な生産様式へと継起すると考えられていたが、大塚はその通俗的な受容を批判し、マルクスに内在して2段階に分類したのである。彼は歴史時間を自然の流れと傍観せず、大きく区切り、その区分の基準を生産様式が共同体を土台として編成されるか否かにおく。世界史は人間の活動がその対象である自然と直接的に統一している部族的な共同体から、その統一が少しずつ崩れていった共同体をへて、人間と活動対象が分離して媒介的に結合される私的所有と分業、商品生産の「市民社会」へと移行する。世界史はこのように大きく2段階に分けられ、そのうえで前段階と後段階はさらに細かく分けられる。この市民社会史研究が内田の経済学史研究によってスミスとマルクスの経済理論における価値論と結びつけられていく。

第2。大塚は共同体にしても市民社会にしても、それらを基礎として階級社会が成立すると捉えた。彼はマルクス主義の硬直的な階級社会論一辺倒から自由である。共同体は時間的に追うと段階的に、同時に他と質的に異なる類型として、アジア的・古典古代的・ゲルマン的共同体と分類されるが、どれも原始共産制社会のように無階級のままではない。それらは内的必然的に階級分解する。この共同体の上に成立する階級的生産関係、それがマルクスのいわゆるアジア的・古典古代的（奴隷制）・封建的生産様式（農奴制）だと捉え直される。では資本制的生産様式は何の上に成立しているか。それは私的所有と商品生産の市民社会である。これは大塚の実に内在的なマルクス理解であった。すると、日本の資本主義は講座派的に半分近代的な社会のうえに展開したと言えるだろう。

第3。大塚は生産様式の移行にさいして辺境地論を出す。歴史の後の段階は前の段階から自動的に出てくるのでなく、政治的・社会的規制の弱い「辺境」からその時の体制と異なる新しい人間集団を媒介にして出てくる。それも前の段階で展開された生産力を受け継いで。

以上が大塚歴史理論の特徴である。以下でその内容をもっと詳しく検討するが、その歴史叙述の中に山田の中にも含まれていた国民類型論が組み入れられているのが分かる。そして叙述の行程の至るところで論点が豊かに出されていて清新な刺激を受ける。

A　共同体の類型と発展段階

大塚は最初の共同体として原始共同体の後の農業共同体を設定する。この農業共同体の構成員は土地を占取して生活するが、それができるのは部族組織の一員として共同の規制を受ける限りである。それはアジア的・古典古代的・ゲルマン的共同体と三つに分けられる。この分類基準はその名称から受けるように地理的区分や人種・民族の違いではない。例えば、アジア的共同体はアジアの古代文明に典型的なものだが、その内容が他の地域にも見出されれば、アジア的共同体と名づけられる。西欧の旧ケルト民族とペルーのインカ文明の民族がそうである。大塚はアジア的共同体の村落の例として、馬淵東一編著『人類の生活』（1952年）からマダガスカルのタナラ族の村落図を引用している。また共同体の分類基準は歴史的でもあって、それは土地の私的占取と私有地化の度合い、自己労働（共同労働を除く）の生産物の私的占取やその蓄積と相続の範囲、共同体内分業（性別分業、農耕と牧畜・手工業の分化等）＝生産力の発展度にある。それはマルクスの言う「固有の二元性」となっていて、共同体は直接に社会的な性質をもつ生産関係の面と個人的な性質をもつ生産諸力の面が矛盾しつつ結びつけられているのである。

大塚はこういう類型的で発展段階的な共同体論——ということは三つの共同体は必ずしも時間的に継起していくのでない——を展開する。日本の村はどこに？と問いつつ。

イ　アジア的共同体

大塚はウェーバーと同じくアジア的共同体についての知識を19世紀半ばにインドに駐在していたイギリス人官吏の報告書からも受けている。この種の行政文書は植民地統治の目的から書かれているから、対象に十分に内在しているとは言えず、この点は後年になって大塚自身が問題とせざるをえなくなる。

①土地は部族によって共同で占取されている。その中心部では個々の家父長的大家族が集まって村落を作る。各家族は囲い込まれた住居と付属の納屋・庭畑（ヘレディウム）をもち、それらは男系によって占取されている（私的所有の芽）。村落にはある程度の手工業があり、それは部族外の人々によって営まれる（非血縁的なものの挿入）。村落の周りには部族の共有地があり、各大家族はその共有地を部族の監督や決定という共同体規制の下で個別に利用する権利をもつ。②共有地の利用基準はウェーバーの言う「実質的平等」であり、家族の必要と能力に応じて配分され、割替の再分配も行なわれる。③この共同体にも都市はあるが、それは血縁を異にする人々の単なる集まりであって、次の古代ローマや中世ヨーロッパの都市のように中心点をもたない。④分業は性別的かつ階級的に分化している。性別分業は本来の村落民の男女の間でなされ、階級的分業は村落民とそれとは血縁を異にする手工業者との間でなされる。

大塚は以上のアジア的社会を全体として「停滞」的だと捉えた。その原因が村落内の農工の部族間分業の内容と比率の不変性に置かれる。カーストはその典型であった。だがこの停滞性は相対的なものである。アジア社会不変論は戦後のアセアン諸国や東アジアの新興工業国の出現によって無効となっていく。彼自身、後年にはアジア諸国は変りつつあると認めるようになる。

ロ　古典古代共同体

これは古代ギリシャのポリスや古代ローマのキーウィータースのような都市共同体である。それらは元はアジア的共同体を基礎としたオリエント専制国家の辺境の地方で抵抗組織として下から作られたものであった。この都市共同体は政治学史の観点からは人的共同体の都市共和国（リパブリック）として注目されるが、大塚は経済の観点から考察する。この都市共同体でも部族が土地の所有者であるが、前代とは次の点で異なる。

①部族の下にある氏族が村落＝都市を作り、そこに各家族が集住する。家族はヘレディウムを占取するが、私有制は一層強められている。都市は防塞を施され、その内部に市場をもつ。都市は戦という緊急の必要に応じて作られる「第2次構成」物（マルクス）であり、「人為的な発生」物（ウェーバー）なのである。②土地所有者は完全武装して都市に集住するから、都市では武具を用意できるだけの生産力がある。分業が農業と手工業の間でも、手工業の内部でも、発展している。生産力の発展によって「余暇時間」が生まれ、それは他部族との戦という公共活動にあてられる。③家族による私的な土地占取と都市の土地公有とが分化する。「市民」は都市周辺の公有地に対して前代と同じく「実質的平等」の原理に基づいて先占権をもつが、市民の中の活動的な部分は自分が所有する奴隷を使って実力で私有地を集積していく（ラティフンディウム）。こういう私人が共同体に対立する。でも都市民はその半身を共同体に置いたままである。私有地の範囲が広がると公有地は不足するから、都市は新たな土地を求めて周辺の部族を征服する。征服地は戦闘という共同労働によって獲得され守られるから、都市民が土地を所有するためには政治活動に参加しなければならない。古典古代では人は公民であることで私的所有者になりうるのである。④分業にも新たな事態が生じる。最初は支配的な部族の土地所有者が本来の「市民」として貴族層を作っていた。他方で都市内の手工業者や都市外の農民は従属的な客人部族として平民身分に置かれていた。また手工業は市民が携わるのにふさわしくないとされ、奴隷に押しつけられる。分業は階級的に固定される。この体制に対して、農民の中から都市の手工業者と手を結んで重装歩兵に上昇する者が出てくる。それが都市の政治を貴族政から民主制へと変える。

ハ　ゲルマン的共同体

共同体論の最後はゲルマン的共同体である。大塚はここでもゲルマン的共同体がローマ帝国の辺境地方で抵抗組織として下から出てきたことを知る。それはゲルマン民族が帝国内に定住するようになってから確立し、フランク部族の下で典型的に展開していく。5世紀後半に西ローマ帝国が滅亡し、その際に外国商業は一時衰え、経済は停滞したかに見えた。しかし他方で、ゲルマン的共同体はローマの生産力的遺産（耕区制や3圃制）を受け継いで共同体内の分業を熟成させていく。このゲルマン的共同体はこれまでの二つの共同体とかなり異なる。大塚はそこに注目する。それは最初から血縁関係が薄く、人間関係は誓約共同体となっている。ゲルマン的共同体は村落を作るが、それは土地を私的に占取する者の隣人集団であり、散居制を含んでいた。この隣人集団とその会議が土地の所有主体であり、土地利用の規制者となる。その他、以下のような特徴がある。

①村落の中心に集落があり、各村民はヘレディウムを私的に占取している。集落の周辺には共同耕地があり、これまでの共同体のように、各村民はそれを私的に占取する権利をもつ。共同耕地は普通30の耕区に分けられ、標準的な村民であれば、各耕区に1エーカーの地片を占取できる。でもその配分は「形式的平等」によって各家族に与えられる。共同耕地の周辺には共同地があり、そこは荒蕪地となっていて、各村民は自分の耕地の大きさに比例して家畜の放牧権や木材の伐採権をもつ。こうしてゲルマン的共同体では耕地の利用は共同体の規制に服するが、私有地化はいっそう進んでいる。②村落の単位は大家族でなく、小家族となっている。家父長の権利は古代ローマのように絶対的でなく、反対に家族員を保護する義務がある。外部の非血縁者は家長に服するが、ローマでのような奴隷ではない。彼らは土地を与えられ、農奴身分に上昇している。彼らは結婚することができ、財産もある程度作ることができる。ただ彼らは領主の直営地・荘園で賦役の労働地代を払わねばならない。③生産力の構造は次のようであった。中世の農村は単なる自給自足でなく、最初からある程度の局地的な商品交換をもつ分業と再生産の構造をもっていた。各村落は村抱えの手工業者を含み、その中には一般人に自由に製造品を売る者が少なからずいた。彼らは自分の仕事に誇りをもち、次第に独立的となっていく。その精華が自由都

市のギルドとなる。

以上、ゲルマン的共同体では全体が個人を丸ごと包むことはなく、私的諸個人の連合となっている。それがヨーロッパの中世初期の状態であった。西欧の資本主義はそのような共同体を受けて成立するのである。どのようにしてか。

始めに大塚が抽出した近代資本主義成立の基本線を以下に提示しておこう。14世紀半ば頃に中産的生産者層が出現する→中産的生産者層は16世紀半ば頃の絶対王政下で小経営と賃労働者への両極分解を含みつつ確立する→中産的生産者層は17世紀のピューリタン革命で封建制打倒の政治的推進力となる→それは名誉革命後の18世紀になると、両極分解の速度を増しつつ産業革命を起していく（――ただし補っておくが、社会的対流現象は残り、賃労働者であっても企業家に成りあげることは可能であった。この段階は政治上の社会契約論から国家構造論へ移る時の経済的基礎となる）→産業革命の初期では小生産者層は機械の導入に反対する部分と合理化に適応する部分と二つある→19世紀に入ると両極分解は決定的となる。[注]……内田は後にこれを分業論的歴史理論と押さえた。

注　大塚が示した以上の歴史の基本線はイギリスのものであるが、その枠組は多少視点を変えれば、田口卯吉の『日本開化之性質』（1885年）の中で日本史に適用されていて、ちょっと驚かされる。

B　近代資本主義成立史

1）近代市民社会の起点としてのコモンウィール

ここでイギリスにおいて中世と近世の間をつなげておく。この点の大塚の議論は比較的等閑視されているが、大塚を知るのに無視できないところである。

中世も末期の13、14世紀のイギリスはどうであったか。大陸の方では外国貿易が華々しく発展しており、東邦の胡椒・綿織物および絹織物と西欧の銀・毛織物とが北イタリアの諸都市やバルト海沿岸のハンザ同盟、そして内陸部の河岸都市の仲介によって交易されていた。イギリスはヨーロッパ大陸から海峡を隔てた辺境地方であり、この東西交易に組み入れられていたが、もうこの時からイギリスは特殊な地位を占めていた。大塚はまず国際商業を概観した上で、以下のようにイギリスの国内事情に注目した。

イギリスの農村は特殊的であった。当時は荘園制の最盛期であり、農民の保有地の規模はゲルマン的共同体の形式的平等の原理に従って斉一的であった。でも全盛は衰退の始まりである。荘園内で商品経済が比較的自由に展開し、農民による自由な「農村工業」が都市ギルドの工業規制に対抗して進行する。そこに「民富」（コモンウィール）の状態が生まれる。農民は農耕のかたわら牧羊業と毛織物業で得たお金をもって地主にそれまでの生産物地代に代って貨幣地代を払うようになる。イギリスは従来、羊毛を産出して、それを大陸の先進毛織物業地のフランダースに輸出していたが、14世紀半ばにはエドワード3世の重商主義的な保護・育成政策によって自国内で毛織物を製造するまでになる。そして15世紀半ばには毛織物の輸出国に成長する。大塚が目を向けたのはその輸出工業が「農村工業」であり、その場所が最初はイングランドの東部であったが、16世紀から18世紀半ばにかけてギルド規制の弱い西部に、そして北部ヨークシャーに北漸していったことである。ここから産業革期の工場がかなり出てくる。以上のようにしてイギリスの農民は他のヨーロッパ諸国と比べて例外的に早くから農奴身分を脱し、かの独立自営のヨーマンリーとなっていったのである。ヨーマンリーは質実廉直であり、軍事的に勇敢で国王以外に服従することなしの気概をもっていた。でも農民は領主に貨幣地代を払うまでに自由になったとはいえ、それは封建的な負担のままであって、近代的農業資本家が近代的地主に払う資本制地代ではなかった。

　同時期の都市はどうであったか。国内の商業はそれまでの外国商人に代って土着の商人によって営まれるようになる。この民族資本が外国市場にまで出ていくようになり、16世紀半ば以降になると、レヴァント会社やロシア会社等の特権会社が世界商業で活躍することになる。それが農村の毛織物工業の発展に大きな刺激を与える。この点、大塚は外国商業の活動が産業の活動に良い影響を与えたことをちゃんと視野に入れている。でも彼は比較史的にみて、イギリスでは商業は産業の前提であるよりも、その結果であることを知る。都市の小親方層の中からギルドの規制を破って自分の職場をもつ者が出てくる。彼らはもっと自由な営業を求めて規制の及ばない「農村」（カントリー）に出ていく。これが国内辺境地へのアーバン・エクソダスである。

　改めて言うが、大塚は以上の農村と都市における能動的な社会層を「中産的生産者層」と呼ぶ。15世紀になると、その中産的生産者が商品生産を発展させ、伝統的で家父長的な倫理の共同体を崩していく。共同体の解体は土地から労働力と生産手段および生活手段をも解放して双方を「自由な」商品とし、貨幣がそれらの生産要素を購入して工業マニュファクチャと農場で結合させる。従来まであった農民保有地の斉一性は消え、資本と賃労働への分解が始まる。農村では富農と貧農への分解が、都市では工場主と労働者への分解が始まる。ここで共同体を基礎としない近代西欧に独特な資本主義が始まる。大塚はイギリスにジェントリ資本があったことや特権的貿易商人が土地を買って封建的な地主の地位を得る場合があったことを認めている。でも何度も言うが、比較史的観点にたつと「近代欧洲経済史」はそこからは始まらないのである。

『序説』は『基礎理論』と同じく一本の筋を通しているが、それは前に指摘しておいたように、単純でなく、その道すがら実に豊かな視点を提出していることに気づく。読者はしばしその前に立ち止まってしまう。

2)商業革命の奥にあるもの

15世紀末から始まる地理上の発見を契機として東西両インドの貿易は飛躍的に発展した。外国商業はヨーロッパの経済社会の近代化を促す。でもこの商業革命→産業化の内実は古典理論と異なる。大塚の見るところ、こうである。「商業革命展開の経済的根拠を探求すれば、それはヨーロッパ自体の経済的発達に必然的・究極的基礎をもっていた」。その根拠とは初期マニュファクチャー経営であった。

この点は大塚の視角をよく示している。ポルトガルは東インド航路の発見によって北イタリアの都市を経ないで直接東インド貿易に携わっていく。他方、スペインはコロンブスによる西インド諸島の発見の後、新大陸で産出される銀を独占的に輸入し、新大陸にはヨーロッパの毛織物を輸出していく。ここで新大陸貿易と東インド貿易は素材的に連関するようになる。スペインに流入した銀は東インドに輸出され、それと引き換えにインド物産が輸入される。大塚はこれを見て、商業資本の活動が産業資本の経営に大きな影響を与えたことを認める。注意すべきはここからである。大量の銀が新大陸から輸入され、ヨーロッパは価格革命を経験した。それはしかし、経済の近代化に「正確には拍車をかけた」だけであった。また価格革命はヨーロッパ全体に一律に起きたのでなく、「それぞれの国の経済事情如何によってその影響の受け方が著しく、時には根本的に異っている事実をも見失ってはならない」のである。大塚は近世に商業革命が起きたことを認めるが、比較史的観点にたつことで、自国の内部で毛織物工業を発展させることに成功した特定の国の商人こそが新大陸の銀をもって東インド物産を支配しうるようになったと見抜く。ではその毛織物工業はどんな性格のものか。

　ここで付言しておくことがある。大塚は初期の重商主義政策が非ヨーロッパの現地人に破滅的な結果をもたらしたことを知っていた。スペインの征服者は銀山の開発にあたってアメリカの現地人を強制的に労働させ、その結果、場所によっては人口を絶滅させた。そのことはラス・カサスの『インディアスの破壊についての簡潔な報告』（1552年）を参照されたい。だが大塚はそのことを付随的に指摘するだけであって、そこにヨーロッパの原罪を見ることはない。また彼は三角貿易も知っているが、イギリスの工業品→アフリカの黒人→西インドの砂糖→イギリス→…という大循環に組み込まれた奴隷貿易の罪悪を問題とすることはない。それは彼の課題意識と比較史の方法によって抜け落ちたのである。

3）近代資本主義の形成――経営と構造

　大塚は企業の「経営」と経済の社会的「構造」を分析し、両者を統一して「国民的生産力」の概念を作っていく。「国民」は国家のように社会に覆いかぶさるものでなく、その実質は社会関係そのものである。大塚といえば、あまりにも中産的生産者の倫理の面で代表されていて、再生産論次元で社会的組織を研究した面が軽視されている。それを正した上で、両者は関連されねばならない。そのポイントはどの社会層の物的・心的利害が国民的利益に（――大塚の直接の課題でないが、さらには諸国民の富に）つながるかにある。

　毛織物工業を興すにはどんな条件が必要か。凡俗の経済学は資金や人口、技術、原料等をあげ、それらを個別的にだけ検討する。大塚はそれを批判する。それらの条件は生産に必要な要素であるが、国際比較の視点に立つと、ばらばらな考察では決定的な条件にならないのである。「それらの素材的諸要因を結合し統一して、それを現実の生産力として経営的に実現してゆくところの条件こそが問題だ」。個々の経営が成立するには社会的な条件が必要となる。これは再生産論のイロハである。以下、そのことを経済史で例示しよう。

　①経営には資金が必要である（G）。だがそれは決定的な条件とならない。17世紀のオランダは中継貿易やトラフィーク工業によって資金を豊富に持っていた。しかし国内に

有利な投資先はなく、利子率は低かった。商人は有利な投資先を求めて外国に目を向け、イギリスの国債や株式・債券を買う。オランダの余り金は自国の産業資本を繁栄させるために投下されない。（G－W（Pm））。スペインは羊毛を産出するが、それを産出しないオランダに負けていく。③生産のためには沢山の安い労働力が必要である（G－W（A））。だが、ただ人口が多くても貧民のままでは労働能力のある労働者とならない。フランスでは人口密度は高いのに浮浪者は増大していた。④生産のためには機械や熟練職人も必要である（G－W（Pm））。イギリスはそれらを持たなかったが、オランダからリボン織機を導入したり、南ネーデルランドから熟練職人を受けいれることで生産力を継承していった。⑤最後に、生産物の販路が確保されねばならない（W′－G′）。これも必要条件であって十分条件ではない。スペインは毛織物の販路を新大陸に獲得していたにも拘らず衰微していった。

大塚は以上のように検討して、毛織物の経営を進めるために生産の諸条件を「統一し生産力に構成してゆくような主体的な能動性」の問題に、つまり「近世西欧諸国の国民経済がそれぞれもつところの、すぐれて歴史的な固有の構造的特質という問題に到りつく」。こうして「生産力」の概念は転回される。

4）二つの「織元」の析出と両者の対抗

大塚はヘンリー8世治下1534年の条例とメアリー女王治下1555年の織布工条例を分析した。それらは研究者に既に知られていたが、彼は新資料を発見したかのように新たな光景に出会っていく。普通「織元」（クロージャ）と呼ばれるものに「農村の織元」と「都市の織元」の二つの型がある。当時、毛織物の製造工程は大きく、紡毛・織布・仕上げの三つにに分けられており、そのなかで織布が主要工程であった。織元はそれを自ら営むか否かによって分類される。また織元は製造以外に商業をすることがあり、自分が所有する織機を賃機に出すか、あるいは織布工に織糸を賃加工に出すかによっても分類される。前者であれば「農村の織元」、後者であれば「都市の織元」である。大塚のその分析の仕方は精妙そのものであって、化学者がいくつもの試薬を用いてある物質を検出していく場合に似ている。彼は日常ではあいまいに使っている「織元」という言葉から二つの異質な範疇としての「織元」を選り分けていく。実際には両者の違いは量の多少や程度だけであって区別しがたく絡みあっている場合も多い。通常の実証屋はこの面しか見ない。大塚は反対に対象を解きほぐして意味のある型を浮かび上がらせていく。

　まず都市の富裕な織元について。彼らは羊毛や毛織物の商人を兼ね、農村の貧しい婦女子に羊毛を前貸して封建的な工賃と引き換えに糸を織らせ、その織糸を買い占めては成年男子の織布工に前貸して工賃と引き換えに布にさせる。最後に彼らはその布を染色工や仕上げ工に前貸して工賃と引き換えに完製品を買い占める。彼らは自分が直営する大マニュファクチャで仕上げをすることもあるが、その工程は織布工程を補足するものでしかなかった。これで見ると、彼らは全体として商業資本であって産業資本ではない。この型はイングランドの東部と西部に集中する。

　次に農村の貧しい織元について。彼らの資本規模は比較的小さい。彼らは都市の郊外（サバーブ）や農村に住む。農村とはこれも前述したように法制的に自治都市のギルド規制の及ばない所である。または都市であってもギルドの実体のない所のことである。地域的にはイングランド北部が典型であった。それがオランダから機械的生産力の遺産を継承して発展していく。彼ら織元はまた農村で小土地を所有したり土地を借りて耕作するヨーマンでもあった。その彼らが毛織物製造にあたって雇職人を使いつつ自らも働いていく。こうしてイギリスにおける農村の織元は都市の織元より貧しく生計はつましいが比較的豊かであって、そのことに宗教的で道徳的な価値を置いていた。

　以上の中小の織元による農村工業こそ、大塚が探し求めていたものであった。それは「農民経済の内部において何らかの形で農業と工業が経営的に結び合はされ絡みあっている」（「農村工業」）ものであった。この農村工業は言うまでもなく、大河内正敏流の農村工業でも統制経済の中の農村工業でもない。それは彼が言うように「農民工業」であった。

　再び二つの『序説』に戻る。大塚は二つの織元を実証屋がするように併存させたり絡ませるのでなく、対抗させていく。その対抗は次のようになされた。――中小の農村織元は経営を拡大しようと欲し、機や労働者を増やしたり、マニュファクチャ内で労働を合理的に配分する。都市の小親方でも向上心のある者は自由を求めて農村に出ていく。近代では中世の都市の場合と反対に「農村に自由あり」となったのである。都市織元はそれに対してカンパニー制を編成して農村にもギルド規制を及ぼそうとする。彼らは絶対権力に頼って前掲の織布工条例を発布させたのである。それは農村の職場で機や労働者の数が増えるのを禁止し、農村で生産された毛織物を都市の公設市場に強制的に集めて品質を検査するものであった。しかしこの条例は有効に働かない。条例を施行する者は治安判事やジェントルマンであったが、彼らは自分の所有地の経営を通じてヨーマンリーや農村織元と利害を共有していたからである。農村織元は条例を守ろうとせず、議会に働きかけて条例の適用外の地域を設けさせる。彼らは彼らの利害と結んだ「近代」地主と「近代」商人を通じて議会で反独占論を展開し、1601年の条例で「営業の自由」を得ていく。

マルクス主義は大塚経済史には原蓄の国家暴力がなく牧歌的だと批判したが、大塚は以上のような社会内での対抗は視野に入れていたのである。それだけでなく、大塚は原蓄の一環をなすエンクロージャについて注意すべき認識をしていた。エンクロージャは入会地を強奪するが、それ以外に合法的な形式をも取る。慣習小作地や登録小作地が「ローマ法的論理の横車によって」農民から取り上げられていく。矢内原忠雄もかつてのイングランドのアイルランド支配や当時の日本の植民地支配にこのローマ法による収奪と同じものを見ていた。また大塚は初期の農村工業が絶対的剰余価値の生産方法をとっていたことやアーバン・エクソダスが都市を荒らしたというマイナス面も見ている。しかし彼はそこまで目を配りながら、農村織元の競争性や不断の地位向上欲の方に期待するのである。それは小生産者側からの封建階級や都市上層階級に対する階級闘争であった。それも次に示すように宗教や政治にもわたって。

大塚から次のような社会対抗の地図を作ることができる。経済利害的には、農村織元 + 近代的地主 + ギルド規制から脱する都市小親方 対 都市織元 + 守旧的な地主・商人 + 競争力のない下層小生産者。これを宗教的に表現するとピューリタン 対 国教会、政治的に表現すると議会派 対 王党派、経済政策的には保護主義 対 自由貿易、となる。これらの対抗の結果、産業資本がピューリタン革命と王政復古をへて商業資本に勝っていく。

さて、農村織元の活動は都市織元以外の他の階級にどんな影響を与えたか。大塚は客観的には古典経済学での価値論のレベルだけでなく、剰余価値論や循環・再生産論の立場にたって分析する。そこに注意すべき認識が示される。

5) 近代的産業資本・賃労働者階級の誕生

大塚はこの事態を次のように社会過程として捉える。イギリスは16世紀になると、前世期にあったような「民富」＝「コモンウェルス」の状態は崩れだし、経済は国民的な性格を失っていく。中産的生産者層は、一極に農村のヨーマンリーと都市の小親方上層を生み、他の極に農村の小農・小屋住農と都市の小親方下層を分出する。そしてピューリタン革命後には前者から産業資本家が生まれ、それが「鬼子」となって出身母体と対立するようになる。この階級分解のなかで近代的賃労働者が生まれ、村落共同体から自由になって労働力を売り物にしていく。農村織元がその労働力を買う。それが次項のようにイギリス的であった。

6) 小生産者的反動と初期ナショナリズム

階級分解は没落者を生む。大塚はそのことにかなり注意を払う。前に出した階級対抗の地図は比較史の観点からの大まかなものであって精密なものではない。彼はピューリタン革命をもう少し細かくこう見る。――クロムウェルは国庫的・金融的な独占商人の金儲けを排除して（反封建）、生産力を発展させるために小生産者的な国民的基礎の上に立とうとした（反近代）。しかしそれは空想的であった。営利の追求と生産力は近代的産業資本によって両立されねばならない。それを政治的に表現したのがクロムウェル政権の崩壊と王政復古であった（参照、同、352－364頁）。ここで階級分解は進まざるをえない。都市織元の支配下に残されたままの小親方の下層部分は農村に脱出することはできず、農村織元と競争することに反発する。彼らは反動的に守旧勢力の側につく。彼らはピューリタン革命時には議会側につかず、国王側について国家主義的になる。それでも他国と比較してみると、イギリスでは反動は大きな力にならない。イギリスではそれだけ階級分解が進み、没落生産者は発展していく農村工業に雇用されていったのである。大塚からすれば、日本はその道をとらなかったのである。

大塚は後年のことであるが、論説「現代とナショナリズムの両面性」において、経済構造と政治思想の関係を鋭くつかんでいた。右記と連携する議論なのでここに出しておく。――イギリスの重商主義は17世紀後半から18世紀前半にかけて政策の基準を「国民主義」におき始める。それは毛織物マニュファクチャの小ブルジョアが抱いたものであり、生成期の「健全なナショナリズム」であった。しかし、それはもっと中に入ってみると、思想的には反封建の「近代自然法の信仰」とそれと対照的な反近代の「血統への信仰を土台とする習俗の共同性」が交錯している。その後この初期ナショナリズムは階級分化の進行とともに変容していく。小ブルジョアの上層は富裕になって議会側につき、名誉革命後の議会制重商主義の確立とともに、それまで国民主義的であったナショナリズムは体制化していく。他方、小ブルジョアの下層は窮乏化して国王側につき、国家主義に転化していく。イギリスではこの国家主義は先述した理由によって表面から消えていくが（——大塚の目には18世紀の末に起きた反動的な「国王と教会」の叫び声や群集による科学者への攻撃は入らない）、フランスでは大革命の下で別種の国家主義がボナパルティズムとなって現れる。

以上の経済と政治の関連づけは経済学史研究のものでもあった。内田は後篇で展開するように、スミス研究においてスミスが議会制重商主義のウィッグ全体主義に対抗して『国富論』を書いたと論証していく。そのさいのキーがヒューム功利主義の批判であった。大塚は後にその内田スミス像を受け入れ、スミスをコモンウェルスの再建論者、産業構造のバランス回復論者と位置づけていく。それは正当な解釈であった。スミスはイギリス重商主義の植民帝国を批判し、中小生産者の自由を認めて国民経済＝産業構造のバランスを回復しようとしたのであるから。そこでこの産業構造論に移るが、その大塚の議論も従来あまり重視されてこなかった。

7) 産業資本の運動に適応していく他の階級と産業構造

①商業や金融・土地所有が産業資本と適合的な関係に入り出す。大塚はそれを以下のように捉える。商人のなかに農村織元と取引する近代的商人が出てくる。農村に元からいた小商人は農村織元に従属して国内で取引にあたる。旧型毛織物商人の一部は転向し、農村織元から毛織物を入手してそれを輸出する。信用関係にも新しいものが出る。農村織元は商人に対して掛売りをし、手形を受け取る。農村織元は当座の運転資金に不足していたから、その求めに応じて手形を割引いて引き受ける銀行が現れる。名誉革命後の1694年に設立されたイングランド銀行がこの割引業務の中心となる。封建領主の中にも富農に土地を定期貸（リース）して地代を得る者が出る。②他の産業部門も産業資本の運動に適合していく。毛織物工業が拡大し、原料の羊

毛を生産する牧羊業や労働用具の羊毛刷子を生産する鉱山業・金属工業を巻き込んでいく（G－W（Pm））。労働用具はそれまで大陸から輸入していたが、国産化されるようになる。また、鉱工業の発展は燃料に対する需要を増大させ、森林を刈り尽して木材飢饉を生むまでになる。大塚はこの時期、この自然破壊を問題にすることはなかった。そこで木材の代わりに石炭が重視され、炭鉱業が盛んになっていく。こうして消費財生産部門の発展は生産財生産部門を組み入れた産業編成をしていくことになる。

大塚はこの戦中からもっていた産業構造論を、戦後には経済再建に生かすべく発展させていくことになる。一国の経済は諸産業が過不足なく均衡し、自給自足的になれば、安定的で強固になるからである。彼は18世紀のイギリスが海外に植民地をもちながらも比較的健全な一国産業構造をもったことに留目したのである。

以上、大塚は西欧の経済史を追ってきた後でこう言う。「近代資本主義」とはこの「産業資本」の一般的確立を基軸とし、これと適合的な関係に立つ経済諸要因（諸関係）によって構成された経済社会である。」。これが日本資本主義を捉えるさいの認識基準となり、日本経済がめざす方向を示唆するものとなる。[注]

注　大塚の歴史理論を一括的に図示したものとして、拙稿「大塚久雄・試論」（1）（『千葉大学経済研究』第20巻第1号）を参照されたい。それと比較して平田清明作成のマルクス歴史理論表（『市民社会と社会主義』１９６９年、所収）をも参照されることを願う。

結語　大塚歴史認識と戦後近代化との調和とずれ

１９４５年、日本は敗戦を迎えた。その後、アメリカを中心とする連合軍の主導によって民主的な制度改革が進む。新憲法の制定、農地改革、財閥解体、家族制度廃止、労働組合設立の自由等の諸改革が続く。戦前は資本主義的な企業化と人間関係の近代化はお互いにそっぽを向いていたが、大塚は両者は一体的に進むべきだと考えていた。それが今両者向きあう環境になった。彼は明治以来の不十分な近代化を反省し、占領軍からの外圧を良い契機にして、それが自主的で自生的なものにならねばと自他に言い聞かせるのであった。

大塚は日本の再建にあたって、戦中よりもはっきりと「産業構造」の視点から「国民経済」の問題を意識していく。産業構造は民族問題や国民経済を底のところで支えている社会的分業の編成＝生産諸力の構成のことである。彼は戦後改革の中で特に農地改革に注目した。彼はそこに自分の近代イギリス経済史論が実証されるかのように感じたであろう。農地改革は半封建的な土地所有と高率小作料を廃止したから、今後は経営の共同化がなされて労働生産力は改善されると期待された。またその改革によって、戦前のように海外の植民地市場に頼らずに国内市場を成立させるだろうと展望される。

農村は制度的に改革された。大塚はそれに対して農村は人間的にも改革され、農民が経営や政治の主体となっているかと問う。彼はその意識改革はまだ弱いと見た。農村には村八分や根回し、全員一致の意志決定等の慣行が残っていたからである。他方、彼はこの意識改革の課題に答える例として、革命中国における人民公社をあげた。人民公社は自分流に社会的分業の計画的な編成と生産諸力の形成を行なったと高く評価する。また彼は大長征が血縁関係を断ち切って新しい人間関係を作ったと、これも高く評価することがあった。それらの評価はその後の歴史から見れば、事情に不案内であったからなされた面があったが、とにかく彼はヨーロッパ的なものの自覚的形成が「アジア」だと考えたのである。

マルクス主義者や進歩的知識人はこの大塚を次のように批判した。——大塚は近代ヨーロッパをもって日本を切り捨てている。今日の日本ではかつての半封建的・軍事的帝国主義は打倒され、高度な国家独占資本主義の段階にある。大塚の言うようにその日本に歪みがあるとは言え、すでに近代化をはたしているのだ。今は世界史的に見て民主主義革命とそれに続けて社会主義革命を遂行する時である。生産過程は独占資本の下で社会化されているのだから、それが社会主義化されねばならない。現在はこういう歴史的必然を民衆に示し、歴史を前進させることが要請されている。それなのに大塚はピント外れの迂遠なことを論じて、日本に封建的でアジア的なものが残っていると主張し、農村の小生産者から産業資本を起そうとしている。これは現在の情勢の下では後ろ向きであり、反動だ。

大塚はこのようないささか紋切り型で政治的な批判に対して、自分の小生産者発展論を捨てることなく、その後は同じことを多面的な角度から研究し続けていったのである。

ところで農地改革のその後の運命は大塚の歴史理論から

見て問題を残すものであった。農地改革は小規模の「中産的生産者層」を生んだが、そこから近代のイギリスのように農民層分解を進め、産業資本の活動を駆動力として他の地主や商人・金貸の階級利害を規制したり、他の工業等の産業を再編していくことはなかった。確かに半封建的な地代の廃止は農民の負担を軽くするとともに、地主に対する身分意識を薄めて対等者の感覚を育て、経営改善へのエネルギーを生んだ。また農民の購買力を高めて都市工業に対する国内市場を成立させた。だが農地の囲い込みや資本制農業は種々の事情によって実現されなかった。高度成長が都市工業の資本蓄積を中心になされ、農村から労働力を引き寄せ農村そのものを危機に陥入れたのである。その様子については並木正吉の『農村は変わる』(1960年)が詳しい。農村の内部から起る西欧的な農民層分解は起きない。また高度成長は公害列島と言われる状況を作り、極端に形式的な合理性を追求する管理社会をもたらす。ここで彼の小生産者的発展論と近代化論はその価値を問い直されることになる。大塚は自己点検せざるをえなくなっていくのである。

4 丸山真男:決断と作為、逆説的伝統の政治学

丸山真男については多くの人が語っている。その中でも庄司薫が『赤頭巾ちゃん 気をつけて』(1969年)において、主人公の高校生「ぼく」が銀座でたまたま出会った丸山について描いているところがよい。「ぼく」は丸山の「おしゃべり」から「知性というものは、すごく自由でしなやかで、どこまでもどこまでものびやかに広がっていくもので、そしてとんだりはねたりふざけたり突進したり立ちどまったり、でも結局はなにか大きなやさしさみたいなもの、そしてそのやさしさを支える限りない強さみたいなものを目指していくものじゃないか」と知る。そうであれば、「ぼく」はどこの大学に入学しようが、そんなことはどうでもよいことと思ってしまうのであった。……この引用文は丸山の知性のありかたを実に的確に伝えている。

内田はこの丸山を「市民社会青年」の一員としているが、丸山は他の者のように経済的な一物一価や労働力の価値実現を求めたり、法意識と実定法を関係づけることはない。彼は政治学者である。その彼がどういう意味で市民社会青年か。そこには丸山に対する内田の問題意識がうかがえる。

(1) 丸山政治思想史の方法

丸山は政治学は科学として成立するかを問う。——国際間では国家同士が、国内では政党間で、自分の行動を正当化しようと思想闘争をする。研究者はそれを客観的に観察してそこから科学的な法則を出す。研究者自身は日常生活において特定の政治的願望や好みをもっているが、研究する時にはそれをウェーバー的に禁欲して表明することはない。科学は価値判断を混入させてはならない。と、ここまでは丸山も一般の科学観と同じであるが、彼の特色は観察と価値判断を質的に際立たせた上で両者を媒介させることにある。ここでも大塚と同じく科学的認識と価値判断の間の関連が問われる。

科学的認識は対象をあちこちから眺めて分析し、その諸要素を総合していく。このことに終りはなく、こうでもあるかと仮説をたててはそれを実地に検証していく。それは丸山の言う通りであって、西洋では17世紀のベーコン以来、自然科学者がその方法を鍛えてきた。それはヒュームが「懐疑」したように、知識を安易に体系化したりその裏に大きな目的を見ることを拒否する。

けれども実際には、特に政治学の場合は、知ることから価値判断を排除することは難しい。それは認識対象である政治そのものが人の感情を揺り動かすからである。政治研究者も広くは「市民」(シチズン)の一人であり、客観的に知るだけでなく決断をいやおうなく迫られる時がある。すると認識の中にどうしても研究者の好みや偏見が入り込む。その意味で政治学は科学になりえない。人は実践する時には多面的な認識作業を断念して、その認識のある一面だけに組みしている。丸山は学問を実践から切り離す純粋法学的な方法を疑うのである。

丸山は以上のように認識の客観性と思想の性格をつかんだ上で両者を関連させる。これは日本で通俗化されたウェーバーの「認識の客観性」論を批判するものである。認識の作業自体が一つの実践となるからである。例えば、現在の日本は同じ資本主義でもアメリカ型であるか、それとも北欧型であるかと問題を設定すれば、それだけで現実の社会各層の利害にかかわることとなる。またその問題を優先して他の問題を後回しにすれば、それは問題に優劣をつけることになる。このことを自覚する政治学者であれば、理性的な認識に心がけてザッヘに迫ろうとするであろう。だが実証主義者は客観性の装いのもとでこっそりと価値判断を滑り込ませている。

丸山は以上のように政治学の方法を定め、それを政治思想史の分野で行なう。制度や機構という経験的に実証できる外面のみでなく、それらを動かす人間の内的な思想が取りあげられる。歴史的に遡って。それはしかし、象牙の塔での歴史研究ではない。彼は江戸時代の儒学史を研究するが、それは現代を照射するものであった。歴史研究は現在との緊張関係の中でなされる。彼は戦中の1942年に戦争完遂のために言論が統制されている中で「一字一句に慎重な気くばり」をしつつ、論説「神皇正統記に現はれたる政治観」を書いた。彼はこの歴史研究において北畠親房の「正直」の概念に注目し、それを「心に一物をもたくはへざる」こと、名利を求めずに純粋に利他的に行動することと説明し、それは伊勢神宮や古神道の「丹心」に通ずるものだと言う。彼はそう北畠に内在した上で、「為政者にかぎらず一般に教学に対する狂熱的な偏執は彼（北畠のこと——著者）の最も忌むところであった」という牙を潜り込ませる。室町時代の北畠は昭和の偏狭な日本精神と対立させられるのである。

丸山は日本の政治思想史をヨーロッパのそれと比較しつつ研究する。彼は近代ヨーロッパの政治思想史を社会契約による権力形成の観点から（——ということは、国家を歴史的に観察できる政体や構造として研究することとは別だということ）、ホッブスの『リヴァイアサン』からロックの『統治二論』をへてルソーの『社会契約論』へと追う。このヨーロッパ政治思想史はただの暗記される知識の類でなく、これもそのままで日本の現実を切り開くものであった。例えばロックは前掲書の第1部でフィルマーの王権神授説を批判している。この王権神授説は当時の日本人が疑いをもつことを許されなかった国体論と同じ性格のものであった。フィルマーは君主の統治権は神がアダムに与えた支配権が代々正統的に受け継がれてきた結果であると主張し、君主の臣民に対する絶対権は父としてのアダムが子に対してもつ権利に基づくと論じていた。これは「家族的構成」の国家論である。日本の戦前・戦中でも主権は父親の親権と同類に考えられ、天皇は天照大御神から発する一系の相続者であると教えられていた。こういう訳だから、フィルマーを批判するロックを研究することは国体批判となり、戦後の日本では主権在民の新憲法を自分のものにするという歴史的要請に答えるものとなる。

さて、政治思想史の研究は社会の上部構造の学説や理論に限定されない。学説や理論には日常生活における行動様式や精神的雰囲気が浸み込んでいる。丸山は特に合理的に整理される理論と、それと比べれば非合理的であるが、人を直接に動かす生活感情との区別および関連を研究した。彼の言うように、理論なしの生活感情は盲目であり、生活感情なしの理論は空虚であろう。思想もこのような関係構造を取るのである。その中で丸山はエトスに重点をおくことが多い。それは抽象的で一般的な教義に対してまだ体系化されていない習俗や気質のことである。武士道とか商人道、百姓道というように。彼はどうしてこのエトスに関心を寄せるのか。それは前の大塚論でも述べてきたことに通じる。

後発国は先発国に伍して世界史の一環になろうとする時、先発国から多くのものを取り入れる。それを自分のものにするには先発国の思想のロゴスの上澄みを吸収するだけでは不可能であり、エトスにまで深入りせばならない。丸山はそのことを戦後直後に書いた論説「超国家主義の論理と心理」や「軍国支配者の精神形態」で自ら実行していく。彼は連合軍による東京裁判の記録とその報道に接して、戦前・戦中の権力者が行なった「法廷における答弁の仕方そのもののなかに、日本支配層の精神と行動様式が鮮かに映し出されている」のを知る。権力者には主体的な責任意識が薄かったのである。その非主体性は権力者のみならず、被支配層にまで深く浸み込んでいた。それはまた丸山自身も完全には逃れていないことであった。この論説は日本の政治社会の病理を抉るものであったが、意外にも丸山は後にそれは自らの戦争責任をも問うものであったと告白することになる。この日本の全体主義の機構は8月15日でいちおう崩壊するのだが、制度が崩れたからといって、機構の契機をなす運動はもう起きないとは言えない。思想は歴史の古層となって連綿と後の時代にまで生き続けるであろうから！　丸山は外的な制度を内的な思想と切り離さず、連動させて研究していくのである。

さて丸山は知識人の思想を主な対象とし、民衆の思想史には入らない。彼はそれを民俗学や社会学の分野に任せている。彼はなぜ民衆思想を評価しないのか。彼からすれば、民衆は近代的な自我を「視座構造」のレベルで獲得していないからだとされる。今その自我を権力に対抗する面で捉えれば、それは江戸時代の百姓一揆や明治初期の自由民権運動の中にあった。だが百姓一揆は、たいていは一時的な爆発に終り、組織的に持続しなかった。彼はその原因を一揆の参加者が自分の内部で考え方を変革することができず、思考を自然のなりゆきに任せずに、自分で決断することへ転換しなかったからである。丸山は自由民権運動もあまり評価しない。明治政府は廃藩置県・四民平等・秩禄処分等で上から近代化を遂行したが、武士の中にはそれまでの特権を守ろうとする者がいて、その不平士族が政府に反抗して神風連の乱や西南戦争等を起す。その運動に農民の不平層が加わる。でも農民層の反抗は衝動的で士族の反政府運動に利用される面があった。それに庶民は近代的な議会制度について知識をもっていなかった。……木下順二はこの丸山と少し違って、戯曲『風浪』（１９４７年）の中でもう少し不平士族に近い所で、また三好十郎は戯曲『斬られの仙太』でずっと庶民に寄りそうようにして時代を写し取る。

この丸山を色川大吉や安丸良夫が批判するのだが、丸山自身にも変化があり、後になって江戸時代と異なる一揆が室町時代から戦国時代にかけて起きたことを認める（１９６５年『日本政治思想史講義』、第5節「戦国武士道の形成」）。この時代になると山城国一揆のように、社会の底辺にいた農民が惣的に団結して一揆を起こす。丸山はそれが単なる暴徒の略奪に終らず、規律と組織的な持続性をもっていたと評価した。民衆は感覚的な解放でなく秩序を作る「自由」をもったのである。実は江戸時代にも、後でも取りあげるが、佐倉宗五郎や文殊九助が指導した農民抵抗のように秩序だったものがあったのだが、丸山はそこまでは目を届かせていない。宗五郎や九助等は儒学の政治理想である天道観をもち、その理想を体現していない権力者に対して自分たち農民の願いを手続きと筋を通して訴えたのであるが、どうしても聞き入れられない。彼らはそこに到って初めて反抗して禁制の直訴に及んだのである。その「叛逆」に長いものにまかれないという政治的自我が成立する。

以上で丸山思想史研究の方法の検討を終え、以下で彼の知的活動を幾つかの時期に分けて考察していこう。彼はそれぞれの時期にどう現実と向きあって学問的テーマを作っていったか。

(2) 戦前・戦中の問題意識

1)「転向」について

丸山は1931年に旧制高校に入学するが、その時は左翼運動の嵐が吹き荒れていた。彼も他の青年と同じくマルクス主義の洗礼を受けるが、急激な左翼化には反発していた。彼はこの高校時代に人生上の大きな体験をする(以下は『回顧談』と『春曙帖』より)。彼は唯物論研究会創立記念の講演会に入場するが、特高によって拘束され、取り調べを受けてしまう。彼は持っていた読書日記に「日本の国体は果たして懐疑の坩堝の中で鍛えられているであろうか」と書いていたのを見とがめられ、貴様、君主制を否定するのかと責められる。天皇制の否定は治安維持法に触れることであった。彼は取り調べの厳しさに泣き伏してしまう。彼は自分のふがいなさを思い知らされる。彼の日頃の読書などはまったく役に立たなかったのである。国家権力と向きあった時に自分を支えるものは、社会科学の知識でなく、それを超えた何ものかへのコミットであることを知らされる。彼は河合栄次郎の自由主義を世界観でなく心構えだと馬鹿にしていたが、自分はその心構えすらなかったことに気づく。結局、彼は自分の「思想」を捨て、忠良な臣民に帰ると清算書を書いて釈放される。

丸山はこの自分の「転向」経験を踏まえて、次のように学問の方法と学問的課題の設定について考え直していくのである。

マルクス主義者は歴史は階級社会の発展段階を必然的に歩んで階級を廃絶した社会主義に向かうと説いていた。この歴史観は政府の弾圧によって崩れる。1933年6月、共産党幹部の佐野学と鍋山貞親は獄中にあって、階級闘争史観を捨てて革命は日本に伝統的な皇室を中心とした一国社会主義革命に転換すべきだと転向声明を出す。丸山はそれについて考えた。マルクス主義者はその立場を階級から民族に移すが、以前と同じく意識は社会的な存在によって拘束されるとし、価値を絶対的なものや内面的確信に裏づけていないではないか、と。

それに対して翼賛体制の中でも動かされないものはあった。丸山が知ったのは田中耕太郎のカトリック自然法や新カント派、南原繁の実存的な学問態度であった。自然法はあらゆる時代を超えて普遍的に妥当するものであり、新カント派は存在と当為を連結せず切り離している。南原は内面定な人格・良心の絶対性に拠る。また、こういうこともあった。尾崎咢堂は自由主義者として、復古の風潮の中でも、天皇であっても法律によらずしては私有財産に一指も触れることはできないと言うことがあった。丸山はそれを知って、国家や制度の前に歴史を超えた「自然権」の考え方があると理解する。明治の帝国憲法は立法者によれば天賦人権を否定しているが、そんな実定法の前にもそれとは違う何かがあると、丸山は感じていく。しかし、彼はそれらの超歴史的な思想を自分の専門の思想史研究のテーマにすることはできなかった。それは戦後の彼の仕事となる。

　では歴史主義に意味はないのか。彼は江戸儒学史でそれに答える。

2) マルクス主義について

　丸山はマルクス主義から現代を文明の表面に埋もれることなく大きく過去・現在・未来の時間の中で捉えることを学ぶ。そして実定法をその社会的基礎と関連させ、人間に階級的な制約があることを学ぶ。同時に彼はマルクス主義を以下のように批判した。

　丸山は西欧の歴史の発展段階論をそのまま日本に当てはめることはなかった。そのことは講座派的な方法でもあった。また彼は自由民権運動についても、自由民権の名でもって、ヨーロッパ思想を日本に機械的に当てはめることもなかった。日本の場合は国際的な圧迫のなかで原蓄をしたから、その上からの近代化の進行の中で不満を抱く各層が自由民権運動に加わったために、階級的に複雑であり、民権論を捨てて国権論と結合したり海外膨張を唱える者も出てきたのである。

　彼は現実の社会主義が市民的自由を認めないことにも批判的であった。彼も三木と同じく、革命後のロシアが「共和国」を名乗っていても、人間や思想の意義を軽視していることを問題にした。彼はドストエフスキーの『悪霊』を読み、社会主義に対する素朴な信念を崩されたと後に回顧している。

　マルクス主義の唯物史観の「科学的体系」も疑問に付される。マルクス主義は「人間」の問題を客観的必然性・歴史的必然性で説明しようとしていた。宗教も芸術も、男女の愛や性の関係も含めて。三木はそれに対して宗教の独自性を認める評論活動をしていた。芸術活動の分析では社会主義リアリズムを問題にする者も出る。渋谷定輔・黎子は男女間の恋愛や結婚を唯物史観で説明することに疑問をもっていた。丸山は戦後にマルクス主義が大変な勢いで復活する中で、マルクス主義を含めてどんな経験科学も全体的真理をつかむことなどできず、諸科学は相対的な立場から絶対的真理の究明に参与するのみだと考えていく。

丸山は社会的存在が意識を規定すると機械的に理解されていたマルクス唯物論を問題にする。彼は生産における階級関係も「人間」の行為の組み合わせである限り、そこに意識や自覚といった精神的なものが作用すると考えた。生産関係は単なる物質的関係ではない。だから丸山の認識方法はこうなる。認識は対象を忠実に模写することではない。認識する主体は特定の階級や集団に属しており、対象に対して何らかの意識や価値判断をもつ。だから認識は対象に対する何らかの思いを媒介とした模写である。思想史はその意識の面に注目してそれを抽出する。丸山はこのように唯物論の機械的説明を批判し——この点では川島や大塚と、そして後で出てくる内田と同じ——、自分の専門分野で江戸儒学史を書いていく。

3)日本ファシズムに対して

丸山にとって日本の全体主義をどう捉えるかは大きな問題であった。彼はそれをドイツのナチスと比較する。その比較は大塚も小生産者的な資本主義発展の立場から行なっていたが、丸山は自由主義的な政治学の立場にいるために、大塚と違ってナチスに対する評価は厳しい。

丸山は1936年の学生時代に「政治学に於ける国家の概念」を書いている。その論旨は次のようであった。当時ドイツのナチズムは人種的民族主義を主張し、国民を人種という生物学的な存在と考え、その全体的な性格を高唱していた。丸山はこのナチズムが出現した原因を考える。ヒットラーの登場はいかに狂気に満ちたものであっても、そこには何らかの理由がなければならない。彼はナチズム国家が民族精神を「大衆」に教導していったことに注目した。大衆は指導者に導かれ、自分で理性的な判断を下すことのできないマスであった。ただし彼はこのマス性はナチス党の宣伝によって初めて作り出されたものと考えない。それはナチス登場の前から用意されていたのである。彼は近代資本主義がその内部で中産者の階級分解を進行させ、それに伴なって経営が組織化されて官僚制を生んだことを問題にする。20世紀になると、現代資本主義はその合理化をいっそう発展させる。指導者と非指導者との関係がカルテルやトラストの展開によって、企業内部でも企業間においても増殖していく。彼はこの現象をこう総括した。ナチズムは「市民社会の本来的な傾向の究極にまで発展したものにほかならない」。

大河内一男は現代資本主義の組織化の中に変革の主体的要素を求めることがあったが、丸山にはこのように近代ヨーロッパ史を相対化する観点があることに注意すべきである。ところで山之内靖は丸山の市民社会→ナチズムの記述を見て、「近代ヨーロッパ市民社会の一つの帰結として、その内発的な所産としてファシズムを捉えるという」視点がその後の丸山によって展開されずに消えていったと批判することになる（対談「丸山真男とその時代」、『現代思想』所収）。山之内の近代批判の意義は認められるが、彼は丸山が使った当時の「市民社会」の概念内容を誤解している。丸山は「市民社会」（ビュルガリッヘ・ゲゼルシャフト）を、当時の研究者に常識になっていたように、自由資本主義の経済社会あるいは金融・商業資本主義でない産業資本主義と考えており、それが発展段階的に独占資本主義や官僚的組織化に移行すると言ったまでのことであった。もしも丸山をして市民社会批判者とみなすのであれば、商業社会の市民契約の安全は社会内の法意識の成熟において保障されるだけでなく、社会契約の権力形成を必要とするという主張に対してである。丸山はこの政治学の立場で他の市民社会青年と異なるのだから。

丸山は学生時代は「本能的なまでのナチぎらい」（『自己内対話』より）であったと言う。この点で大塚と少し違ってくる。丸山から見ると、講座派のマルクス経済学は近代資本主義をユダヤ的な銀行資本や商業資本からでなく産業資本から出てくると捉えているが、ナチスもユダヤ資本主義を排撃して実業の工業を重視していた。大塚は講座派を受け継ぐから、そこにナチスのプラス面を見ることがあった。それをもって反ユダヤ主義と言うことはできないが、丸山からすると、ナチスは政治的には立憲制や基本的人権、議会制を否定する反動そのものであった。

丸山は以上のナチス観をもって日本の全体主義と比較する。日本の全体主義はドイツのナチズムとは自由主義・マルクス主義・議会政党政治を攻撃する点で同じであった。丸山はそれを認めた上で違いを指摘する。日本では国民は皇室の赤子という家族国家なのである。これは日本資本主義のアジア的家族構成という規定（山田盛太郎）の国家版である。それに対してナチスの「血と土」は家族的なものでなく公的政治的なものであり、ヒットラーは家長でなく公的指導者である。他方、彼は日本の右翼革新をドイツと比べて農本主義だと評した。権藤成卿は上からの資本主義化に対して郷土主義と農村自治をもって対抗し、橘孝三郎は資本主義が生んだひずみに対抗してナロードニキ的・トルストイ的に田園を讃美したとみなされる。また彼らはナチスと違って工場労働者に働きかけることは弱かった。丸山は彼らの行動を下からの社会運動と認めず、擬似革命であったと批判するのである。この右翼革新の運動はやがて上からの力に吸収されてしまうのだが、丸山は同じことを近衛新体制運動にも見た。その中の皇道派は統制派に吸収され、日本ではドイツのように下からのファッショ革命は起きなかったのである。何がそうさせたのか。

丸山は以上（1）～（3）の時論的問題意識を以下のような政治思想史の学問的テーマに変換していく。

(3) 伝統→近代の2つの方法

1)歴史主義の『日本政治思想史研究』

近代経済社会における秩序は一物一価が実現し、産業資本を中心に産業が編成されることで、また社会の成員がお互いに相手の権利を尊重することで成立する。丸山は政治学の立場から、後者の法意識の重要性を認めるが、前述したように、秩序が確立するのは国家権力によって法が保護されることによってであると考える。そして彼は日本の明治以来の国家のあり方を批判し、権力を下から作っていこうとする。だから彼は社会契約論に注目するのである。

丸山は政治主体を明治以前の江戸時代の政治思想の流れの中から発見していく。その政治思想は伝統的な儒学である。彼は近代主義者と言われるが、表面的に受け止めてはならない。伝統思想は一律に非近代的なのでなく、通常は対立される近代との間につながりがあるのである。[注]

注　この方法を理解する上で教訓になる例がある。実証的精神は近代のものであるが、そのことを機械的に固定化することはできない。伝統思想にも実証的な認識方法はあった。明治に入ると、儒学思想は時代遅れとみなされたが、安井息軒は『弁妄』（1872年）において伝統的な格物致知の方法をもって、当時アメリカから流入されつつあったプロテスタンティズムの信仰に疑いをもつ。彼は旧約聖書の創世記には人間の経験では理解できない極端なことや矛盾が書かれていることを指摘する。また彼は新約聖書のイエス伝を読み、イエスは神の子でなく、贖罪の運命を自分の身に引きうけることを苦しむ「人の子」であったと解釈する。だが日本のプロテスタント教会はこの伝統思想の側から出された疑問に対して自分たちの信仰を鍛えていこうとしなかった。それだけでない。彼らは早くもすでにヨーロッパでできていた歴史批評的な新しい神学を輸入して啓示的な旧神学を捨てていった。これでは自分たちで思想を蓄積していくことはできない。

丸山は1940年から44年にかけての日中・太平洋戦争の中で荻生徂徠論をまとめる。彼はわざわざ江戸儒学史に分け入っていったが、その「超学問的動機」を『日本政治思想史研究』の「あとがき」で書いている。それは当時のファシズム歴史学に対する抵抗であった。その歴史学は「近代の超克」を叫んでいた。それは近代的知性に自覚的に生きようとしていた丸山からすると見過ごせないことであった。彼は中村光男と同様に、日本は超克されるべき近代を持ったことはないと言う。日本は講座派が論じていたように、軍艦の製造では世界で第一級の技術力を持っていたが、政治的には神秘的な国体観念を維持していたのである。近代批判をする者は近代以前の日本には古代信仰と東洋精神のうるわしき伝統があると主張したが、丸山は西谷啓治が主張したような東洋精神はけっして不易でなく、歴史的な変化を免れないものだと考える。江戸時代の儒学にしても、その「思考様式」に視点をおけば、自己解体して明治の近代につながるものがあったのである。

丸山は『日本政治思想史研究』の「英語版への著者の序文」で自分の超テーマをもう少し詳しく語っている。彼は「近代の超克」論者が近代の矛盾を批判する点で同意できる部分があることを認めつつ、しかしそれは当時の国際対立——英米仏の自由主義イデオロギーに対決する日独伊の「世界新秩序」建設の叫び——の中では、後者に飲み込まれる傾向があったと見る。それに対して自分の研究は井上哲次郎が道徳を国家に吸収させた国民道徳論を批判するものであったと述べている。丸山は道徳をあくまで個人のレベルにおき、個人を国家と同一視して良心を消滅させることに対抗するのである。彼は国家と分裂する個人の側に身をおき、その個人が成立する過程を前近代の江戸政治思想史の中に追っていくのである。

江戸時代の儒学は普通、政府の権力を正当化した官学であると受け止められている。儒学は確かにその直接的な意図や政治的な結果からみると、封建的支配関係を維持するものであった。丸山はそのことを認めるが、他方で儒学が結論を導くまでの論理の構成の方に目を向けると、儒学の内部で自分を支える思想構成が次第に崩れていくのが分かる。この儒学の変質を幕末まで追っていくと、近代に通ずるものが出てくるのである。思わざる結果として。彼はそう捉えて、明治の近代化が欧米列強からの外圧と文明の輸入で説明されてきたことを補正し、日本の方で受け皿を用意していたと指摘する。そのことは彼からすれば、戦後民主主義に対してもあてはまることであった。

丸山は儒学を林羅山から荻生徂徠まで、さらに幕末まで追う。それによると――最初の羅山は官学の朱子学者であったが、その根本には「理」の考えがあった。それは自然の物理法則であるとともに、人間の行為のあるべき道理でもあって、両者は一体的に捉えられる。羅山は五倫（君臣の義、父子の親、夫婦の別、長幼の序、同朋の信）の封建的身分秩序を、自然界で天が地に対して優越しているのと同じく、自然であり、人間性に適うと考えた。このように倫理は自然法的に基礎づけられたのである。

近代では以上の倫理と自然が分離するのだが、そのことに向かって儒学の内部に変化が起きる。[注] 羅山の後に藤原惺窩や山崎闇斎が出てくるが、やがて山鹿素行と伊藤仁斎によって朱子学から古学への転換がなされる。その転換の結集点が荻生徂徠の古文辞学になる。丸山はこの学問上の転換を追うのだが、その背後の社会的基礎にも注意した。17世紀末から18世紀初めにかけて社会経済が変化し、座や株仲間等の商業・高利貸資本の活動が士農工商の身分秩序を動揺させていたのである。こういう認識には、彼が認めたように、マンハイム流の存在被拘束性やマルクス主義の歴史主義の影響が窺える。

注　丸山の儒学変化観とは別であるが、平民史観が独自の民権発達史を展開していた。平民主義者・山路愛山は「日本の歴史における人権発達の痕跡」（1897年）の中で国家主義者が民権を抽象的で日本史のなかで実証できないと批判したことに対して、民権、すなわち「政府をして自己の趣向に適せしむるの能力」は古代から江戸時代まで人民のなかに連綿としてあったと事実をあげて論証していく。それによると、江戸時代は前代よりも自由であったとされる。鎌倉・室町時代では大地主層が政府を替えたが、江戸幕藩体制が成立すると、大地主の下に隷属していた家の子・郎等・農奴的領民が解放されて、身体・職業・居住の自由を得るようになったと説かれる。中でも愛山が目を止めたのは商人や名主であった。前者の「市民」は身分こそ低かったが、藩の財政を実質的に握って人事にまで口出しするほどの影響力をもつようになる。後者の地方豪農は権力組織の末端に置かれていたが、時にはその富と道理をもって武士に抵抗し、地方の正義と平和を守ったのである。こちらの方は物語となったり演劇化されて民衆の中で伝えられていく。同じ平民主義者の竹越三叉はこれら「義民」を「民権の一大城塞」（「個人乎、国家乎」、『国民新聞』）とまで賞賛していた。福沢諭吉も佐倉宗五郎を「人民の権義を主張し正理を唱て政府に迫り其命を棄て、終をよくし」た「マルチルドム」と称していた（『学問のすゝめ』）。

丸山はその儒学内部で「思惟方法」が以下のように近代化していくさまを描いていく。

第1に意識の分裂があった。荻生徂徠に至って、自然法則と人間規範、凡人と聖人、修身斉家と治国平天下、それぞれの間のつながりが切れる。天理の実体性は否定され、物に即して知る（格物致知）ことが求められる。そして実証的に知る（窮理）ことはそのままでは徳にならなくなる。また利己心や欲望もただ否定されるのでなく、その自然性が認められていく。人は禁欲すれば誰でも聖人になるとは考えられず、自己一身と家族にあてはまる道徳が社会や国家の秩序を作るとはみなされなくなる。

第2に「作為」の論理があった。徂徠は『政談』（1726年－27年成立）において、商人が武士と区別のつかないほど奢った生活をしていることを嘆き、秩序を立て直そうとした。でも徂徠は従来のように封建道徳を自然法的に基礎づけることは難しいと覚る。彼の目の前で通用している格式は「いずれもみな世の風俗に自然と出来たる事」であった。それは「往古を鑑み未来を計りて、畢竟世界の安穏に末永く豊かなるように、上の了簡をもって立置き候事」（同書、巻の二）でなかったのである。丸山は徂徠のこの認識を重視する。徂徠は原始儒教の古典に還り、言葉の歴史的批評をした上で次のような「聖人」観をもつのである。五倫の道徳も、礼楽刑政の制度も、元をただせば、自然に生まれたのでなく、ある人格によって作り出されたことが確認される。その典型が古代の君主である尭舜禹等であった。丸山からすれば、彼らのような君主が出る前は何の規範もない動物的な自然状態であったが、彼らが封建的な倫理と士農工商の制度を「制作する」ことによって社会状態に移行するのである。こうして聖人とは本来、朱子学が要求したような道徳の体現者でなく、政治的制度の創設者であったと捉え直される。徂徠はこの論理を援用して、現在の身分秩序の回復には政治的な人格が出てきて上から制度を立て直すことが必要であると考え、徳川吉宗の享保の改革をイデオロギー的に正当化することになる。聖人とは、丸山も強調するように、必要が生ずるごとに政治的な決断をする支配者のこととなる。だから歴史とは、丸山の考えでは、自然にだらだらと続くのでなく、人為によって画時代的に開かれていくのである。

丸山は政治学の立場にいるから、経済学史上のスミス的な経験的自然法の立場にはいないことが分かる。彼の徂徠

「作為」観にはヨーロッパにおける重商主義の政治家論やマキャヴェリの君主論、ホッブス『リヴァイアサン』の主権者論と対応するものがある。ここではマキャヴェリについて付言しておこう。徂徠は赤穂浪士の吉良邸討ち入り事件に対処することがあった。彼はそれを裁く時に、主君と家来との私的な義理の関係と公的な政治道徳を分けて考える。彼はさらに進んで、君主は公共秩序を作るためには個人道徳的に笑われてもよい、個人道徳は政治道徳の手段であってよいとまで考える。これは丸山が評したように、ヨーロッパ近代の入り口に立ったマキャヴェリの考えに相当する。注

注 山路愛山もマキャヴェリを正当に評価していた。愛山は日清戦争後に3国干渉がなされるのを前にして、内村鑑三流の非暴力世界平和論では現実的でないと批判する。ここでは内村と愛山とどちらが本当に現実的となったかを問わない。愛山が内村に対してマキャヴェリズムを取ったことの意味が考えさせられる。当時マキャヴェリは権謀術数家として悪名高かったが、愛山は弱肉強食の国際対立の中では、他国に同情を求めたり援助を期待するのは甘く禁物であると警告した。彼は日本を自立させるためにその範をマキャヴェリに求めたと言える。マキャヴェリはイタリアを国際間で自立させるために、自国が置かれた運命（フォーチュン）を自覚し、それを切り開くのに自分の腕の力（ヴァーチュ）に頼ることを説いていたのである。

丸山は日本思想の近代化をヨーロッパと比較するのだが、同時にアジアの中国とも比較している。その場合に彼はヘーゲルの『歴史哲学』における中国史の解釈を受け入れていた。それによると、中国の王朝は変転常なかったが、社会の方は家父長的家族制が続いて停滞していた。また儒学は常に国教的な地位を保障され、朱子学、陽明学、考証学と展開していくが、内部対立をへて思想が発展していくことはなかった。丸山はこのヘーゲル由来の中国観と自分が研究した日本の儒学を比較する。すると、日本では不十分であっても、家族社会の崩壊は進み、儒学はその内部で自己解体していった。日本はヨーロッパと中国の中間にいるのである。注 このような位置づけは内容は違っても山田や大塚と同じであるが、それは戦後になって中国の変化の前に正されていく。丸山はその点を『日本政治思想史研究』の「あとがき」と「英語版への著者の序文」において自己批判する。

注 中国の孫文はこの時期の丸山と異なる近代化論をもっていた。孫文は『三民主義』（1924年）において、留学生や学生が欧米流の民主主義を中国に直輸入して社会を改革しようとしたことを戒める。彼も彼らと同じく国民に民権思想を吹き込もうとするが、国民の伝統的な感情に訴えるのである。彼は中国に欧米流

の民主主義をそのまま導入しても、砂粒のようなばらばらの個人を生み出すだけだと見通していた。そして彼は中国は列強の圧力の下にある現状を考え、自由は個人的なものだけでなく、国家的自由として要求されねばならないと説く。この国家的自由は政府のところだけでなく、国民一人ひとりが自分こそ主人であって政府はその使用人であると考える（――福沢的な思惟方法）ことで得られるだろう。その場合、孫文は自立的個人は孟子が称えた尭舜の聖王統治を生かし直すことで育つと考え抜くのである。後に丸山はこういう孫文に第3世界における近代の成立を見出している。

ところで、丸山は徂徠の限界を見逃さない。主体的な人格は聖人にのみ認められ、すべての個人にまで広げられていない。聖人は武士階級に限定される。そして徂徠のような儒者は直接の政治活動から離れ、実践のための道を認識する学者に留まる。その限界の原因はどこにあるか。丸山はこの問題でも大塚の研究成果を用いる。(ここでは彼は市民社会論と内容的に触れていると言えるだろう。)徂徠の聖人はヨーロパの絶対君主にほぼ相当するが――ただし、後には「アジア的専制」と重なると修正される――、その絶対君主を支えたのは前期的な商業資本であった。初期産業資本がそれに対抗して市民革命の支柱となる。これに対して日本の江戸時代では初期産業資本は自由に展開できなかった。

以上、丸山の儒学思想史研究に内在しつつ、論点を拾い出しておいた。最後の論点は後に彼自身が認めたことだが、儒学の自己解体と近代的意識の成立は次第に量的に発展するという「進化論的な図式」となっていて、事実に合わないところがあったことである。この点の克服が戦後における以下のような課題となる。

2) 伝統思想と近代的自我の内的関係

丸山は戦後をどう思想的に生きていったか。彼の目に戦後の光景の幾つかが映った。アメリカ中心の連合国は日本の治安維持法を撤廃して政治犯を釈放するが、日本人は彼を含めて誰一人政治犯の釈放を求めて刑務所に行く者はいなかった。野放しの解放感のなかでカストリ雑誌にエロ・グロ・ナンセンスが蔓延する。かつての皇道派が反東条であったという理由で「民主主義者」として現れる。日本のあちこちでこれからの日本を考える学習会や勉強会が開かれ、丸山も三島庶民大学で講義する……。

丸山はこの戦後の混乱とエネルギーの噴出の中で、『文化会議』1号（青年文化会議の機関誌）に「近代的思惟」と題した小文を寄せ、今後も引き続き江戸時代の政治思想史を

「思惟様式」に視点をおいて研究していくと表明する。他方で彼は日本の政治状況に時論的に関わりつつ、注 新たな思想史上の視点を得ていく。

注 丸山は新憲法の制定、東京裁判、講和問題等、幾つもの時論に関わる。それらは彼ののびやかで堅固な思想活動を示していて読者は啓蒙される（——同時に自分の中にある悟性が目覚まされる）のだが、ここでは彼の天皇制へのコミットに限定する。彼は日本の敗戦が迫ったきた頃、戦後の政治体制について、人民主権でなく天皇制（国体）を何らかの形で残しても民主的でありうると予測していた。彼は天皇制を次のように理解していた。——明治憲法の下では天皇の一般国務は各国務大臣に輔弼されているので、天皇はそれに対して政治責任を負わない。天皇が責任を取るのは天皇の大権である軍隊の統帥と宣戦講和の決定についてである。天皇やまわりの重臣たちは明治憲法擁護の立場であり、その中で可能な限り立憲主義を守ろうとしていた。だから天皇は現状をテロや暴力で打破しようとする者に不信感をもっていた、と。丸山は戦中は重臣的自由主義の立場にいたのである。ところが占領軍が人民主権の憲法を要求してきたことで自分の甘さを知る。それが克服されねばならない。

克服の過程は「折たく柴の記」の中で昭和20年10月29日の日付のもとで記されている。丸山は「君主政は共和政に対立する概念で、民主政は独裁政に対立する概念だから、両者（君主制と民主制は——私のもの）矛盾せずなどといふのは形式論にすぎぬ」と記している。彼は重臣自由主義の自由主義は自然権や基本的人権という超絶的な原理に立っていなかったから、変化する状況に引きずられてしまったと反省する。重臣は結局、「国体」護持のためには次々と軍部が作った既成事実を追随することになったのである。彼は自分の中にあった天皇制を克服しなければならない。天皇が民のことを考えて政治をするのでなく、民が民による政治を考えていかねばならないのである。その克服の試みが彼の戦後最初の本格的な論説「超国家主義の論理と心理」となったと証言するのである。すると丸山は「戦後民主主義」者になるのに人に知られないところで障害を越えていったことになる。丸山はこうして天皇から政治権力を取り去り、階級闘争の混乱を和らげて「国民の情緒的結合のシンボル」となることを認めていく。この天皇観は明治期の福沢諭吉の「帝室論」に通じていて興味深い。

論点は戦中とは別の角度から伝統思想を見直すことにある。

丸山は伝統思想を伝統思想というだけの理由でマイナスに評価することはない。そのことは戦中における江戸儒学史への内在で示されていた。でもそれは近代的自我の成立をその萌芽から発展へと多少機械的に捉えるものであった。そうでなく、伝統思想は内面的に自我の成立に資することがある。それが日本が戦後の第2の開国状況になった時に彼の学問的テーマとなる。日本は再び、世界史の中の日本であることを意識させられる。丸山はその同じことを第1の開国である幕末・明治維新に遡って考えた。まず伝統思想は近代化の契機となることについて。次に伝統に徹することが個人の自立となることについて。どちらも「伝統の意味の読み替え」であった。

伝統は近代国家を作るさいの契機となる。丸山はそのことを「近代日本思想史における国家理性の問題」（１９４９年）で展開した。日本は幕末から明治にかけて近代国家を作らねばならなかったが、日本を世界の中心にすえる華夷観念や攘夷思想が邪魔になる。彼はそれを取り払う精神と論理に目をやる。日本は万国公法を受け入れるが、そこには主権をもった諸国の上にあって諸国を平等に縛るという自然法的な考えがあった。当時の人はこの万国公法に朱子学の天道観を連想させたが、丸山はそこに意味を認める。朱子学では聖人の道を天地の公道と考えていたが、それは西洋の自然法思想と照応するものであり、これが国際法を理解して受け入れる媒介になったのである。これは戦中の江戸儒学史研究の時の立場とは違って、古き言葉をもって近代を自分のものにすることである。丸山は日本が近代的国際法に転換する時に「既成の思考範疇の内部でどこまでおこなわれえたか」と問題をたて、それに答えたのである。朱子学的自然法はそれまではマイナスに評価されていたが、それが別の課題――歴史的でない絶対的な価値がもつ意味――の前で積極的に評価される。もちろん、真に近代的な国際平等の考えはこれだけでは確立されず、洋学者の啓蒙に待たねばならないと留保してである。

さて、丸山はその後もっと進んで、伝統に徹することで個体的自立につながるという認識を得ていく。彼は「忠誠と叛逆」（１９６０年）論文で、前近代の伝統的精神は封建遺制として葬り去られるだけでなく、それを保持したままで自我を形成する場合があると説く。それは安保闘争のなかで近代民主主義を原理的に追求している時であったが、このテーマ自体はすでに１９５６年と１９５９年の大学講義で取りあげられていたものである。

同論文は幕末から明治維新にかけての志士の運動と意識に焦点にあてている。彼ら志士は封建的な献身と没我の武士魂をもち、「天下は天下の天下なり」という天道観をもっていた。それも形式的でなく深く信じていたのである。彼らは自分の属する集団の規制に拘束されているが、その現実の集団がその価値や目的を体現していないと分かると、疎外感を抱くようになる。自分が深く信じていた倫理や天道観と実際の組織の長に対する忠誠とが矛盾する。彼らはその場合、組織から出て行くのでなく、まずはそこに留まる。だが矛盾は深まり、彼らの相剋は耐えがたいまでになる。そのはてに、彼らは実際の指導者を諫め、君たらざる者を真の君にしていくために、主君に叛逆することが真の忠誠であると決していく。……日本の封建倫理はヨーロッパと比較して双務的でなく「君、君たらずとも、臣、臣たらざるべからず」の片務的であると見られていたが、限られた時期と範囲のことであるが、そうでなくなったのである。

「忠誠」と「叛逆」は普通は対立概念である。丸山はそれに対して両者を逆説的に関連させる。普通の社会思想史研究は発展段階的な構成をとる。ある思想を評価するのに、そこに混在する二つの思想のうち、どちらか一方が優勢で他方はまだ萌芽としてあるとか、あるいは旧いものは遺物として残存していると解釈される。または伝統を再評価することはあっても、自分の好みにあうものを過去から引き出してくることが多い。以上の評価方法でよいこともあるが、ある特定状況の時には新旧二つの思想の内的関連こそが問われるようになる。[注] 丸山はその特定状況を昭和の2・26事件の時や終戦の「聖断」に対した時の決起将校の動きについてもあてはめ、それらは「国体」のもつ形式的側面と内容的側面の分裂を意味していたと解するのである。付言しておくが、丸山は天皇が決起将校と異なる意志をもち、明治憲法擁護の立場であったことは知っていた。

注　思想の逆説的連関は丸山があげた事例に止まらない。他に一例をあげよう。内村鑑三は札幌農学校に在学していた時にキリスト教の洗礼を受けるが、その信仰はアメリカに渡って当地でのクリスチャンたちの不道徳や人種差別の実態を知って粉みじんに砕かれる。彼は今度こそはと、異教徒の要素をもつ自分にとっての基督教を求めざるをえなくなる。彼は自分の心の中に捨てることのできない武士魂や誠心があることを認め、それら伝統精神をもっと完全なものにするためにこそキリスト教はあるのだと捉え直していく。儒教的伝統の「台木」にキリスト教を「接ぎ木」するのである。この試みは海老名弾正が行なったキリスト教の土着化とは異なる。弾正はキリスト教の受容にあたって日本の実情を考慮する点で賢明であったが、それは国粋主義の圧力に妥協するものであった。

（4）政治学に固有の社会契約論

最後の問題は政治学と経済学との対話の可能性に関することである。

丸山は青年時代を戦前・戦中のファシズムと戦後の占領下における日本再建の時代を生き、いやおうでも自分を民族・国家・国民と対置せざるをえなかった。その彼はナショナリズムのあるものには健康で進歩的なものがあったと評価する。彼は大塚の前期的資本論や国民経済論から影響を受け、ナショナリズムを前期的なものと近代的ものに分け、後者を評価するのである。

丸山は明治維新をマルクス主義の経済学者のように近代的か封建的かでなく、ナショナリズムの問題として権力集中と権力分散という方向を異にする政治現象の統一として捉えた。彼はその問題を福沢諭吉において考察する。戦中、全体主義への依存が進んでいった時に、福沢が国家主義者として紹介されることがあった。その一つは１９４３に岩波文庫版として刊行された『学問のすゝめ』につけられた昆野和七の「解説」である。丸山はそれに対抗して「福沢における秩序と人間」を書き、福沢の思想は個人主義であることにおいて国家主義であったと、そして福沢は大衆を国家主義の対象でなく、国家構成の主体にしようとしたと論じられる。また丸山は「福沢諭吉の儒教批判」論文において、福沢の儒教批判は市民的自由を媒介とした国民的自主性の立場からなされていると論証する。国家と個人は両極に置かれたままでなく関連させられるのである。以上は福沢を借りて当時の国家主義を批判するものであった。

この丸山の近代ナショナリズム評価は大島貞益論（１９４６年）と陸羯南論（１９４７年）にもうかがうことができる。大島は「日本のリスト」と評されていた。大島は幕末・明治維新の開港や自由主義の役割を認めるが、明治も後半に入って一本立ちの見込みをつけた衣料等の産業資本に対して、その生産力をなお培養するためには完全自主権のない不平等条約を改正して国内市場を獲得し保護せねばならないと主張するようになる。これは国粋主義でなく、国民主義の経済論である。その一方で大島は国内的には自由を擁護していた。丸山はこの大島のナショナリズムを近代的であると評価する。他方、陸は『近時政論考』（１８９０年）において日本主義を唱えていた。陸は単なる自由主義に飽きたらず、立憲君主制の立場をとったが、それは排外主義ではなかった。それは個人的自由と国家権力を均衡させる国民主義であり、後発国の近代化を欧化主義や上からの資本主義化と対立させるものであった。丸山はこの陸も健康で進歩的な民族主義であったと評価する。

こうして見てくると、丸山には田口卯吉を始めとする古典派的な自由主義への関心はほとんどない。古典派の国家介入批判や利己心の「見えざる手」による社会利益への実現論では政治過程論は消えるからである。丸山論の最後にこの点を検討しておく。丸山は歴史主義の限界を知って朱子学にある自然法の意義を見直すことがあった。この自然法については戦中と戦後において、内田義彦を含む経済学史や社会思想史の研究者も政治思想史と別の方向から考察していく。そこでこの両者を比較しておこう。

　丸山は「政治は本質的に創造であり形成である」（『戦中と戦後の間』）とその能動性を強調する。彼は近代を捉えるのに「商業社会」の自由や等価交換の法意識の側面にはあまり注視しない。彼はその意義を知らないのでなく、市場での売買契約が私的所有と商品生産の社会性を確証する場であることくらいは知っている。でも彼は経済学者でないから、市民的な交換の本質である結合労働の編成の仕方や社会的再生産の有機的な仕組を研究することはない。また彼は法学者でないから、川島武宜の『所有権法の理論』でのように、見知らぬ赤の他人が集まる商業社会で秩序の意識が、自然法が、経験的に成立することを研究することもない。それは秩序を政治学において考えるからであった。彼は後年の雑記帳『春曙帖』においても、経済学は近代経済学もマルクス経済学も経済法則と国家との関係について一致していると記した。両者は一方で経済法則の自律性を信仰するが、他方で国家の存在を認め、それが経済の再生産を保障するものとしている。彼はそこに矛盾があると突く。経済学はその当の国家を状態として見ており、国家権力を作る政治過程を問題にしない。彼は自然法は自己実現するものなのかと疑問に思うのである。その疑問は当の経験的自然法の経済学者スミスに内在して解かれねばならないが[注]、それは丸山の課題ではない。

注　参照。拙稿「スミス経済学における政治の位置・問題の構成――「システムの精神」の諸解釈から――」と「スミス『道徳感情論』第6版とフランス革命」（それぞれ『千葉大学経済研究』第29巻第2号、第4号）。

　丸山は市民契約よりも社会契約に重きを置くのである。その目は経済的な市民社会（コマーシャル・ソサエティ）から政治的な市民社会（シヴィル・ソサエティ）への移行に向けられる。古典経済学や社会思想史の研究者は17、18世紀の西欧では契約の順守はモラルのレベルで十分に固められていると見た。丸山はそれに対して市民契約だけに期待することはできず、国家権力の後ろ盾が必要だと考え、そのような国家権力を作る思想と行動の過程を追う。彼はそのさいに次のようなロックの理論に拠った。市民契約が侵害された時、被害者には本源的には侵害者を処罰する権利があるが、被害者はそれを公平に行なうことはできず、どうしても自分に有利な判定をしてしまう。これでは秩序は成立しない。こういう時に社会はそれ自身の存続のために(――功利主義)、どの当事者でもない彼らの外に常設の機関を設けてそこに処罰の権限を与えることになる。こういうロック解釈からすれば、規制は本来私的な意欲で動く個人の内部に基礎づけることはできず、外的な力によって支えられねばならない。国家権力はこのような使命を帯びて登場するのである。

内田を含む経済学史の研究者は以上の丸山と共通の討論の場を作っていったか、それが問題となる。

後編　市民社会の経済学の成立

本書の最終目標に到達した。内田義彦（1913—89年）は日本の経済学に一つの記念碑的な仕事を遺す。その代表作が最初の本で主著となった『経済学の生誕』である。『生誕』はアダム・スミス研究の専門書であるが、専門の枠を越えている。それは私がこれまで講座派マルクス主義から市民社会青年に至るまで検討してきたもろもろの問題を内田は改めて自分のものとしている。その後の内田は『生誕』の方法と内容をその時々の時代状況や思想状況に応じて進化させていった。時には自己点検をしてそれまでの枠を抜け出すこともあった。この彼の特色は何と言っても、経済学史を使って日本の現実を見ようとしたことにある。その姿勢は彼の生涯を通じて変らなかった。

青年期の原体験がその人の学問的生涯の基礎を作る。そして原体験の混沌は専門分野の研究テーマに変換されることで明確な形を取る。内田の場合はどうであったか。それは遍歴そのものであった。

Ⅰ　内田義彦の戦中の模索

1　マルクス主義の後退と確かなものを求めて

内田義彦は甲南高校時代（1927－1934年）は自然科学や芸術に関心をもちつつ、資本主義の一般的危機と言われる段階で河上肇の「第二貧乏物語」で「思想」というものに遭遇し、マルクス経済学を学ぶ。日本の若者の間ではその前からマルクス主義の唯物弁証法か倉田百三的な自我の追求かという雰囲気であった。彼は1934年に東京大学経済学部に入学する。その後結核の療養のために1936年3月まで1年9か月ほど休学する。彼は最初はマルクス・ボーイであったが、日本資本主義論争を追う過程で『資本論』が自分の中に入り込むのを感じるようになる。[注] そのマルクス主義が弾圧され、日本は日中・太平洋戦争に突入する。戦争は人間を政治の材料にする。彼はその中にあって生きる証を学問に求めていく。

注　内田は学生時代から研究者の卵の時代にかけてかなりリカードを研究している。その時はマルクスの剰余価値学説史の観点から必修科目の感じでしか読めなかったが、リカードを魅力あるものにしてくれたのが彼の議会における活動と時論であった。そこからリカードの『経済学原理』を読むことでスミスやマルクスへの新たな研究が始まるのである。その意味は『生誕』で明かされる。

彼の大学時代における学界のテーマは歴史的な日本資本主義論と理論的な恐慌論であり、前者は日本に特殊な封建遺制から資本主義の危機を捉え、後者は世界資本主義における危機を論じるというように分かれていた。両者を統一させて世界的な規模での資本主義の構造変動――近代経済学の方では貨幣論の視点から議論していた――の中で日本の危機をつかまえるという観点はなかった。内田からすると、前者のテーマでは古いものが現代資本主義に組み込まれるその構造が問われない。彼はそれを問うていく。前者を中心とする日本資本主義論争はやがて泥沼化していった。内田はその反省としてスミス研究を始め、高島善哉や大河内一男らによる新しいスミス研究から近代「市民社会」の積極的な意義を知っていく。そのことで今度は市民社会を乗り越えようとするマルクスの高みを垣間見ることになる。

でもマルクス主義陣営は弾圧されて、内面的にも転向して崩壊する。内田はどこに拠点を置いたらよいか、もっと確実なもの、納得できるものを求めて模索していく。注 やり直さねばならないのである。それは他人に号令をかけるようなものでなく、自分の全体に受け入れられるものでなければならない。理論の根底になる実証的な事実を探しつつ。

注　これは三好十郎の戯曲『斬られの仙太』と島木健作の『生活の探求』（1937年）におけるテーマでもあった。

1939年3月卒業。卒論はケインズの『一般理論』（1936年）を対象にするが、それは筋書を書くだけであり、研究書を無視して書いたと述懐している。それでも彼はケインズが人間はどう行動するかをよく理解していることに注目した。ケインズは非自発的失業や流動性選好の専門語の裏にある人間行動を観察していたのである。内田はもうこの頃から巨視的な経済「世界」の認識と「人間」理解が結びつくところに関心をもっていたのである。

内田は同年4月、大学院に進学し、工業経営論の馬場敬治の下で技術史と技術論――技術と組織との関連――を学んだ。なぜ、技術論か。イギリス的な産業史や商品論のように具体的な事実や技術に立ちいったものは、唯物史観の概説書よりも確実に歴史の論理を感じさせてくれたからである。社会認識は使用価値や生産力のありようを追求することで自発的に促されるのである。それは適用説の技術論や久保の『火山灰地』がテーマにしたことと同じであった。またなぜ彼は馬場を指導教授にしたか。馬場から学ぶべきことがあったからと見なければならない。

馬場はこの頃、『組織と技術の問題』（1941年）におけるように、国家統制と現代技術を関連させて研究していた。彼は論点を次のようにあげ、「全体主義」を意味づける。①国家のような大きな組織では統率者は綜合的な知識を持たねばならないが、法科の分科的知識を持つのみでは技術の統合を誤ってしまう。ブレーンもみな分科的知識の持主であったから、ただの寄せ集めになってしまう。指導者は個々の技術を持たなくても下僚の専門家を動かさねばならない。②組織にはいろいろな人物がいて組織の目的に対する考え方や採用する技術が違う。でもその個我や個性は組織の発展にとって有用であって画一的に排除されるべきでない。③組織の目的は変化するが、技術の体系が固定設備のように標準化されて法式化されていては目的の変化に弾力的にならない。④景気変動は組織の外にあって統制できないから計画することはできない。でも最近はある程度見透しができるようになり、自分の欲する方向に動かすことができるようになった。そのさいに重要なのは各人が組織目的の達成のために必ずやるんだという意志をもつことである。

　馬場はまた現代の技術は社会科学と自然科学の双方にわたるからその面でも総合的に研究されるべきだと論じた。20世紀は19世紀西欧の個人主義時代と分科科学時代と違って組織の時代となったからである。技術はカルテル・トラスト等の結合組織と国家統制による組織化に対応して、産業革命期のような旧い技術でなく、交通・通信の技術や化学工業・電力・内燃機関の技術が発展し、諸技術の有機的連繋を基礎とするもの——反応器・溶鉱炉等の「装置」や、運輸・水道・送電配電・鉄道等の「施設」——が出現する。特に化学工業では装置の中で物質の構造を変化させて気体や液体のように固定した形をもたない物を生産する。また化学工業では副産物が再利用されるから、原料費を機械工業のように比例費とすることはない。また施設は広い空間を占めるから自然的独占を生みやすく寿命も長いから減価率は低い。機械にしても蒸気力から電力への移行により、マルクス的な原動機・伝達機・作業機の区別の意義はなくなって1作業機に1台の電動機が付くようになる。こうして今日は組織者が人々や技術家を動かして組織化を意識的に進める時であるから、どうしても総合研究が求められる。

　馬場はこうして技術を次のように定義した。技術はある目的を実現するための行動の仕方という広いものであり、それまでになかったものを実際の形にすることである。その場合、成果をめくら滅法に模索する経験的方法ではだめであって、目的と結果との間の因果関係を自然科学的にも社会科学的にも知ることが必要となる。馬場はそういう技術について考えるのである。実際家のように個々の技術を開発するのでない。その「技術論」が科学の一分野となる。

　内田はそんな馬場から、視野を生産技術に限定して、自分自身の問題を作っていった。またいかに総合研究や共同研究はなされるべきかについても、「スミスとルソー」という枠組の構想をへて『生誕』の中で答えられていく。

内田は1940年4月から42年12月まで東亜研究所で調査研究に携わる。その研究所は日中戦争に協力するために作られた調査機関であった。中国で民心を収拾するためにどんな政策を取るべきか、ジャワの統治にあたって当面の軍事に必要なことは何か等の課題が与えられる（参照、柘植秀臣『東亜研究所と私』1979年）。所員には錚々たる顔ぶれの者が連なり、左翼系の者も入った。入所の動機はここでも生活のためや研究ができるためであった。内田は1941年発足の第8調査委員会（南方作戦に即応するために各地の資源調査を統括するところ）の第4部に属する。

内田はこの時期にすぐ後で取りあげる調査報告とは別に、以下のように多面的な研究をしていった。1940年にはケネー「経済表」の研究をしている。彼は友人の野間宏に相川春喜の論文と自分の研究原稿を送った。野間はこれを読み、内田から「ものがあらはれる」「把握仕方」を教えられる。内田のケネー研究の内容は後の『生誕』と『経済学史講義』（1961年）で開示されるが、通常「経済表」の研究は表の表面にある売買の数字を追うだけであって、内面の再生産の視角からのものでなかった。内田は1941年に入る頃はあせっていたが、勉強だけでなく「もう一度始めからゆっくりやり直しをやって行く」と野間に手紙で知らせている。農業史の勉強も目標にして、と。彼はまた同年に出た三枝博音の『三浦梅園の哲学』が「日本の思想に即して具体性の弁証法を樹立」したことを、高島善哉のスミス研究『経済社会学の根本問題』から「歴史の科学としての経済学の復位」が計られたと読み取る。経済学を歴史理論として展開することはその後の内田の基本姿勢となる。さらに内田はダンネマンの『大自然科学史』の翻訳が開始されたことと日本科学史学会の設立、ユーゴのレジスタンスやベトミンの結成等に刺激を受ける。そして1941年末の太平洋戦争開始から1年たった時になると、「学問の力と必要」をはっきり理解し、野間に手紙で「数年の内に必ずよい作品を作る」ことを約束している。それはその後の研究ノートの「覚書」や「経済学講義ノート」を参照すれば、『生誕』への準備が始まったことを示す。

さて東亜研究所であるが、柘植は前掲書で戦後もかなりたってから反省することがあった。研究所は所員に社会慣行の調査等の息の長い学問的に意義のある基礎研究を要求せず、所員も大部分は時局に便乗して筆を曲げており、便乗者は戦後になって軍に協力したことを隠したのである。内田はどうであったか。彼は自分のことを語ることは少ないが、提出した調査報告書はどれも基礎的研究をめざすものであり、戦時の応急の用に役立つ種類のものでなかった。[注]

注　三木のフィリピンでの工作活動も少なくとも同じ性格のものと理解すべきである。

内田は三つの報告書を出している。いずれも文献調査である。①1941年6月印刷の『南方地域資源目録』第1輯の編集。彼は前年1940年9月に台湾に調査に出かけ、これも野間に手紙で木の名前を覚えることに夢中だと伝えている。だが彼は腸カタルにかかり、翌月には帰国している。②1942年6月印刷の『マレーの農産資源（一）――ココ椰子・油椰子――』、③1943年6月印刷の調査資料『マライの米』（東亜研究所報第22号）。この間、フィリピンのパイナップルやマレーのゴムも文献で調査している。彼は②と③の間の時に前述したように「学問の力と必要」を自覚しているのであった。

ここでは『マライの米』に注目する。ココ椰子・油椰子の報告書では、日本がイギリス領マレーを占領した時に問題となる生産・経済事情を指摘したり、椰子が油脂化学工業に必要な資源となると示唆することはあったが、この米調査書では構成、内容ともにしっかりしたものになっている。全体の視点は「生産力」に置かれ、人間と自然との物質代謝とそれを媒介する労働と経営が歴史的に調べられる。労働の「エトス」や「労働手段の体系」の観点が入り、植民地経済下での共同体の状態が調べられていて、視野も国民経済と国際経済にまで拡大されている。

内田は1942年8月の野間への手紙で経済学にも必要な稲の生理学的・作物学的研究をしていると書いたが、それはこの調査研究と関連している。彼は以下のように親切で偏見のない調査を心がけていたのが分かる。まず経済の自然的基礎である土地や気候の条件が科学的に調査され、米自体も品種や生育過程・分けつ・年収量等が細かく記述される。灌漑については植民地政府によるもの以外に住民による古くからの灌漑の仕方（水路や畔の修理等）が具体的に紹介されているのは興味深い。また彼は多品種少量栽培が自然災害に会った時に保険となることや、穂先を小刀で切り取り、あとの稲わらを土地に還元することを合理的と認める。ただし、米の増産と商品化が進めば、緑肥や骨粉・鳥糞等の金肥の使用も進むと予測する。山田が日本資本主義を分析した時と類似の農家経営があることにも注目している。貧農は収穫前の籾を担保として中国人商人からお金や商品を借りるが、その籾は政府が買い上げる価格よりも低く抑えられるとか、借金の返済ができないと土地の所有権を取り上げられて小作関係に入れられてしまうとか。また彼はある州の小規模農業は商品化が進めば農家の平均より大と小への分化が進むと農民層分解を予測している。農民層分解は内田にとって近代化の自然的コースとなるものであった。こうしてマレーの農村は自然経済の「地上の楽園」などでなく、実際には貨幣経済が入り込んでいるのである。米の余剰は販売して市場で反物・塩・砂糖・香料・干魚等と交換される。その米が商品になるためにはまとまった量や品質の統一、消費者の嗜好に合うこと等が条件になるのだが、内田はそういう市場の論理を知る。さて稲作は骨が折れるが、共同労働の楽しみはある。彼はそこにも目をやる。また社会学的な観察がなされ、農村は大家族制であり、回教の慈善によってかかり人がいることを知る。こういう農家の出費はお客をもてなしたり饗宴のために高くなる。ただし内田はこの民俗学的な眼をその後の専門研究に生かすことはなかった。

2　古典と現代の往復——『経済学の生誕』の萌芽

内田は1943年1月に東京帝大の嘱託として経済学部に新設の世界経済研究室に入り、敗戦の1945年8月に退職する。彼は野間への手紙によれば、そこで「十分な時間を与へられ根本的な研究をする」ことができ、学問の古典を読んで自分の研究方法を固めていくのである。それは素材と直接的に交渉する調査とそれを分析する研究という二つの方法を統一させることであった。彼は社会科学の古典が「物」を感性的に把握しつつそれを自己否定的に一つの形に統一していることを知る。そのことで古典は新たなる統一的な主体である「人格」を表現し、一つの「作品」となる。このことを理解しないと物の把握は伝来の形式に感性をおしこめる因習主義になる。彼はそう考えた。戦後、この学問論は芸術論とともにもっと深化され、彼の作品に具体化されていく。この学問観と関連して、1943年3月、高安国世が野間に内田の言葉として「現実は自己に即した捉へ方でするより把握の方法はない」と述べた事を伝えているが、その自己とは狭い意味での感受的主観でなく、「物の本質」を把握しようとする歴史形成的な自己のことであった。ここでも彼の戦後への準備が進む。

　内田は猛烈に勉強した。残された読書ノートにその一端がうかがえるが、産業史の研究が多い。それもイギリスとドイツを比較しながら日本型を抽出しようとしていることが分かる。ドイツの19世紀から20世紀にかけての産業構造・国民経済・国際経済の歴史および経済政策史、近代的工業労働者のエトス、第1次大戦後の石炭経済史、ナチス経済、高宮晋の企業集中論、大塚久雄やマントゥ等から学んだイギリス産業革命期の経済史と階級対立史、イギリス古典派とドイツ・ロマン主義および前期歴史学派、そして社会主義の学説史、大河内一男のスミス・リスト研究、ルソー『不平等起源論』、ウィットフォーゲルの東洋的社会論および経済の自然的基礎論、T・トゥックの物価史、等々。これらが彼の学史研究の素材となる。

　内田はこの頃の研究の裏にあるものを後年に振り返ることがあった（「考えてきたこと、考えること」）。——ナチスは倫理的にも社会科学的にも反動であるが、それは単に昔に帰るのでなく、革新という形での「進歩」が入り込んでいる。それを示すのが人間処理工場。そこには古風で貴族的なユンカーには絶対にない資本合理的な革新が入り込んでいる。その合理性が非合理的な思想や暴力と合体しているのである。それを学問的に捉えるにはそこにある「近代」とは何かを捉えておかねばならない。近代はこういう近代でよいのか。

　この問題を内田は産業編成＝市場構造の変化の観点から考えた。彼はナチス経済を支えた裏に新興の化学工業・人造の原料工業の勃興があったことを知る。そのことを彼は以下のように大塚や丸山とは別の角度から歴史的に追う。これは実に興味深い——19世紀前半のドイツは「半封建的な」ユンカー大農経営とハンザ都市の貿易商人がイギリスとの自由貿易で利益を得、まだ競争力の弱い繊維産業と製鉄業はイギリス製品に負けて国内市場を失っていた。F・リストは後者の工業を成長させて農工間の国内市場を作ろうと考え、イギリスに対抗して保護貿易を主張したり、国内の経済制度の近代化と鉄道網の整備に邁進していったのである。それが１８７０年になると産業＝市場の構造は変化し、ユンカー経営の小麦はアメリカ産小麦にイギリス市場と国内市場を奪われて輸入するはめに陥る。反対に石炭・鉄の重工業品は輸出で利益を得るようになる。ビスマルクはそれに対してユンカー農業の利害と重工業の利害とを調和させる国内市場路線を取る。その変化に対応して経済学は旧歴史学派から新歴史学派・倫理的な社会政策学派に転換する。政策的には労賃上昇による国内市場拡大や労働立法による産業平和を巡って論争がなされる。やがてM・ウェーバーが出てきて、大工業の生産過程で錬成される労働力の質やエトスを問題にし、古典派的な経済政策を主張していく。第1次大戦後のドイツは再び産業＝市場構造を変える。アメリカの工業製品がヨーロッパに進出したので再びリスト的な国民経済＝「国民体」の考えが復活するのである。産業編成がそれまでの木綿工業・鉄鉱業から新興の化学工業・加工工業に変動する。工業はその内部で人造の原料を確保できるようになり、前世期以来のラインの重工業・石炭業による土地独占から解放され、繊維工業も人絹等の化学繊維によって原料の自給が進められる。電力エネルギーも開発される。そこにナチスが出てきて、ユダヤ資本主義を批判して産業資本と中小生産者を巻き込んで、国民経済を作るには新興工業か旧工業・金融資本かと両者を対抗させていく。

このドイツと比べると日本は古くて君民一体を唱えていたが、それでも新しいものは出てきていた。理研的な科学主義工業（テーラー・システム）や革新官僚による統制経済である。日本では講座派マルクス主義のように日本資本主義の半分封建的な土地所有や身分関係を批判せねばならないが、同時に国家による上からの近代化や非人間的な労務管理を批判して救い出すべき近代を探っていかねばならない。ウェーバーは近代は形式に骨化して官僚化をもたらすと見たのだが。内田はその問題を経済学史のテーマにするのである。それが「スウィフトのウィッグ批判」であり、『ガリバー旅行記』のなかの「ラピュータ」（飛ぶ島）論であった。彼はスミスが敵とした本来的重商主義はその島のように科学的革新によって近代化を進める面があったと考えていく。彼はそうでない近代を求めてスミス研究へ向かう。[注] ……ただし、以上の点は当時まだぼーっと意識されているだけであり、彼の告白によれば、職人が封建的な技能と古い組織にこだわるのに我慢できず、革新官僚のやり方につい賛成することもあったと自己批判している。

注　スミスは『国富論』の最終的な執筆の最中にスコットランドの医療改革問題に遭遇する。それに対する彼の対処は自由主義の何たるかをよく物語っている。当時、スコットランドの大学で医学学位が濫発されて偽医者が横行していた。それを憂えた専門家が国家による近代的な教育改革案を示すが、スミスはそれに対して社会の中で学問生産者や医師が学問消費者や患者と連携することで医療を改善していこうとするのである。

内田は以上の勉強をする中で経済学の方法と内容を探り、それを「覚書」（ノートNo・77）にした。それはまだ混沌としていたが、第1次的に『生誕』の芽が出ている。彼はそこで「生産力」の視点に立つと明言する。生産力は広い意味で人間が自然と物質代謝することを示す。人間は自然環境に意識的に関わって物を作り消費するのだが、そのために人間は客体の法則に従ってそれを利用する。内田はそのことを人間に備わる「生命力」・「生産力」と捉えた。経済の本質はそういう物の再生産にあるのだが、それは歴史的には交換価値の観点や資本の目的設定を通して実現される。人間は社会的には階級関係の中にいるから、その階級関係を改廃することは労働者の賃金に関わる分配関係を改めることとは別に、広い意味での生産力の要素としての自分を発揮することでもある。彼はそういう自己に関心をもつことが新しき人間の「セルフ・インタレスト」だと考えた。利己心の意味が転換される。内田はマルクス主義の生産関係一本槍を斥けるのである。[注]

以上からすると、スミスはどうかと問題が設定される。大塚は後進の日本にいて、西欧先進国の資本主義の生産力はどこから来たかを解明しようとしたが、この課題設定の仕方はスミスの方法でもあった。

注　内田の生産力視点の背後には技術論争と戦時経済の進展があった。太平洋戦争が進むと、技術は個々的にみるだけでなく、国民経済における生産力の一つと見られるべきなのである。技術は工場の内部だけでなく、産業諸部門間の組み合わせ＝一国の労働手段の体系・配置や地域編成である国民生産力として研究する必要がある。つまり技術はそれ自体としてでなく、経済学的に具体的に捉えられねばならない。戦時経済の進展は技術を生産の要素として他の生産諸力と関連させ、組織や経済構造・市場・エトスの問題でもあることを人に教えたのである。内田は機能説の技術論の側にいるが、以上の意味での体系説の意義を見失ってはいない。

スミスは生産力を通常のように個々の要素のところでなく、その基礎を社会的な分業体系＝産業の編成＝再生産のところで捉えていた。内田はスミスの「人間」を地主的・商業資本的・高利貸的な消費文化の担い手でなく、その再生産の担い手のところで捉える。こうしてスミスの利己心は清新な内容を与えられる。内田はスミスの利己心に二つあると見た。①利己心は国民的生産力を高める手段としてその自由が許される。ここでは感性的利己心の発揮は「見えざる手」に導かれて社会的生産力の改善につながる。内田が独特なのはこのスミスをルソーと関係させたことである。スミスは人間を経済学的に捉え、真の富は貨幣になく商品や物財にあると主張し、重商主義の経済政策を批判した。ルソーについては内田は林達夫から学ぶが、ルソーが唱えた「自然」は宮廷的・商業的・都市的な消費文化でなく農村の生産における社会性やピティエにあったのである。またこれも林に教わるが、ルソーは「隷農の如き農業」は自由な精神活動を阻害し、自由は農村手工業にあると捉えた。内田はそういうルソーをスミスの中にも見つける。②利己心は生産者においては感性的な解放と区別された倫理的な内容を与えられる。それは目の前の消費欲をコントロールする理性であり、自己の内にある神を肯定する「プルーデンス」である。それは新しき人間の誕生であった。内田はここにスミスの経済学が道徳哲学の体系の中から生まれたことの意味を見るのだが、その展開は『生誕』まで持ち越される。

内田は国家についてもスケッチを残している。彼は人間・自然関係における生産力を個人や人類のところだけでなく国民生産力としても捉えた。そのさいに彼はスミスとリストが国家に対して見解を異にすると指摘する。スミスでは商品法則に対する国家の干渉はなくなり、国民的生産力は価値論的見地から説明される。それに対してリストは国家権力を用いて商品経済の基盤を作り、国内市場を世界経済から離して封鎖的に作ろうとした。後のウェーバーはそこからの脱却を目指す。……戦時では国民的生産力のナショナリズムやリストの議論の方が現実的であった。でも内田はスミスの方を取る。その意味はこの時点では開示されていないが。

内田はもう一つの「経済学講義ノート」(ノートNo・78)を遺している。それは序と第1章のみであるが、彼の経済学の方法がよく出ており、物質代謝過程が一番詳しく述べられている。このノートは東大の世界経済研究室時代の講義ノートと思われる。

序章。これは前の「覚書」と関連しており、講義の視点が示されている。それは彼独特の「経済」の定義から始まる。内田は当時経済「新体制」が出てきたことの意味をつかもうとするのである。戦時経済は今までの古い自由主義経済を疑い、生産の秩序や一国生産力の形成を求めたのだが、彼は経済学はその生産の学＝人間と自然の間の交換についての技術学であり、同時に人間と人間の関係を研究する生産秩序の学でなければならないと考える。ではその両者はどう関連するか。彼によると、経済は生産の本質を中心に展開するのだが、経済学はそれが歴史的にまた資本主義のもとでいかになされるかを研究するのである。古典経済学やマルクス経済学がそうであった。内田はこうして経済学を生産力の視点に立つことから出発して「歴史の理論」としていくのである。

人間は自然との間で物質代謝をする、環境と関わって息をし、食べ飲む。その時に人間は自然に労働を加えて労働生産物を得、それを消費する。人間は働きかける対象の自然法則や労働手段の性質を知ってそれに従属することで自然を利用する。それも他の生物と違って、物を作る前に明確な目的意識をもつ。それが人間本性である。内田はこの物質代謝論を技術論や梯明秀の自然哲学、あるいは久保の『火山灰地』から学ぶのだが、それを全ての歴史にあてはめる点でまだ抽象的な議論であった。でも戦争が泥沼化していき、このままでは日本の再生産の有機体はどうなるかと思ってしまう。また戦争で人間の生存自体が危くなる。その時には人間をその本源のところで考えざるをえなくなる。内田もその問題状況の中にいた。そしてこの物質代謝は歴史的に資本主義の下ではどうなっているかが把握されねばならない。また階級関係の改廃は前述したように再生産の中でその担い手となることを自覚し、生産力の要素としての自己を実現する点で新しい人間を作ることとなるのである。ここにも後年のポジ・ネガ・ポジの歴史観がのぞいていて面白い。

第1章。ここで「自然史」が展開される。第2章以下で「人間」による生産が分析され、生産力と経済との関係が歴史的に具体的に考察されるのだが、その部分はノートには見当たらない。

内田は人間の物質代謝を人間以外の生物と比較してその特色を次のようにつかむ。――生物では生産と消費は未分化で一体的である。彼はその例として植物の炭酸同化作用をあげ、それが化学的な物質の変化であることを示す。また植物は根から水を吸収するが、それは物理学的に説明される。植物はその生命維持のために葉緑体や管束等の器官において無機的な法則に従う。生物はこの器官を手段として環境と交渉するのだが、どんな交渉をするかは器官の構造によって決定されている。植物は無数の器官を総合した体系からできており、種の生命はその体系によって体制的に定められている。生物はその体制の変化がないと生活の仕方を変えることはできない。生物に歴史があるのはその体制を変えて他の種に変化する場合でしかない。それがいかになされるかは進化論によって説明される。ところで植物と動物の間で違いがある。植物では器官が固定されているので生活は固定的で他律的である。それに対して動物ではその器官は一定の範囲で変化するから、主体と手段とが区別される。動物は意志をもって手段を選択する。だから動物には主体性がある。では人間はどうか。人間の生産をまず個人の対自然関係において考察する。……ノートはここまでしかないが、後に出てくるトンボ釣りの少年（参照、『資本論の世界』1966年）にはもうその先兵がいたのである。

さて戦争は内田を巻き込む。彼は丙種合格であったのだが、召集令状を受けて1944年8月に佐世保相浦海兵団に入隊した。でも幾つかの事情によってすぐに除隊され、東京に帰る。野間はすでに1941年に招集を受け、戦場で戦を経験していた。内田はその彼に手紙で高村光太郎の詩集『大いなる日に』（1942年4月）を送ろうかと書いている。彼らは下村正夫を含めてこういう時にこそ芸術に心を燃やし、万葉や芭蕉の古典を読み、今の時代に響くものとして大河内一男や大塚の研究書を読んでいった。彼らはもっと知りたい、もっと勉強したいと思ったのである。

内田は当局からマルクス主義の技術論グループの一員と見られ、治安維持法違反容疑で1944年12月から翌45年3月まで目黒碑文谷署に拘禁される。特高から厳しい尋問を受け、大塚の『欧洲経済史序説』の中の危険な箇所を指摘しろと追及されるが、答えなかった（石崎津義男『大塚久雄　人と学問』80‐81頁）。高安から内田への手紙では釈放後の内田は「極度の不自由と悲痛の中から」立ち上り、「飽くなき探求心」と「信念」に燃えていったようである。高安は野間への手紙では、内田が後の人にもう迷惑はかからないから安心してほしいと書いていることを伝え、その「旺盛な勉強意欲」と「人間性に対する信念」に心打たれるのであった。[注] この内田を支えたものが内田百閒の随筆やローザ・ルクセンブルグの『獄中からの手紙』であった。彼は前者から「笑い」の意味やその尊さを知る。後者からは許されたわずかの美しいことにも喜ぶという「生活」の意味を教えられるのである。

注　内田・下村・高安・野間の間の交流は甲南グループと呼ばれることがある。松村正直が『高安国世の手紙』（２０１３年）でその様子を親切な解題によって伝えている。

こうして内田の戦後への備えはできた。

II　戦後の歩み

日本は連合国に敗れた。その後、国民は天皇制絶対主義と軍国主義から解放され、政治的には国家主義から国民主権の立憲主義へ、経済的には統制と財界主導の垂直体制から財閥解体と労働組合の自由、農地改革へと向かう。社会的には家父長中心の家族制度の解体と諸種の人権尊重へと歩む。日本は新憲法の下で新たな出発をすることになった。新たな制度作りへの動きは戦前からわずかにあったが、それが敗戦を契機にして状況は劇的に変る。今度はその制度をどうやって自分の肉体にするかが問題となる。

内田も自由を得た。彼はその状況の中で『生誕』を胎動させていくのだが、戦中の混沌から脱して次の四つの領域へとはっきりした形をとる。既存の学界・芸術界批判と合唱活動、戦後再建構想と経済学の古典研究である。

1　自己啓発力としての「啓蒙」と学問・芸術の批判

D・マッカーサーは日本の占領と管理を始めた時に、自由主義を奨励し、天皇制についても自由な議論を促した。ただし、検閲があり、占領軍の政策に対する批判は許されなかった。内田は最初、この占領軍の二面性を厳しく見ることができなかったのだが、とにかく総合雑誌が雨後の筍のように発刊され、民主主義が唱えられていく。そこに福沢諭吉が揶揄していた「開化先生」が登場する。文部省の方でも皇国史観と教育勅語を捨て、『民主主義』というモデル本を出し、従来の教科書は誤っていたと簡単に言ってしまう。1950年7月に封切りされた映画『青い山脈』は男女間の新しい交際を描いて民主主義の何たるかを明るく描いたが、その主題歌の第2番はこうであった。「古い上衣よ　さようなら　さみしい夢よ　さようなら　青い山脈……」。この歌に象徴されるように、人々は古い習慣をさっぱりと捨てて新しい民主主義の上衣をはおる面があったのである。[注]

注　三枝博音は戦後まもなく「これからの日本文化」においてよく考えた評論をした。彼は戦中の独善的なナショナリズムや西谷的な「近代の超克」＝滅私奉公を批判して次のような「祖国」を作ろうと提唱する。「真実の一般性（公）に順ずること（奉公）は滅私では遂げられず、自分を尊敬することによって果されるのである。」画一的でない粒々の個人が求められたのである。

以上の状況に対して意識をもった人々が集まりだす。その一つに青年文化会議があった。内田は大塚久雄や丸山真男・川島武宜等、そして文学者・哲学者・芸術家・技術論者・自然科学者とともにその会議の結成に参加する。この参加者には共通点があり、一つの世代をなしていた。彼らは招集されて戦地に赴けば死と向きあい、銃後にあっては工場や農村に送られて学業や研究から、あるいは故郷から引き離された。中には治安維持法によって拘禁される者もいた。その点で彼らは戦争被害者であったが、彼らに特徴的なことは次のことにあった。彼らは天皇制国家や日本型資本主義に批判的であったのだが、戦争を食い止めることはできなかった。戦争は科学者や知識人に真理一筋に生きることを放棄させる。彼らはその現実に向き合わざるをえなかった。最初は白は白であるのに黒かもしれないとしぶしぶ認め、時には世間の方が正しくて自分は間違っているのでないかと思わせられ、最後には白は黒だとはっきり言うこともある。戦後、彼らは自分の戦争責任を問い、どうしたらその過ちを繰り返さないですむか、自分が本当に拠るべき普遍的なものは何かを考えていく。[注]

注　戦争責任の取り方を問うものとして、『暮しの手帖』第96号（昭和43年8月）に特集「戦争中の暮しの記録」が出た。戦争体験者は戦場での悲惨な体験と銃後の生活の苦しさを語る。だがそれが既に復興もはたし高度成長をへた「平和」な日本人に伝わるような経験とならないことがあった。体験者はそんな嫌な戦争になぜ向かっていったのか、その一歩前のことを語らねば非体験者の耳を傾けさせることはできないのである。これは民衆にとっての戦争責任の問題である。

内田はすぐに専門研究に取りかからなかった。まずその前に学問することの根拠を探っていく。マルクス研究は解禁されるが、彼は一般のマルキストのように戦前に弾圧された生産関係主義のマルクス経済学に戻ることをしない。それとは異なる人々の行動の方に手ごたえを感じていたが、それにも満足できないでいた。彼はあちこちでマルクスを語るが、マルクスをどう読めば日本に生きるかを考える。[注]内田を含む市民社会青年の活動はしばらく前から「戦後啓蒙」と称され、知識人が大衆に上から目線で説いたと批判されているが、それは以下のことが教えるように内在的な批判とは言えない。

注 内田の『資本論』読書会での様子については加藤周一が「早わかりの正反対の読み方」であったと証言している。内田の読みは『資本論』の筋を論理的に追うだけでなく、言葉の含意を汲みとり、その上で自分の立場と突き合わせてその本文に対する態度を決めることであった、と（参照、「内田義彦とはどういう人か」、『内田義彦著作集』第6巻月報）。

内田は当時浮ついてもいた「民主主義」化を肉体化し、そのことで「啓蒙」の本来の意味を明かしている。もちろん民主主義は人々の心にある広がりをもって受け止められたが、内田はそれを自己の内部変革と関わらせるのである。[注]それが新聞評の「新聞と民主主義」であり「食糧問題とその掘り下げ」であった。1945年10月30日の朝日新聞の社説は国民が敗戦後の虚脱から抜け出せずに理性と思考力を欠いており、何百万人も餓死すると予測された食糧危機を前にしても買い出しに走るだけで政治に対して無関心であると嘆いていた。配給生活や壕生活は人間の「自己保存」と衣食住の物質代謝そのものである。この物質代謝という中性的な言葉の裏には生きるために法律を破り身をも売らざるをえなかったことがあった。そのことを忘れてはならない。この民衆の「関心の構造」は現実の差し迫った問題に対して民主主義的改革と結びつかず対立しているかのようであったが、内田は両者がつながる事例を目ざとく見つける。葛飾の耕作農民は読売新聞の民主化を求める労働者の行動に新しい時代を嗅ぎ取り、労働者が飢えないように食糧を提供して援助することがあった。新聞はそのことを報道することで民衆の強い狭い関心を国内の民主的再建の方向に向ける媒介となるべきだと、彼は考える。「啓蒙」とは、以上のことから、民衆が自らにもつ自己啓発力を信じてその開花を媒介することと言える。それは何もカントによる啓蒙の定義をもち出さなくても現実が定義していることであった。

また内田は新聞自体が民主主義の本質を誤り、記者が司令部に日本の民主主義について何を望むかと尋ねることに慨嘆し、民主主義とは民衆が「能動的な主体として自らの責任において自らの眼で見、自らの頭で考え（傍点は私のもの）、それぞれの立場からの意見が自由に交換せられ相互に浸透を受けることによって深化し、民衆自身が巨大な社会的複眼を構成する」ことだと考えを固めていく。

注　民主主義は民主主義を唱える者によって破られることがある。そのほんの一例。東京帝国大学新聞は緊急の政治的要請だとして、ある人の講演を速記してその抄録を講演者の許可なく掲載することがあった。それは目的のために人を手段にする政治主義的行為であった（参照、河内光治『戦後帝大新聞の歴史』）。

内田の活動は爆発したかのようであった。以下の一連の議論や講演は彼の以前からの学問・芸術観を一段と鮮明にし、既存の学界・芸術界を激しく批判している。この姿勢は後年の1970年代に入ってさらに際立つようになる。

「われら何を為すべきか――コロンブスの小さな卵の話――」（『文化会議』第1号）――これは内田が戦後最初に書いた論説である。彼はここで人々が進駐軍から受けた好印象を材料にして、そう感じさせるものは実は自らの内にあったのだ（コロンブスの卵）と説く。その好印象の例は進駐軍兵士が混雑する電車の中で婦人のために席を明けさせたというものであった。内田からすれば、その兵士は日本の習慣に慣れず、郷に入っても郷に従わなかったのだが、その行為は「彼我を越えた物の道理」であって、われわれに「粗朴な常識的な健康な理性」と「不遍妥当的なもの々の存在の信念の核」を回復させたと受けとる。

彼はそこからこれまでの学問・芸術・教育の批判に向かっていく。学界では学問は暗記物となっていて、その秀才が求められていたと言うのである。これでは学問の本質は「ひたすらに己れを殺して――自然と理性に従ふのではなく、権威と伝統に身を引き渡す」ことになってしまう。学問だけでない。芸術は「自己をかけて物につく自己否定的な生命の主体的な営みの底から起る生々とした否定し難い絶対の感情」を生命とするのに、西洋音楽を例にすると、ヨーロッパ留学組が帰国後、独立して演奏活動するよりも日本の将来を考えて教師になる者が多く、生徒の方は先生の真似に終始する始末であった。そのことは内田だけでなく兼常清佐を始め何人もの人が指摘していた。聴衆の方もスターを求めたり演奏者をめぐる逸話に惑わされるのでなく、直接音楽に触れることがあってよかったのである。

この学問芸術論は「〝神話〟の克服へ」（『大学新聞』50号）に続く。――内田は大東亜戦争の完遂に協力した戦中の経験的経済史学の方法（史料の渉猟と厳密なクリティーク、原典の考証、その上での適正穏健な成果を待つというもの）、を批判する。彼はその批判にさいして実証や経験をする人間の方を問題にする。幾ら資料や経験を積んでもその事実の挙証が実証力をもつには、経験科学に携わる者がお上が唱える公共的効用や教師の言うことにただ従うのでなく、「理性を持った人間」でなければならない。その理性人は「自然の示すところに従いうる謙虚な心を持った人間」であり、同時に自然の前には「あらゆる人が平等だと主張する矜持を持った人間」でなければならないと言うのである。内田は講座派や大塚の比較経済史学と連動しており、西欧の近代社会は産業資本が封建勢力に対抗して生まれるが、それは文化の面でも、封建領主のように農民の搾取の上に立つ浪費文化でなく、「作る者」である民衆の「実感」を基礎にした「常識」と「民主主義文化」（次の農村講演のテーマ）を生んだと論じる。スミス経済学がその一つに入れられ、『国富論』の青少年教育論が取りあげられる。スミスはオックスフォードの古い学問の権威を笑い、聴講する学生消費者の側に立ちつつ新たな学問を作っていったのだが、内田はそのスミス教育論を読む人は「自らの胸の中に長い間の封建的教育でおさえつけられていた五分の魂が動き出すのを感じるに違いない」と言う。それが「ホモ・エコノミクスの何か」なのである。内田はスミス経済人をこのように主体的に捉え、自らの中に肉体化する。古典が現代によみがえるとはこういうことかと思わせられる。何とも清新な古典研究でないか。ドイツ歴史学派はそれと対照的な位置に置かれる。彼は戦中の高島・大河内の「スミスとリスト」論と自分のドイツ歴史学派研究をもって、ドイツの産業資本では封建制度に対する闘争が中途半端であり、「自ら呼び求めた合理主義の地霊から目を背けしめた」と評定する。「ドイツのスミス」＝リストはスミスとなることはできなかったのである。では日本の産業資本と経済学はどうであったかと反省させられる。

「民主々義文化確立のために」――これは1946年の早い頃から長野県下の農村で行なった講演の原稿である。内田は他の知識人とともに各地をまわり、三島の庶民大学で「日本経済の方途」と題して講演したり、日本農山漁村協会主催の講演会で長野県下をまわっていた。その講演の仕方は東京から偉い先生が出てきて壇の上から概念的に客観的に説くという風でなく、聴衆の生活感情に浸み込むように語るものであった。それは並の者にはとてもできないことであった。内田はこんな話から切り出す。母親（＝国民）が赤ん坊（＝祖国）を助けようと火中に飛び込んだが、煙に巻き込まれて赤ん坊を抱きしめたまま亡くなってしまった。でも後で分かったことだが、抱きしめたのは赤ん坊でなくて枕であった。このように日本人は政治指導者や学者に騙され、そんな枕を救うために戦争で命を捨てたのである。内田は国民が彼らの言葉に疑いをもたず無私の心で尽したが、敗戦後は虚脱してしまったさまを見て、今度こそは自分で判断し自分で生きがいを見つけるためにと「民主主義文化」を提示する。文化とは実生活から切り離された映画や芝居を見るだけでなく、実際の「生活の砂漠をなくしてしまふ力の泉」のことだと語る。

批判されるべき学問の内容が特定される。学問の中心・東京大学の学者は中国を支配してそこに商品の販路を求めれば利潤も雇用も確保できるとか、戦時経済は日本の資源と労働力を生かすから国民経済に良い影響を与える、あるいは戦争はこれまでの自由資本主義を排して日本の民族的全体主義のもとに経済を合理化することができると主張していた。内田は講座派的な立場から戦争の原因をあげる。工業品の販路は外国植民地に求められたが、それは国内の労働者の賃金や農民の所得水準が低かったからであり、また農村が半封建的な土地所有体制であったからである。この問題を解決するには農民に土地を解放して生産力と消費力を高めて国内市場を豊かにするほかないことになる。

次に内田は日本の芸術の中心を批判する。それはルソーやトルストイが行なった芸術批判と同類であった。地主や高利貸は姥捨山の田ごとの月を風流と解するが、それは棚田を耕す農民のものではない。また豪華絢爛な歌舞伎が演じるものは封建的な忠義ものであってそれを観るのは上流階級であり、「本当の芸術」は勤労者階級が作ってきたものである、と。では本当の芸術はどうやって起ってきたか。彼はその例としてなんと近代の波頭に立った詩人ダンテの『神曲』を取りあげる。それはいかにも教養知識人的であるかに見えるが、その反対である。内田はその『神曲』に描かれた地獄の門、そこに記された「汝等ここに入らむもの、一切の望みを捨てよ」の意味を解読する。地獄の常闇の中に「かつて生きたることなくして生きたりし人々」、つまり自分で判断し自分の責任において行動したことのない無数の人々が天国はもちろん地獄にも入ることができず、絶望の中にうごめいている。彼らは悪事をするにしても人が命じたからやったのであり、いろいろ考えた末に自分はこうと確信したから行動したのでなかった。ダンテはこれから新生活を営もうとする人にその取り返しのつかない過去を背負う人間の姿を見せることで人々に忠告した、そう内田は受け止める。これはちょっと恐ろしい話である。私には内田がそれを他人事として解釈したとは思えない。しかもダンテは現人神の法王を地獄に落としている。価値の転換という凄いことをしている。この内田にとって芸術は飾ることでなく、民衆自身が「心をとぎすませて物をはっきりと見つめ」て新しく生きるためのものであった。

　内田はこの講演と併行して「生活そのものをしてオアシスたらしめる力の源と方策」を考え、ローザ・ルクセンブルグの獄中での手紙と彼女の活動から学ぶ。それが「手紙のローザ・ルクセンブルグ――生命と自然――」（『潮流』1巻3号）である。[注] 当時、ローザの手紙は社会活動に飛び込む多くの青年男女を励ましていた。この評伝はその内容もよいが、素晴らしいのは文章が実に自然なことである。高安国世が正当にそのこと評価していた。

注　翻訳については拙稿「内田義彦訳、ローザ・ルクセンブルグ『獄中からの手紙』」（1）（2）、『千葉大学経済研究』17巻4号、18巻1号、参照。内田の野間宛の書簡によると、ローザ論の方は進まず、手紙の翻訳を石本美砂保の子供たちと始め、1946年8月に学生書房から出版する契約をしていると知らせているが、刊行されなかった。その代りに伝記の形をとったローザ論が発表される。

　内田はここでも本当の文化を追い求める。彼はまずポーランドにおける資本主義を講座派的に、あるいはレーニンや大塚の「二つの道」論的に捉えた。――19世紀後半のポーランドは遅れた地主制度とロシア・ツァーリズムの圧政の下にあったが、それでも商品経済が展開し、近代化は始まっていた。だがその近代的自由の経済的基礎は地主による醸造経営であり、高利貸や問屋による農家の前貸支配および大商人による農家の麻布の購買独占と外国への輸出であった。つまり経済は半封建的であった。それは西欧的な自由とは違う。西欧では近代は民衆が農村の地主支配と都市の商工業独占を倒すことで始まった。ポーランドの文化も地主や問屋のもとでの贅沢な浪費のことであって、民衆の自由の雰囲気から生まれるものでなかった。そんなポーランドでも中小の産業資本が動きだし、近代的工場労働者が発生する。それとともに学生たちが形而上学と神話の代りに「現実の社会運動の理論」（傍点は内田のもの）を求めるようになる。ローザもそのような理論を有産階級主導の国家主義と社会主義陣営内の修正主義に対抗して作っていく。彼女の実践は失敗するが、その革命運動の過程の中で労働者大衆が「生き生きと目覚め育っていった」ことに出会い、大衆運動を恐れる社会民主党の幹部と対立する。……ローザのポーランドはどこか戦前の日本資本主義や日本文化に似ている。内田はこのようにして彼女の行動を追い、その反戦活動が失敗して牢獄に捕らえられてからの獄中書簡に筆を向けるのである。

内田が獄中のローザのどこに心を惹かれたかは彼の文章を追うか、彼自身が翻訳した獄中書簡を読むとよい。ここでは彼が「肉体の歓び」という言葉にこめたものを出しておこう。彼はローザが獄中で見たバラ色の雲は本当の人生が、生命が、この世にあると彼女に確信させたものだと読み取る。それは彼女にとって東欧の圧政下にあってわずかでも伸びてゆこうとした民衆であり、虚飾の文化に対抗する「ロダン」的芸術であった。内田もそこに芸術を求める。彼女は牢獄生活のどんな些細なことにも生命の歌を感じる。それが彼女の言う「本当の肉体の歓び」だったのである。

この歓びこそが古き日本を新生日本にすることができる。内田はそう確信するのであった。

高安は戦後の再出発にあって「生活の、生命のおのずからなる衝動的な意欲であり喜び」の声に耳を傾けたいと表明することがあった。内田はそれを受けて「魔術からの解放——文化闘争の本質と任務（二）」（『帝国大学新聞』984号）において、「本当の肉体の歓び」を内面だけでなく実際の行為の中で固めていこうと考える。そうでないと再び戦中のようにその声はいつしか消えてしまうからである。他方で現在、民主戦線の結集ができないのは内なる声でなく外のものに動かされているからだと考える。内田はその内なる声を文化の問題と捉え、古い文化が「理性」の名において肉体を卑しめてきたことを問題にする。その理性は国家理性のそれであって、この文化観では古いものの擁護に終ってしまうだろう。このように彼はマルクス主義的に文化の被規定性を唱えるだけでなく、文化の領域内での闘争を提起するのである。その闘争から出てきたのが近世の天文学（ガリレオ）であり、近代文学（ダンテ）であり、利己心や経済人を理知や公共の観念に対して「生命の声」にしていたスミス経済学であった。ここでも古典が現代に生きるとはこういうことかと思わせられる。これは期せずして「近代の超克」論に対する批判となっている。

２　明日の生きる糧となる音楽を
――東大音感合唱研究会

内田は日本の中で伸びんとして土に根を張るような芸術と社会科学を求め、その実現の媒介になろうとする。一つが音感合唱研究会での活動であり、他は経済学史研究であった。両者は補いあっているのだが、まず前者から。

１９５０年の夏、東京大学の教室に「合唱」が響きわたる。ベートーヴェンの第９交響曲第４楽章の「歓喜に寄す」である。それはサークル・東大音感合唱研究会が開いていた初等講習会の最後に卒演したものであった。受講者は総数５００名に及んだが、その混声合唱にソロの４重唱が入り、ピアノ伴奏とティンパニィ[注]がついた。日本はまだ敗戦後の復興のさなかにあり、東西冷戦下で朝鮮戦争が勃発していた時である。

注　この時のティンパニィの調律については内田が後年に調律師の村上輝久との対談で語っている。この対談は内田の耳の鋭さを見せていて怖い。彼は調律の仕事からも経済学史研究の方法――学説というピアノが良くなるように調律するにはどうしたらよいか――を学び取る。尋常の人ではできないことである。

敗戦後の日本ではアメリカから戦中に「敵性音楽」とされていたジャズ等がどっと入ってきて、植民地的な状況であった。当時の学生はまだ、男子が音楽なんて！という雰囲気であり、寮歌を大声で斉唱することしか知らなかった。女性は戦前は帝国大学への入学を許されず、結婚は親が決めた相手とするのが普通であった。こうして因習や偏見は若者の「口を閉じさせ」、「体を硬直させ」る。「しゃべりたい、歌いたい、踊りたいというひそかな望みを僕等は知らぬ間におさえつけられて」（参照、島崎美代子編著『ピアノ・コーラス・幼稚園―母・石本美砂保の世界――』）いたのである。音感合唱研究会はその抑圧されていた「調べ」を解放しようと活動する。合唱の指揮者は同会の理論的指導者である内田義彦。新進気鋭の経済学者として活躍していたその内田である。この合唱研究会については吉松安弘が丁寧に紹介しているので（「ある学生サークルに見る戦後史（上）――音感合唱研究会の軌跡――」『帝京大学短期大学紀要』第25号）、それを参照しつつ、当事者による記録をも使って同会における内田の活動を見ておこう。それは今日からすれば当り前であり幼稚なところもあるが、なお今日の音楽界を評するさいの一基準を提示している。

　太平洋戦争に入った頃、佐々木幸徳が神田のＹＭＣＡで和音階教育を始めた。佐々木のメソッドは旋律を歌うよりも和音の進行を中心にカデンツを歌うものであった。石本美砂保はそれ以前から息子の真や娘の美代子・佐喜子に内田を加えて合唱を楽しんでいたが、その佐々木の音感合唱を取り入れる。戦後この音感合唱の場が東大に移り、１９４６年６月にサークル「東大音感合唱研究会」が生まれる。そのシンボルマークは音符の五線に鐘を少し傾けて入れたものであり、標語は「明るく生き生きした音楽を科学的な方法で」であった。それは学内の音楽部のように古い伝統にこだわったり大学当局の意向を気にすることから自由であった。その音楽は西洋の調性音楽であったが、俗流文化人のように郷土の祭ばやしや美空ひばりを馬鹿にしてヨーロッパの古典に追いつこうという外面的なものでなかった。内田の合唱指導は徹底していて、最初の頃はお互いに他の音を聴きあってドミソの和音を合わせるだけに何時間もかけていた。それが同会独特の美しい響きを作っていく。それは新劇の方で、俳優が自分の役のせりふにのみ集中するのでなく、他人の役のせりふに耳を傾けることで演劇にとって重要なアンサンブルができることと照応している。彼の指導ぶりは青柳哲夫が日記に記したように、佐々木の自分の主観による方法と違って理論的で体系的《メソディカル》であった。中尾真が「音感合唱研究会における内田さんの音楽について」と題して内田の音楽論を紹介しているが、それは「学問の中に芸術を内包」させ、逆に「芸術の中に学問を見」るものであった。その内容は後で出すが、学問と芸術を対話させる方法はもうこの時から出ていたのである。

　１９４８年になると研究会の活動は広がり、内田らは合唱講習会を始めた。それは学生に合唱の初歩を教えるために5月から7月にかけて石本家で毎週1回、計9回開くものであった。そのスローガンは「音痴歓迎」と前述した「生き生きとした音楽を科学的な方法で」であり、卒業曲はヘンデルの「ハレルヤ」であった。その時の内田の話は「面白い、しかも深い音楽への考え」に満ちたものであったと言う。彼は座談会「民衆・芸術・知識階級」（『未来』1集）に参加して自分の音楽論をこう述べることがあった。日本の浪花節は西洋音楽のような和音にのった旋律という法則から外れていて曖昧模糊としている。それは不自然だから、今の子供には受け入れられない。西洋の合理的な考えの音楽は子供に無理に押しつけるのでなく、子供からもともとある自然なものを引きだすことでできる、と。こういう彼の理論はまだ一般的なものでなく、その実験の場が講習会であった。人はこういう内田を西洋かぶれと揶揄するかもしれない。日本の義太夫節や韓国のパンソリはのどと腹から絞り出す非西洋的な発声をするが、それでもって物語をリアルに表現している。でも、しばらく彼の主張に聞いていこう。

第2回講習会は同年の10月から11月にかけて開かれ、この時の標語は「初歩からハレルヤ合唱まで」であった。以上の2回とも好評であって、1950年まであと2回開かれる。1949年5月から8月初めにかけて第3回講習会が東大法文経25番教室で開かれた。標語は今度は「初歩から第9まで」となる。中尾がその時の模様について書き残している。中尾はたった9回の講習でベートーヴェンの第9交響曲「合唱」部分を歌うなんて音痴にできるのかと思ったが、講習の方法はよく考えられていたからできてしまったのである。こうして西洋音楽は少数者の独占物でなく公共のものとなっていく。

内田は音楽の方法を科学的に捉えるのである。まず自然科学的に技術論的に。西洋音楽からインドの音楽や浪曲に至るまで、そこにはモティフ（感情）を表す旋律がある。だが彼はその旋律から練習を始めなかった。旋律は和音という物理的な音響の認識の上に組み立てられているからである。その例としてシューベルトの即興曲がピアノで演奏され、旋律とその流れの中での和音の構造が楽譜で示される。その和音進行は主和音→属和音または下属和音→主和音というように「一つの必然性をもっていて」音の強弱も「リズムもセンリツも基本的には、和音によって規定され規則づけられている」。日本の音楽には雅楽を除けば民衆レベルでこういう和音的要素はなかったから、そこにショパンの旋律を輸入しても、「西洋音楽のメッキ化された浪花節」となってしまうと言う。そして生徒は「センリツの持つ表情に身についた自信のある理解が持てず大先生小先生の弾くとほりに小心翼々として真似をする」ことになってしまった。そこで内田は和音から始める。それも簡単なものから複雑なものへと。そうすれば「作曲者の意図としている所を自分自身の耳と頭でもって考へ感得する」ことができ、音楽にでたらめな解説をつけたり、先生の言うままを覚えなくてすむようになると考えた。科学的な方法が秘伝に頼らず自立を助けるのである。

ではどのように和音を練習したらよいか。内田は和音には「一定の法則」があると教えた。一本の弦は振動すれば音が出るが、弦を短くすれば1分間当たりの振動数は多くなり、音は高くなる。弦の長さを半分にすれば、振動数は2倍になり、この関係がオクターブになる。反対に振動数が少なくなれば、音は低くなる。どの楽器も大抵は一番振動数の少ない基音があり、その整数倍の倍音がある。ピアノであれば2オクターブ下のCを基音とし、その上に2倍・4倍・8倍のCがある。それぞれのCから5倍と6倍の振動数のところにEとGがある。だからお互いによく耳を澄まして聴きあうことで正しい音程を取れば美しいハーモニーを作ることができるのである。以上の理論は今日では中学校や高校の音楽の授業で学ぶだろうが、当時の大学生には知的で初耳のことであった。

実際の練習法もよく考えられていた。まず抽出唱といって、和音の中から一つの音を聴き分けて音に出す。次に分割唱といって、和音に合わせて短く歯切れよく音を出し、その後にピアノの音を聞く。そうすることで自分の出した音が正しいかが分かる。これはリズムの練習になると同時に音の関係を獲得する練習になる。三和音の練習では、各パートがそれぞれ別の音を同時に出して合わせると「のどや口のあたりが同じ様に共鳴するのを感じる」。小さな音やハミングで和音の感じをつかむ場合は「ただ聞く」つもりで耳に集中する。その後で、聴音（音を聞いたら直ちにC、E、G、等と口に出して言ってみる）とカデンツ（旋律を和音の流れに乗せて聞く）の練習が来る。

この第3回講習会と同時進行で法文経校舎のアーケードで昼休みに歌唱指導が行なわれた。石本真と石本佐喜子が指揮をし、石本美代子がアコーデオンで伴奏する。人々が集まって合唱することは日本の習慣にないことであり、女性が指揮するなんて戦前では吉田隆子などを除けば大変珍しいことであった。アーケード合唱は学生に「僕達に薄れかかってしまった淡い郷愁のように感じられた歌う楽しみを呼びさますこと」、「生活に食い入った音楽を愛すること」を教えたのである（『トニカ』6号にのったアーケード委員会の文章から）。

1950年5月から6月末までにかけて、第4回講習会が法文経25番教室で開かれる。その時の標語も「音痴から第9まで」、「初歩から第9まで」であった。講師はやはり内田であり、講習会のビラにはこうあった。「初歩から第9

の合唱まで　音感教育による新しい方法　最も科学的な音楽理解の道　この方法でもってわたくしたちは　だれもが歌え　誰もが感じられる　明るい生き生きした音楽を　現実からの逃避ではなくて　明日への営みと力の為に　豊かな生活感情を養ってゆく音楽を　手を取り合って育てよう」。そのために西洋音楽が求められたのである。そうでなければ西洋音楽はただの飾りにすぎない。どんな音楽か。ドナ・ノービス、輪唱として雪解けの林やカッフェー、フレール・ジャック等、そしてロシア民謡、卒業合唱は第9の合唱。

注　ここで言う「生活」とは音楽を生む母胎のことであり、音楽を根拠づけるものである。明治の小学唱歌は難しい文語を用いた修身節であり、子供の日常の言葉や集団生活から生まれたものでなかった。大正期の童謡になるとわらべ歌や民謡の節が入るが、子供を穢れのない無垢な者と見ており、人がどきりとするような想像力に訴える歌は少なかった。昭和のプロレタリア音楽は音楽を新興の労働者階級の生活と結びつける点で意義はあったが、問題は政治主義的になることであった。戦争期には音楽は国家生活に合わすように求められるから、ここでも音楽は政治の手段にされてしまう。音感は音楽を社会とつなげようと考えたのである。

次に音楽に社会科学が入ることについて。ベートーヴェンは当時の音楽好きの若者の心を大きく占め、内田にとってもベートーヴェンは特別であった。中尾がその内田をこう伝えている。内田はベートーヴェンの初期のピアノ・ソナタ作品10の3の第3楽章メヌエットを取りあげ、そのトリオの部分で、従来はウィーン風の美しい旋律で歌うのが常であったが、素朴な民謡風の踊りが入れられていると解説した、と。私はこの点について確認できていないが、その曲は社会科学的に、18世紀末のベートーヴェンの故郷ボンにおける農民解放の雰囲気の中で生まれた楽しく生き生きした民謡を反映していると解釈される。ベートーヴェンは西欧を中心とする世界史の中に置かれる。内田はその民謡風の健康な旋律が後期の複雑難解と言われる弦楽4重奏曲にも現れていると聴きとる。そういう彼の耳はちょっと独特であって、当時の音楽評論にないものであった。彼はちょうどそのころダンカン・グレイという愉快で素朴な歌曲も作られたことをあげて自分の解釈を傍証する。いかにもいたずらっぽい内田である。でもこの歌は石本美砂保の松原雅典宛ての手紙によれば、ベートーヴェンに対する先入見——運命に抗い苦悩を通じて歓喜を表現した楽聖——が邪魔して「明るいユーモアあふれる人間らしい感じ」は聴講生には素直に受け入れられなかったようである。内田のベートーヴェンは反対に喜びを正面にだし、哀しみや怒りをその影におくのである。以上の側面のベートーヴェンがあって、第9冒頭のレシタティーヴォでそれまでの3つの器楽楽章を否定してすべての人間を抱き合わせる「素朴な喜び」が、誰もが歌いたくなる旋律が歌われるというのである。なるほどと思ってしまう。内田は一般と違ってベートーヴェンを神秘的に解釈しないのである。第9の合唱の中でよく出てくる「神」も歌曲「自然における神の栄光」の場合と同じく啓示的なものでなく、理神論的な自然法を意味すると捉えられる。法（law）には法律と法則の二つがあり、前者を守らないと権力によって罰せられるが、後者はそれを守らなくても人間によって罰せられないけれど生きていくうえで困ってしまう。それが法律になるべきなのだが、邪魔するものがある。でもそれにも拘わらず……というこの自然法観は『生誕』におけるケネーとスミスの経済思想の異同の議論になり、晩年の『読書と社会科学』の中で自然法という概念装置を使って日常生活を整理してみるところに再現する。

注　これは作品番号では晩年のものだが、実際の作曲は初期のものである。またそれはベートーヴェンの創作でなく、スコットランドの農民詩人ロバート・バーンズが古バラッドによって曲づけしたものをベートーヴェンが編曲したものである。その歌詞の最初は中村為治の名訳『バーンズ詩集』（1928年）によると――「ダンカン　グレーが口説きに来たよ、は　は　その口説き。酔って楽しいユウルの晩に　は　は　その口説き。マギイ首をばふんぞり返し、斜に蔑みやつたら、ダンカン近寄る術も無し。は　は　その口説き。」

音感活動はやがて革新政党の動向に影響を受けるようになり、創立当初の考えや合唱活動の標語の中に政治用語が入り込む。音感は音楽的自立との間で悩むようになる。吉松がこの辺の事情について詳しく伝えている。音感がレッド・パージ反対集会に集まる学生のために闘争歌を指導する。歌を広めることが民主化につながると思われたのである。その一方で音楽が政治闘争に振り回されたり、政治の手段となることに不満をもつ者も出た。合唱の研究をする者と合唱の内容を重視する者との間で対立する。ここでも戦前のプロレタリア芸術がたどった道が繰り返される。内田は和音の訓練をせずに民衆の歌に戻ることに反対であったが、だからと言って和音を和音のためだけに追求することにも反対であった。彼は音感活動を引退し、『生誕』の執筆に集中していく。

中尾は最後に、内田は音楽だけでなく「音楽を通して芸術一般、社会や自然の諸現象の捕らえ方、事物の発展法則を教えてくれた」と書いていた。内田の講習会に参加した若き研究者たちは「各自の専門とする諸学問にその方法を意識的に適用しよう」としていく。内田自身がそうであった。そこで次に根を張る経済学史研究ということについて。

3　戦後再建の方向づけと経済学史研究への沈潜

内田は学問と芸術の根拠を反省しつつ、日本の経済再建を巡る議論に加わり、それを経済学史研究のテーマに変換していく。経済学史は現在の立場から書き替えられる。しかし、古典には古典の言い分があり、その時代背景や思想状況の文脈を外せない。それへの内在の中で現在の問題に通じるものに触れることができれば、その歴史研究はピーンと張った現代研究となる。内田の場合がそうであった。日本は1945年から46年にかけて占領軍の力を背景にして、財閥解体、労働組合の自由、農地改革を実現した。まずそれらの改革の意義を前掲『昭和経済史への証言』等を参考にしながら内田の態度を見ておこう。

(1)　時論

1) 財閥解体。これは持株整理委員会が財閥から株式を全額譲渡させてそれを大衆に売るものであった。これによって財閥の頭にいた持株会社が子会社や関連会社の株式の所有を通じて支配することにチェックがかけられる。

財閥の解体は結果的に会社を活性化させた。三井財閥の同族支配や番頭経営は崩れて会社は分割され、若い40歳代の経営者によって担われていく。三菱は当主が直接指揮をとって解体前から本社の株式公開、経営の岩崎家からの分離、配当率の低下、企業内福利や労資協調の工場員会設立等の改革を徐々に進めていた。だが占領軍は厳しく当たり、重工業部門が三つの地域に分割される。この財閥解体が「生産力」をあげるのに有効であった。内田はかなりその意義を認める。

2) 労働組合の自由。労働組合の結成は自由になったので、労働者の気風は変る。しかし占領軍の政策は運動の自由からその教育指導へ、そして規制へと変っていった。占領軍は労働組合に対してすぐにストライキに訴えるのでなく、話し合いで解決するように指導していく。労働側は1947年に2・1ゼネストを準備して生活のための給与改善と吉田内閣に代る民主的な政府を求めたが、占領軍の指令によってつぶされてしまう。占領軍は組合を政府専制や軍事化の反動を起こさせないための道具と考え、本当には民主化を進める気はなかったのである。内田もやがて占領軍の変質を知らされる。

3)農地改革。これが経済民主化の中心となる。その結果、不在地主制は禁止され、地主の土地は国家によって強制的に買い上げられて農民に安く売り渡され、在地地主の小作地保有面積は1ヘクタールを上限とされる。これによって自作地は全農地の90パーセントにまでなった。この自作農化は時間の幅を長くとって川島的に見れば、戦前・戦中の自作農創設の延長上のものであり、山田的に時間の幅をもっと大きくとれば、農地改革は大化の改新と班田法→鎌倉封建制下の荘園制→太閤検地→地租改正をへて人類史的に進んできたものであり、歴史的な必然であったと言える(「農地改革の意義」)。それに対して労農派の大内兵衛や現代資本主義論者の石橋湛山は農地改革に留保的な態度を取っていた。

農地改革とそれに伴う農業協同組合法の意義は大きかった。第1に、農民の「人格」が尊重されて地主と対等になり、道で地主に会っても旦那と呼んで頭を下げる必要はなくなる。この市民的生産関係が地質や水等の自然的要素や技術以外に生産力をあげるエネルギーとなる。第2は、経済的な好影響である。高率の地代は無くなり、農民の所得と購買力は高まる。また1947年に農業協同組合法ができ、農協の指導員によって技術は改善され、資材の購入は農協の購買力によって有利となり、農産物の販売も農協の市場開発力によって広がる。特にコメについて、農民は食管制度の下で政府に生産費と所得を保証する価格を要求し、農協の集合圧力をもって実現させていく。以上のことによって農産物は増産され、農民は工業と好調な市場関係に入り、国内市場を作るようになる。それは大塚や内田が展望したことであった。

この農地改革にも問題点はあり、大型経営につながらなかった(参照、山田「変革期における地代範疇・序論・討論」)。大塚は農地改革がイギリス史のように中産的生産者層→農民層分解→資本賃労働関係と進むことを期待したが、種々の事情があってそうならなかった。土地の共同利用や大型機械を使った省力化の合理化も進まなかった。長いこと問題視されてきた労働生産性はある程度上昇するが、単位面積あたりにかかるコストは増大する。農作業は手間をかけて作品を作る感じとなり、生業的な経営になる。日本は欧米と比べて経営は気候的・地理的条件に制約されて小規模で家族的なのである。……この小規模家族経営は後の高度成長による公害を経験することによってエコロジーの観点から見直されていくが、これは別の課題である。

以上、内田は上記の改革を評価しながら、日本経済再建の方向を探り、古典研究への手がかりを見つけていく。その基準になったのが「二つの道」論である。以下の論説のすべてがそうである。

「「資本主義論争」ノート」――経済の民主化に当たって、内田は戦前の日本資本主義論争を振り返り、批判されるべき封建的なものの「本体」は何かを突きとめる。彼は講座派的な議論に日本のとるべき方向を見出していく。

内田は平野義太郎が日本資本主義の型をつかむのに正しい方法と内容を示していると評価した。平野は近代資本主義発展の指標を工場工業につながる民営のマニュファクチャの存在におき、江戸時代ではその生産力的発展はアジア的な封建的零細農による家内的農工結合およびそれに寄生する商業・高利貸資本（新地主）という生産関係によって邪魔されていたと論じた。こんな過小農は西欧のヨーマンのように人格的に独立した農民でなく、またそこからは農村労働者を雇って自分の計算で資本制的経営をしていく借地農業者は出てこない。その農民型は明治維新後にも続くが、その内容は山田が構造的に明らかにしていた。それに対して労農派は、江戸時代において商業・高利貸が農業に進出して商品流通や貨幣取引を展開させると、そこに近代的生産関係が生まれざるをえないと捉えた。この資本主義化の歴史的必然論は明治時代にもあてはめられる。内田はそこに問題ありと考えた。山田は日本ではその必然性がどんな階級によってなされるかを示していたが、内田はその山田を継承する。ではどんな階級が歴史を進めるか。それが次の内田のナロードニキ論のテーマになる。

「ナロードニキとマルクス主義――レーニン理論成立の一挿話――」。この論説は戦中のルソー自然論と対応し、後発国の資本主義をどう捉え、それにどう対処するかという問題になっている。[注]

注　これはロシア文学の神秘性と古典性をいかに両立させるかという問題につながる。山田は後発国のロシアでは近代化はイギリスの経済学と異なって文学をもって表現されると捉えたが、内田はその内容を出す。トルストイは『戦争と平和』でロシアの魂を忘れなかったナターシャやプラトン・カタラーエフに示される民衆の知恵を、『アンナ・カレーニナ』では都市的なアンナと対照的なレヴィンの農村理想化を描いているのだが、内田はそれらの小説をナロードニキ文学の中に入れる。トルストイは本当の幸福とは何かと問い、それは都市文明や宮廷文化にはなく、農村民衆の生活の中にあると考えた。マルキストのある者や丸山はそれを田園讃美の自然への逃避と皮肉ったが、内田は反対にそのロマン主義性に積極的なものを見出す。ヨーロッパの思想史にはロマン主義の絶えぬ水脈があり、20世紀の初めにかけてイプセンが『人形の家』で、またチェーホフが『桜の園』で、都市の市民社会を利己心の俗物の世界だと批判していた。内田はそこに西欧的市民革命の魂を感じ取っていく。彼はそのロマン主義思潮を経済学史の本流である古典経済学を理解するための媒介にしていく。彼にとってこのロマン主義は一度失うことで取り返しがつかない価値があったと覚らせるものであり、戦中にマルクス主義が外的にも内的にも崩れた後にあって再出発すべき一つの確かなものとなる。それは『生誕』における「ケネーとルソー」というテーマに、そして「スミスとルソー」あるいは「スミスと文明批判の若きブルジョア」というテーマになっていく。

ナロードニキはロシアの資本主義化を批判して反資本主義を唱え、人民のなかへを合言葉にミール共同体に入っていき、そこにおける人民的生産を基礎にして資本主義をへずに社会主義に移行できると考えたと、評されていた。その主体は労働の権利よりも労働の聖なる義務と喜びを知る農民とされるから、保守的であり反動的ですらある。だがレーニンは１８６１年の農奴解放50周年に際して次のように述べた。彼らナロードニキの「誤れるイデオロギーに包まれた、半世紀の動向の現実的意義が奈辺にあったかを、今にいたるも学びとっていないようなマルクス主義者は、悪いマルクス主義者であろう」(傍点は内田のもの)。内田はこの謎のような言葉を実に鋭利に解明していく。

内田はナロードニキが否定した資本主義とは何かと問う。彼はその解明のために１８６１年の農奴解放の実際を調べた。すると農奴解放は地主の利害のためになされたことが分かったのである。農民はわずかな土地を法外な値で買わされてしまった。大部分の農民は事実上、これまでの農奴制関係の中に滞留し、だんだん土地を失ってプロレタリア化していく。それに対して地主はだんだんプロシャ的なユンカー地主になっていく。これはドイツ的な資本主義化につながる。以上がロシアにおける資本主義発展の中身であり、ロシアの農奴解放は西欧型をとらず、「ゆがまって」なされたのである。

ナロードニキは以上の資本主義化に反対したのだが、彼らの中にも違いがあって、ある者は最小の支払いで最大の分与地を求めて農民の独立性を得ようとしたが、それは農民経営の資本主義化を意識することなく主張する結果となった。レーニンはその考えが資本主義反対の名で事実上は「正常な」資本主義発展を主張したと捉える。[注] 彼はその農民の土地獲得は生活水準の向上→「国内市場」の成立→生産への機械の適用をもたらすと展望したのである。それは農業から資本主義を生んだ「アメリカの経済発展」の道であった。

以上の歴史理論が内田の経済学史研究に具体化されていく。

注 大塚のナロードニキ論は彼の小生産者的発展論と協働している。また彼は封建制から近代への過渡期のことであるが、幕末の反文明の排外的攘夷論の中に農村工業の展開と深いところで結びつくものがあると嗅ぎとっていた。

以上のナロードニキ論と直接に関連するのが「革命と改革の理論――レーニン主義と農村改革――」である。――資本主義の分析はそれぞれの特殊事情をもった地域や国においてなされるのだから、マルクスの理論は固定化したままでなく具体的な歴史分析と関連されねばならない。同時に歴史分析は没理論的であってもいけない。内田はその点で模範を示したレーニンを、大塚がしていたように、自分のものにしていく。レーニンは資本主義の最高の発展段階である帝国主義を第2インター的な組織された資本主義論と対抗させるとともに、地主的資本主義でないアメリカ型の資本主義のコースを追っていた。レーニンはこの後者を、帝国主義分析によって見出された革命的プロレタリアートの立場から農民と同盟するコースとして具体化したとされるのである。内田のこのレーニン的な捉え方からすれば、自由主義的な「改革」によって農民を没落させてプロレタリアートにするという資本主義化の道は否定され、農民経営を向上させて近代的な分化を進めるという意味での「革命」がとるべき道となる。ロシアのマルクス主義者はこのことを見抜けず、歴史発展の客観的必然論に留まり、「主体的＝能動的な革命的唯物論」の立場に立てなかったのである。

内田は社会民主党の組織資本主義論や上からの合理化に対して批判を続ける。それらはナチスの勃興を抑えることはできなかったのである。大塚も前に検討したように、ドイツのマルクス主義者の歴史理論には欠けるところがあったと考えていたから、内田は大塚と協働することになる。――内田はそれが「ワイマール憲法の崩壊」論文である。

ドイツの歴史を概観する。その視点は指導的産業につくものと産業構造＝市場構造の変化に、そしてそれと関係して学説と政策の変化に置かれる。またどの産業資本・農業資本の最大利潤獲得の行動がカルテルを結ぶことになり、それと対照的に生産合理化につながるかが注意される。それはどの部門の労働形態・モラル・利己心が国民生産力を作るかの問題でもあった。

ドイツでは第1次大戦後に社会民主党政府が社会化政策を推進する。それがナチスを登場させる結果となるのだが、内田はそこから日本が経済再建をするさいの教訓を得ようとした。内田は当時の最も先進的で民主的なワイマール憲法がなぜ崩壊し、ナチスが勃興したか、その歴史的な「地盤」を検討する。ドイツではエネルギー原料部門の炭鉱業は地主的な大独占体を作り、それが地主的な銀行業や鉄鋼業と結合していた。社会化とはそれを公共の所有に移すことであったが、これは社会主義の名で実は独占体を維持するものであった。結局、社会化は挫折し、経済再建の方が官僚主導で行なわれていく。出てきた政府案は資本家のイニシアチブで労使協議会を設置し、炭鉱業をシンジケート化することであった。その結果はインフレの昂進、産業の整理と合理化、国内市場の縮小と恐慌、全般的失業、ナチスの勃興と侵略の準備および戦争となる。

さて内田は以上までの議論を「国内市場論——工業再建の方向——」で以下のように集約することになる。

敗戦直後、吉田茂政府は経済再建案を提出した。それは加工貿易立国をもって日本を再び世界経済に参加させようとするものであった。日本は資源が乏しいから、原材料を輸入して加工し、できた工業製品（おもちゃ等の雑貨や生糸）を輸出しようというのである。内田はこの政府案と異なる道を選ぶ。彼は経済再生の技術的条件よりも「社会的生産力」を発展させようと考えた。彼は社会のありかたを問題にし、雇用主と労働者の間に親分子分的な古い関係を残したままの復興に反対する。もっとも、経営者の中には今まで一緒に働いてきた労働者の首を切ることに苦痛を感じ、労働組合の方でも親子関係の友子制を残す部分があったのであるが。また内田は石橋湛山蔵相と『東洋経済新報』の論調に警戒する。それは工業の再建を、新たに出発した旧財閥の商事会社が親会社となって中小の子会社をその原料の購買から製品の販売、技術指導、金融まで面倒をみることでなそうとするものであった。石橋は戦前は実業の自由を主張していたが、これでは問屋組織の再編（プロシャ型資本主義化）である。彼らはこの輸出工業の発展が国内の農業を刺激すると主張した。農村の身分的関係の残存をそのままにしておいて。それは経済学史的にはスミスでなく重商主義の発想であり、アメリカ型資本主義のように農業にその中から発展する力を認めるものでなかった。

また内田は労農派の流れをくむ工業的マルキストが再生産の起点を国内農業でなく外国市場に求めることを批判する。「真の近代的工業国」は「農業の主導的な展開のなき、すなわち本来的な国内市場抜きの外国貿易の展開において可能であろうか？」。彼はそう疑って農地改革を評価し、自分の再建構想を出す。それが次の「国内市場」形成論である。封建制解体の農地改革→農業内部での独立自営農と農民マニュの進行＝農業資本主義の進展→農業内の労働生産力と農民の購買力の上昇→都市工業との間で国内市場の成立（→日本の独立と国際平和の実現）。彼は独占的な金融資本の利害に基づく再建でなく、民衆的勢力による「社会的生産力」の実現を求めたのである。それが「歴史的な進歩」の法則というものであった。

工業マルキストは経済を自由放任でなく計画的に運営しようとした。国家が重要産業を管理下におき、原材料を生産して加工部門に引き渡し、逆にそこで生産された製品を原材料部門に回す。これを循環させることで経済は復興するというもの。それは1946年末に経済安定本部が打ち出した傾斜生産方式であった。それは貴重な石炭エネルギーを鉄鋼部門や鉄材を必要とする炭鉱業（マルクス再生産表式の第1部門）に優先的に配分し、消費財生産の軽工業や農業部門（第2部門）と家庭への配分を後回しにするものであった。有沢広巳はこの方式はマルクス再生産論を現実に適用するものだとみなしたが、それは技術的であって、マルクス本人がしていたように、物的な再生産において資本・賃労働の生産関係が再生産されることを確認したり、革命の客観的で主体的な条件を発見するものでなかった。傾斜生産方式は一応成果を出すが、内田はそれと距離をおく。また吉田は労働者の団結権を承認して賃金を改善することが企業の生産力を向上させることを理解できなかった。彼は国会で労働者を「不逞の輩」呼ばわりしてしまう。労農派マルキストも労働「価値論」を等価交換の人間関係作りとして政策の基礎に置くことはなかった。経済学上の価値論はこういうところで現実味をもたねばならないのである。近代的生産力はマニュファクチャと機械制工場において展開するが、スミスとマルクスではそれらは価値法則と結びつけられていた。ただしスミスではそれが文明社会の福祉の増大として、マルクスでは対照的に社会主義実現の条件の準備として捉えられる。ここで「スミスとマルクス」という枠組の芽が出る。

内田は古典学派やマルクスの価値論はドイツ歴史学派による理解と異なることを強調する。前者は生産の機構（人間対自然・人間対人間関係）が他の歴史社会と違って価値法則によって規定されることを論究したが、後者は価値論を生産機構の解明から離れて流通における価格の説明原理とみなしたのである。これでは価値論は生産費説に陥ってしまう。歴史学派は生産の仕組を捉える時には家族や国家のような有機体を考え、それを歴史的に実証していく。ドイツの資本主義はこういう有機体を引きずりながら発展したのである。内田はそれを批判する。

こうして内田の政治戦略は先の労農同盟をもっと広げたものになる。財閥の独占資本 対 勤労民衆（組織された労働者＋技術者・ホワイトカラー＋農民）と協同組合的な中小産業資本（大企業に対して下請でなく等価交換に立つ独立的産業資本）。これは巾のある統一戦線であり、長はそれをマルクス主義のセクト性を批判したものと注釈していた（『昭和恐慌』）。

内田はこの論説の中でスミスがその資本蓄積＝国内市場の理論を比較基準にしてこれまでのヨーロッパの経済史を描いたと指摘する。これは『国富論』の第１・２編の理論と第３編の歴史叙述を関係させたものである。彼は日本の現実とヨーロッパの古典を往復してスミス研究に集中しだしている。そのことが彼による以下の大塚・大河内・山田論で示される。本書における『生誕』への旅も終りに近づきつつある。

（2）学史研究へ

1)大塚への信ゆえの批判

内田は国内市場論で大塚の経済史研究を独占批判と「価値法則の具体的展開」だと意義づけていた。その大塚との関係を書評「大塚久雄教授『近代資本主義の系譜』」を使って確認しておこう。それは二つ、大塚に対する内在的で積極的な理解とスミスおよびマルクスからの批判とからなる。

最初内田は大塚の織元経営論や小生産者的発展論を知って、また質の悪い資本主義正当化論が出たと思った。大塚では資本家も労働者もともに生産倫理をもって経営にいそしむと見えたのである。でも内田はこの大塚を評価するようになる。大塚はマルクス主義の階級史観の底に市民社会史をおき、そのウェーバー研究[注]からは公式的なマルクス主義が見なかった「人間」の問題を出していたからである。内田はそう評価した上で、エトスの人間論が独立して展開されて経済学の価値論と切り離されていることを問題にする。彼はスミスの人間論を例にあげ、スミスでは経済人の生産倫理（慎慮）は所有権の尊重および労働価値論・等価交換の正義と結ばれていたと指摘する。市民社会史と価値論は結びつけられねばならない。

内田は大塚の小生産者的発展論を批判的に補った。大塚の経済史では、イギリスの資本主義は絶対王政下や市民革命後の近代国家の重商主義の下でも順調にたくましく育つから、重商主義批判の側面が弱くなる。大塚の言う中小生産者の生産力が解放されるにはスミスの経済学によって重商主義が学説的にも政治的にも批判されねばならない。大塚は「織元」論文においてその実証のためにスミスの『国富論』を引用するのだが、また戦後の『国民経済』でもデフォーからスミスまでもう一歩だと追跡するのだが、重商主義批判の経済学が出てこなければならない。内田には大塚ではどうしても腑に落ちないことがあったのである。スミスが本来批判した国家は近世絶対主義下での重商主義国家でなく、市民革命後の近代的な議会制重商主義国家であったということである。大塚もそれら二つの重商主義の役割は違うことを知っていたが、内田からすると、大塚は産業資本が封建的な絶対主義国家と対立して出てくることの方に注意を向けているので、産業資本の成立は名誉革命後のウィッグ主導の重商主義国家の存在と並べられ、国家の保護によってずるずると出てくるだけになってしまう。こ

注　日本のウェーバー受容にはいくつかの型があるが、内田の場合は内在的に受容しつつ、しかし抵抗したと言えるのだが、そのことを彼の文言から理解するには骨が折れる。内田は吉沢と長によれば、１９３０年代にウェーバーの客観性論文を読み、そこから価値自由とは通俗の解釈と異なって、研究対象に対して特定の問題意識をもってあたっていることを自覚することであり、学問分業の一端を担うのはテーマの選択によってであると読み取っていたらしい。長は「プロテスタンティズムの倫理と資本主義の精神」論文の最後に出てくる「無」なるものに対して内田は彼なりの挑戦をしていったと捉えている。的確な解釈である。

れではスミスが重商主義の保護政策を独占(「重商主義的独占」)だと批判して出てきたことは十分に理解できない。自由主義者スミスは近代国家の或るあり方を批判して出てこなければならない。それはどのようにしてか。『生誕』がそのことを示す。

2)大河内生産力論の評価と自己批判

内田は大河内一男との関係を「戦時経済の矛盾的展開と経済理論」において出している。その論文を載せた雑誌『潮流』は日本ファシズム論を特集し、その趣旨をこう述べていた。――獄中非転向組が日本のファシズム＝天皇制絶対主義に抵抗し、他の日本人民は今度の戦争を支持したと言い切れるか。そう言い切ったら、戦後の民主化運動は一挙に生じたことになる。民主化への地盤は戦時体制下における産業構造の変動と、それに応じて価値法則が実現されたと主張する生産力論によって用意されていたのである。……それに対して内田譲吉はそんなことで弾圧下での良心の灯に郷愁を感じるのは、戦後の今、ファシズムの攻撃が強くなっている時には敗北主義となると批判した。

この論文で注目すべきは、日本経済をプロシャ型と規定し、政治的な「絶対主義自体が資本主義進行の槓桿になる」とその「構造上の矛盾」をつかんでいることである。この矛盾が明治以来ずっと続き、日中・太平洋戦争の国家総力戦の段階で極点に達し、日本は敗れる。だが戦後の民主化に対してなおその再編が狙われている。これでは「生産力上の危機」はなくならない。内田はそう論じて、次に、戦時の暗黒時代にあっても今日への経済学上の遺産があったと主張した。どういう遺産か。戦中にマルクス主義経済学や経済史学は弾圧によって窒息されたが、完全になくなったのでない。資本主義発達史の研究は階級関係を表面に出さず生産力の視点に立ち、技術や経営の仕方を研究した。それが西欧と比較され、日本的な特質があぶりだされる。内田はそこに積極的なものを認め、その例として大河内一男と風早八十二の社会政策論をあげる。

大河内と風早は戦時統制と生産力拡充の要求は労働力の保全＝労働力の価値実現を否応なくもたらすと論じていた。社会政策は分配や人道の問題としてでなく、生産力の問題として理解されたのである。内田に特徴的なことは、その社会政策論に限界はあるにしてもそれが「現実性」と「進歩性」をもったのは「どういう根拠があってであろうか」と問うたことにある。根拠、それは日本資本主義が戦時統制下で経済構造を高度化させ、それらが資本主義の基本的な生産関係に触れるという矛盾のことであった。それはプロシャ型資本主義がもたらす結果であった。内田はこのプロシャ型の日本資本主義を価値法則が貫徹する近代的資本主義に変えようとするのである。

さて、大河内と風早では違いがある。大河内は労働力の価値通りの販売を経済的に必然なことと捉えていたが、風早はそれを階級闘争と結びつけ、その闘争のために政治的自由が必要だと考えていた。そして風早は天皇制下の官僚が重工業化を進めるにあたって労働者の自主性を多少とも認めるという矛盾を見て、そこに労働運動がつけいる隙があると考えた。すると目指すは労働者・農民によるブルジョア民主主義革命ということになる。内田は以上のように整理するが、その日本経済を矛盾的な構造と捉える視角は後のマルクス論（『資本論の世界』における）に適用されていく。

やはり内田の論文は正統派から生産力論だと何度も批判された。[注] 内田も自分には絶対的剰余価値論の重みがないと認め、マルクスとの対応を計りつつスミス研究に沈潜していく。

注　革新陣営の側からの批判はこういうものであった。――内田は戦時経済が国家独占資本主義に構造的に変化していることを見ていない。彼が見るのは重工業と軽工業との産業編成だけであり、それは経済を産業組織論的に素材の観点から捉えるものであり、階級対立の分析が弱い。また彼は古い人間関係を批判して価値法則の貫徹を主張するが、それは文明的な資本主義のことであって、資本の搾取性を隠す結果となっている。さらに彼は変革に際して主体性を強調するが、現代では独占資本の企業経営のもとで直接に社会化された労働が変革の主体的条件となっていることをはっきり認識していない。内田はその批判にどう対応したか。彼に対する批判には当たっている部分もあった。彼は後に革新官僚や大河内社会政策論による合法的改革は国家が上から合理化を国民に押しつけるものであったと自認する（『戦後の学問』）。彼は自己批判したように近衛文麿の新体制の本質を見抜くことはできなかったのである（書評「『日本資本主義講座』第1巻『日本帝国主義の崩壊』」）。晩年には革新官僚の側について職人的な考えをすべて非合理と見たことをはっきり自己批判する（「考えてきたこと、考えること」）。

3) ケネーでなくスミスを

内田の山田との関係について論文「「市場の理論」と「地代範疇」の危機――日本資本主義分析における再生産論適用の問題に寄せて――」を素材にしてまとめておこう。内田は戦中戦後と長いこと回り道をしてきたが、古典研究に専心する時が近づいてきた。講座派と労農派の論争は最後は泥試合に終ったのだが、内田は山田のマルクス再生産論の解釈とその学史的位置づけを受け入れる。そしてそれの日本への適用の方法を評価した上で――レーニンがナロードニキとローザを批評したことを模範にする――、その内容については批判的に検討した。それは本当に鋭利な批判であった。

内田はまず山田の究極の狙いは資本主義の一般的危機における日本資本主義の構造と型を示し、将来を展望することにあったと理解し、そのために産業資本の確立した時の再生産の構造を問題にしたとつかむ。山田は産業資本確立期の研究を自己目的にしたのでない。しかもこの確立期の研究は前に検討したように、国際比較をしてイギリスと違う特殊な質を純粋に抽出するためになされていた。すると確立期の前の初期の資本蓄積の性格も把握できるから、これで日本資本主義の全生涯が把握できることになる。もともとの原蓄は日本ではフランス革命で実現した農民解放（→農民層分解）なしでなされていた。だから産業資本の確立期になっても日本ではイギリスのように封建地代を解決せず、価値法則に基づいた資本関係を成立させるのでもなく、封建遺制と国家強力を再生産してしまう。山田はその日本型を軍事的半農奴制的型制と名づけていた。そこで山田はこの日本資本主義の特殊性をつかむ中間項として、ケネー「経済表」を入れたのである。マルクスの表式は英国でのみ妥当し、そこでの階級対抗はブルジョアとプロレタリアの対抗となる。日本ではマルクスの表式は当てはまらない。日本ではそれと異なる特殊な対抗と展望が示され、その構造が維持されたまま一般的危機の段階に流れ込む。特殊な対抗とは地主と小作人の半封建的な関係、資本家と半隷奴的労働との関係、地主的・商人的資本と産業資本（労働者を含む）の関係であり、特殊な展望とは農奴主的なブルジョアでは民主革命を期待できず、労農同盟によるブルジョア民主革命に待つこととなる。しかもそれは急速に社会主義革命に転化すると展望される。以上のことが『分析』では基底・上部構造の相互関係として、また狭い国内市場を脱して植民地を求める対外進出として、一括的に表示されたのである。

内田は以上の山田から学ぶが、同時に批判点を出した。これが内田を理解するポイントとなる。それは中間項のケネーとマルクス歴史理論の理解に関わることであった。山田は日本農業をフランス革命以前のケネー段階のものとした。だから変革は古い小作関係を解消して小作料を金納にしかつ引き下げることとなる。これは経営を資本主義的に拡大することであった。内田はそれを戦後の農林省的な路線だとみなす。それはケネー時代の富農や上昇する小ブルジョアの要求に答えるとしても、日本の貧農を政治的に目覚めさせるものでない。ケネーからは今日の労働者による社会主義革命の要求と農民による半封建的地代の解体の要求を同盟させる――両者の生活も意識もかなり異質なのだが――ことはできないのである。内田はその理由をケネーがヴェルサイユ絶対王政内の左派の立場からフランスの事態を分析して解決法を出していたからだと捉える。内田からすれば、ケネーからマルクスへの理論の発展は、山田のように歴史環境の変化に帰するだけでは不十分であった。内田は理論づくりにとって、対象を捉える主体の側の実践とそれに立脚する視角が重要になると考える。ケネーの場合はヴェルサイユ左派からの視角があったのである。「客観的条件が理論的発展の根底を規定するとは、本来その意味なのだ」。どんな視角か。「経済表」ではプロレタリアートが生産階級の中に含められて一括され、マルクス時代のようにブルジョアジーに対抗することが「未発現」なのである。だが未発現であることは「存在しない」のでなく存在しているのだが、存在するものを存在しないと理論表現するのは、そこにケネーのブルジョア的視角が入っていて下層の農業プロレタリアートと貧農の巨大な動きが目に入らないからである。内田はそれらを視野に入れるものは「農民層の分解をそのものとして開披するところの市場理論の表式である」と考えた。それはスミスによって捉えられた資本主義発展の二つの道の一つ、アメリカ型であった。

以上、内田は日本経済を捉える方法とその内容を研究し、実践の方向を求めてきた。いまや今までの模索と歩みのすべてを古典研究に注ぎこむ時になった。それが四つの論説、「イギリス重商主義の解体と古典学派の成立」上、「イギリス経済学と社会科学」、「古典経済学」、「アダム・スミス」である。それらは直接的に『生誕』の中核をなす。そこで私はもう『生誕』そのものに入ることにする。

III　『経済学の生誕』――スミスとマルクス

1　スミスの文明的資本主義観
――イデオロギーと経済的土台は別のもの

内田義彦は1953年11月、『経済学の生誕』を出版した。それはアダム・スミスの経済学の成立過程とその理論の性格を解明しようとする本であった。スミスと言えば、「利己心と見えざる手」を主張した楽観的な調和論者として有名である。だがそこには多くの誤解がある。内田はその平板で無内容となった常識的なスミス像をまったく新たな視座から生命を吹き込んでいく。またそれはただのスミス研究でなかった。彼は経済学を「歴史の理論」と見る。歴史とは時間の流れの中に埋まることなく自覚的にある観点に立ち、スミス的には市民的で生産力的な資本主義を解放するものであり、マルクス的にはそれを克服するものであった。内田は戦後の各種の改革によってスミス的なものがあちこちに現れるのを目にした。それは日本経済に遺る封建的なものの撤廃であり、財閥や政商に対抗する動きである。スミスは日本を再建するのに役だったのである。内田はそのことを認める一方で、マルクスをもってスミスを乗り越えようとする。日本は近代資本主義の実現とそれの乗り越えという二つの課題を背負っていたからである。その体制的な課題に答えるために経済の科学的な歴史理論が『生誕』によって示される。このスミス解釈がそのままで日本の経済学の他分野や経済学以外の社会諸科学に対して考えるべき問題を提示することになった。[注]

注　守屋典郎は内田が『生誕』で経済学を人間の問題としたことに対して科学的に資本主義社会の行く末を指し示していない、それは三木への逆転だと批判する。内田は『生誕』でもってこの守屋に見られるような経済学界のあり方を批判していたのである。内田の『生誕』を当時的確に理解した人たちの中から2人をあげよう。平田清明――「『生誕』は、まさしく『国富論』の戦後日本における再解釈であることによって、戦後日本への著者の理論的介入の証しでもあった」（『内田義彦著作集』月報1）。長幸男――「イギリスの古典的な内容と形式をうみだした Political Economy が周辺または僻地の他の国々の National Economy となるとき、その歴史的・地域的諸条件に規制された（あるいは適合した）経済学はどのような型をとるか。その経済学の形成は、原型となる経済学の利発な輸入者の手中にあるのか。あるいは、その国の人間の運命を模索する一見混濁した社会認識の崎嶇とした歩みの中にあるのか。内田さんの場合は、後者にそれを見るであろう」（同月報4。傍点は長のもの）。

『生誕』の目次はこうである。まず「序説　古典研究の現代的課題と基準」があり、本論は二つの編から成る。前編「経済学の生誕――旧帝国主義批判としての『国富論』――」と後編「『国富論』体系分析」である。内田は本論に入る前に序説で自分の方法を語るが、それは実にひろびろと見晴らしのきいたものであった。

スミスの『国富論』は16世紀以来の非ヨーロッパについての知識の集積を踏まえた人類史研究の上に、イギリスにおいて封建的な土地所有と都市ギルドや近代の重商主義を批判して自由な市民的資本主義を生むことに役立った。だがそれは後段でもう少し詳しく出すが、時代の課題に対して有効な科学となっても、マルクス的に資本主義を歴史の通過点とつかむ科学ではない。マルクスも当時の人類史研究を参考にして、資本主義を種々ある私有財産制度の一つ、それも他と異なる特殊なそれと位置づけ、そこで発展した社会的な生産力を基礎にして私有財産制度を克服する条件が生まれると捉えた。その点で資本主義は人類史の前史の最後の段階であり、真の歴史はその後から始まる。内田はそう論じるが、大事なことは科学の二つの有効性を切ったままにしていないことである。スミスは時論の解決のために科学的な研究をしたのだが、そこには資本主義に対する特有の表象があった。それは科学研究者自身が認識対象の社会の中に生きているから生じるものであり、その表象が理論を性格づける。理論は純粋に客観理論としてあるのでなく、思想の浸透を受けるのである。

そこで内田の学史研究の方法をまとめておこう。それは大きくは理論史的方法と歴史的方法の二つからなるが、歴史的方法はさらに三つに分けられる。

理論的アプローチ――これは対象を専門用語を用いて論理的に組み立てていくことである。日常語はあることがらを生々しく表現するが、時にはその輪郭をぼやけさせる。そこで術語を使ってある特定の角度から事柄を切り取ってくっきりさせる。それはある角度からの抽出であるから、他のいろいろな角度からの把握は無視される。この抽象と捨象は日常でも無意識のうちに行なっており、人は天気どう?と聞かれれば、眼を空にやり、他への関心を捨てる。述語の使用は意識してその抽象を行なうのである。さて学説は最も抽象的な術語から始まって順次具体的な現実に向かって組み立てられているから、体系的に理解せねばならない。また理論は他の理論と比較することでその性格が分かってくる。どちらかの方が発展している、あるいはどちらにもその固有性があるというように。

経済史的アプローチ——これは理論を資本主義発展のそれぞれの段階を反映していると考えるものである。スチュアートは近代化前のスコットランドを離れて亡命していた南ドイツや南フランスの遅れた経済を、ケネーは北フランスの資本制大農経営を、スミスは産業革命に入りつつあるスコットランドとイングランドを、それぞれ背景にして理論活動をした。また資本主義は同じ時代のものでもアメリカ型とかドイツ型というように国によって型が違い、理論はその型を反映する。

思想史的アプローチ——理論は時代背景を客観的に反映するとしても、そこには研究主体の資本主義に対する特定の見方が、思想が入り込む。それが粗野な「色眼鏡」にならないように注意すれば、このアプローチは理論の性格を理解するのにプラスとなる。内田はスミスの経済理論とその背景となる経済構造との関係を「有機的に」捉える。有機的にとは、理論を社会の下部構造の機械的な反映と見ず、両者の間に「視角」を入れることである。同じ社会現実の上に立っても、それを捉える者の見かたによって理論表現は変る。内田はスミスとリカードの場合をあげた。リカードは資本主義下の労働者が貧しくて道徳的にも劣る状態をそのまま受け取り、なぜそうなったかを考えなかった。また彼は資本主義は将来必然的に経済成長の止む定常社会になると暗く見た。スミスはそれに対して文明の階級社会には不平等はあるが、それを覆う生産力の発展があると明るく見た。それはスミスが資本主義成立期のマニュファクチャ時代にいてまだ産業革命の機械の時代を迎えていなかったこともあるが、内田はそれ以上に両者の資本主義に対する「信条」や「観点」の違いを指摘する。理論は理論家の頭に浮かぶ表象を間に入れて土台を写し取る。内田はマルクスの史的唯物論の俗流化を斥けて、まずはイデオロギーと経済的基礎を別のものと分け、その上で下部はどのようにして上部に再現するかを問う。内田の特色はこの思想史的アプローチを適切に駆使するところにある。

政策的アプローチ――どの経済学もどの集団の利害が国富と諸国民の富の形成に寄与し、あるいは反するかを分析している。理論と世論および偏見との関係や、政治家と大衆との関係が、そして国民的なレベルでの政治的合意形成の仕組が考察される。その上で学説は時代の問題に対して解決策を提示する。経済学は純粋理論でなく「政治」経済学なのである。

内田は土台と上部構造の関係を右記とは別の面からも有機的に捉えた。土台における経済人の私的利益や階級的利益の主張はそのままでは通らない。それらの利益はある程度特定利害から独立した政治家の「システムの精神」を媒介として実現する。スミスは重商主義の奨励金制度についてこう説明していた。政治家は奨励金制度をその目的とする消費者の利益を考えたり、奨励金を受け取る商人や製造業者の利益に対する同感だけから作るのでなく、奨励金システムの完成というそれ自体は手段であるものへの関心を媒介として作っている、と。内田はこの媒介の作用を行きずり的に述べているが、スミスの市民社会論を政治と関係させて立体的に理解する上で見逃せない認識である。

表象の内容については後でも出すが、内田はスミス経済学をマルクスの「搾取の経済学」と比較して「富裕の経済学」と性格づけた。この表象をさらに規定するのがその人の実践である。それも「歴史的=階級的実践」である。この内田の理解がまた卓抜である。表象から下向して得られる「概念の固定と表象の科学的再生産」は「社会の変革過程において過程を指導するところの階級が、歴史的な推転過程を指導してゆく過程において」行なわれる。その階級的実践とはどういうものか。それは個人的な実践と重なることもあるが、むしろ両者は別のものだと言うのである。スミスについてみれば、彼の実践はその伝記研究から直接に解るものでない。スミスを彼の郷国スコットランドの中におけば、彼は生活や交友関係においてジェントルマンと立場は近い。彼は税官吏の家に生まれ、グラスゴー大学の教授となっている。大学在勤中はエディンバラ選良協会の一員となって活動し、退職後は貴族の息子の旅行付き家庭教師となってフランスに渡り、啓蒙思想家や重農学派と交わる。こういう伝記の「事実」からはスミスが「わかわかしいブルジョアジー」の立場で実践したという「事実」は直接には見えてこない。そのことの系であるが、内田の学史研究は、一国内においても国際間においても、学説の上澄みや主張の表面を辿るような系譜史とは縁がないのである。学説は一見して対立的に見えるものに転変することでつながる面がある。弟子を自称する者は祖師の考えを裏切ることだってある。それは既に高島と大河内のスミス・リスト研究で先駆的に示されていた。

後回しにしていた表象の内容はこうである。スミスは文明社会を働く者と働かない者との差別や富の大不平等の階級社会と捉えた。この認識はまるでマルクスである。それと比べれば、未開社会ではみなが働いて平等である。でも文明社会の最下層の人間でも未開社会の王と比べると豊かな衣食住を享受している。スミスはその原因を問うて、文明社会では1人当たりの労働生産力が発展しているからと答えていく。スミスはマルクスのように資本主義社会では労働生産力が発展しているにもかかわらず貧しさがあるのは矛盾だとは見ないのである。[注] スミスとマルクスでは歴史の把握の仕方と表象が違う。

注　私は本書の以下の注において、スミスの乗り越えはマルクスによってだけでなく、スミス自身の中からも出てくることをあげていく。スミスは富裕の文明社会に、そして市民的資本主義の中に彼なりに矛盾を見つけ、それに対処しているからである。内田自身も『生誕』後にその課題にぶつかることになるが、それはわれわれの世代の経験が設定する課題でもある。

内田はスミスの表象を議論する時に体制の最深の基礎まで降りていった。スミスは資本主義における資本と賃労働との関係を、あるいは直接労働する者をどうつかんだかである。賃労働者は二重の意味で自由だとよく言われる。労働者は自分の労働力を自由に処分する自由と、生産手段から解放されているために自分の労働力を生産手段の所有者に売らざるをえないという自由。スミスは労働者が経済外的な身分支配から脱して地主や資本家と商品所有権者として法的に対等となることに意義を見出した。また労働者は生産の現場では雇主とともに額に汗して勤労し、家庭生活においては浪費せずに将来の生活水準を上げるために節約をする存在であった。これに対して、マルクスは反対に捉えた。労働者は古典古代におけるように人身を処分されることはないが、生産手段の所有者によってその労働力商品を買ってもらわねばならない対象である。だから労働者は工場や農場の生産過程において労働の主導権を奪われ、その成果である生産物の所有からも疎外される。そして労働力を売って得た賃金でもって消費をし、再び同じ体力と気力をもって生産現場に入っていかざるを得ない。労働者は体制的には「賃金奴隷」なのである。

2　価値論と市民社会論のかみあわせ

以下、「スミスとマルクス」の枠組をもっと具体的に内容づけていこう。両者の比較が問題になるから、内田はそれまでのスミス研究を「二つの潮流」に、理論分野の価値論・剰余価値論研究と近代市民社会成立史研究とに絞っていくのである。そのためスミス研究は他にもあったが、内田はそれを視野から外す。小林昇は新しい重商主義研究を進め、純学説的に見て重商主義と区別された重金主義に、また全般的貿易差額論よりも個別的貿易差額論にスミスにつながるものがあると論じていた。他方で彼はスミスを本源的資本蓄積期の経済学者であるスチュアートの貨幣的経済理論および有効需要政策と比較するため、資本主義の基礎的な質を問う価値論・剰余価値論よりも発展したところの資本制的蓄積論に注目した。内田のスミスはこの小林と対立的である。またスミス研究には近代経済学系からのものもあった。それはスミスをワルラス的な均衡論やケンブリッジ学派的な厚生経済学の祖と位置づけたり、経済発展論と関わらせる、あるいはケインズと比較するものであった。でもそれらは経済社会の量的な成長を研究するものであって定性分析をするものでなかった。これも内田スミスと対立的である。

さて内田は二つの潮流を並行させるのでなくお互いにかみ合わせる。第1の潮流はマルクスの『剰余価値学説史』を使ったスミス研究であった。それはスミスが資本主義をつかむのに労働価値論から出発したことを高く評価するが、利潤を捉える時にそれを否定したと批判する。それは生産における階級関係を強調する資本主義把握であって正しい面をもつが、日本でなぜ価値・剰余価値の理論に研究を集中せねばならないかを考えることがなかった。それにこの潮流はできあがった学説体系のところで論理を追うだけのことがあった。そうでなくて理論を社会的背景と結びつける場合も機械的であった。内田はスミスが「難解な価値論をわざわざ構想」したことの意味を考えない「価値論いじり」を批判する。

第2の潮流にはこれまで検討してきた市民社会青年の研究がほとんど入る。私は前篇のⅣでその中身を相互に比較しつつ意味づけておいた。労働力の価値実現を求める大河内の社会政策本質論、技術者の社会的地位の向上と科学的技術による合理化を物質代謝論に拠って求めた武谷らの技術論、西欧の近代資本主義発生史を小生産者的発展論として描いた大塚の比較経済史、等。それらは何らかの意味のスミス研究であった。それらに加えてスミス経済学を道徳哲学から成立したと捉える高島・大河内らの新しいスミス研究。戦中にマルクス研究が弾圧されて自由な研究ができなくなった時、重商主義国家を批判していたスミスがマルクスの隠れ蓑とされることがあった。しかし新しいスミス研究はそれに収まらず、マルクス研究に積極的に生かされるべき独自の価値をもつようになっていた。それは剰余価値学説史の固定化・形骸化を破り、国家↓市民社会の線を社会思想史的に追っていた。スミス研究は日本における市民社会論の中核となる。内田はそれを高く評価しつつ、さらに進化させていく。それというのも第2の潮流全体は理論や思想の実践的有効性を説くが、資本主義をマルクス的に特殊なものと捉える歴史理論としての有効性を検証する点では弱かった。それに彼はスミスを超克することをも考えたから、高島・大河内以上に超克すべきスミス経済学の科学性をはっきり描く必要を感じていた。だからスミスの道徳哲学の中の経済学の位置を内面的に論理的に——執拗なくらい——確かめようとするのである。スミスは一般の学説史研究者の解釈とちがって、それまでの経済的な議論の中からだけ出てきたのでないことが強調される。

内田は二つの潮流をかみ合わせて自分のテーマを立てていく。「この本でぼくは、主としてスミスを中心としながら、イギリスに特有な、あるいは特殊イギリス的ともいうべき歴史の科学としての古典経済学の意義と限界とを、それを生みだした歴史的な地盤——すなわち、イギリスにおける産業革命の進行と、それを「古典的」という言葉でよばれるくらい、徹底的におしすすめてゆく主体となったブルジョア・ラディカリズムの性格と関連させながらとりあつかおうとおもう」。

そこで『生誕』の本論は前編と後編の2部に分けられる。前編ではスミスの時代に対する関わりが思い切り「ふくらませられ」、後編でそのスミスがマルクス歴史理論によって批判的に「切られる」。注意すべきことは、ふくらませるとはその内容を知れば了解できることだが、何もない所に無理に息を吹き込むことでない。ある一つのことを追っていけば、どうしても他との関係が問われるということである。またマルクスで切るといっても、切り捨ててしまうことでなく、スミスを対比的に際立たせることでもある。前編では『国富論』の生誕の場となる市民社会形成の政治・経済と思想が検討される。この前編が後者の体制認識の科学的研究に先行するのだが、全体的には両者がそれぞれ極点まで進められて併存するかの印象を読者に与えた。時には前編で受けた鮮烈な印象が後編まで続かなかったという読後感も出る。内田自身は後編により多くのエネルギーを使ったのであるが。このギャップは後の『経済学史講義』(1961年)のスミスの部で埋められる。

3 本来的重商主義批判と近代自然法学による封建批判——「スミスとルソー」の提示

前編でスミス把握の方法が示され、スミス経済学の成立過程およびその時論的有効性が展開される。それは実に鋭利で説得的であった。

内田はスミスが『道徳感情論』で行なった学説批判の仕方に注目する。その部分はどの研究者によっても素通りされていた。スミスはどの道徳学説も「多様な現実を、何らかの視角においてとらえたもの」、真理のある面を含んだものと受けとめる。ただその視角を固定化すると誤りが生ずる。だから固定化した表現から事実そのものを解放してやらねばならない。スミスはこういう学説批判=受容を行なった。内田はそこに「綜合者スミス」の面目を見る。批判《クリティーク》とは対象に対するこういう高級な「理解」のことなのである。

内田はその方法が『国富論』でもっと進化して経済学の重商主義と重農主義に対して使われるのを確認する。その結果、スミスの先行学説に対する批判の内容は次のようになった。——重商主義は富を貨幣にあると考え、その貨幣をもたらす部門の労働のみを生産的だとする。それは貿易差額黒字をもたらす輸出適性産業(毛織物・絹織物)や外国商業のことであり、その部門が「国民的産業」とみなされる。それに対して重農主義は富を年々再生産される「純生産物」(小麦)にあると考え、それを生む農業のみを生産的だと主張した。スミスは両者が真理の一面をついていると認めるが、その狭さを批判して普遍的に考える。富とは光り輝く金銀貨幣や特定のあれこれの商品でなく商品一般であり、その経済的価値はその生産に投下された労働量によって決まる。そして資本主義ではどの部門の労働も労働者に対して払われた賃金以上の剰余価値を生む。

スミスが闘った相手をもっと特定しよう。内田は「序説」ではスミスが封建主義に対抗したことを前面に出していた。この封建主義批判は第2の潮流の市民社会形成史・社会思想史研究にもあった。内田が独特なのはその「内容」をスミスに内在してぐっと押しだしたことにある。実は封建主義と闘ったのはスミスだけでなく、近代の本来的重商主義と自然法学もそうであった。ではスミスはそれらとどう違うのか。

近代市民社会は封建社会の中から生まれてくる。そして17世紀の二つの市民革命をへて成立した議会制重商主義と重商主義植民帝国から自分を最終的に解放し、「自然的自由のシステム」を実現していく。スミスはその論証のために活動するのである。彼は重商主義を、それも絶対王政下での外国商業の独占でなく、産業資本の自立のために近代国家の力を借りて封建的なものと対立した本来的重商主義の独占を批判する。この本来的重商主義の性格をよくつかまねばならない。内田はそこに二つの魂が宿っていると捉えた。一つは自己労働の上に所有を根拠づけること。他はそのことを否定すること。イギリスでは早くから自由で独立的な小生産者がゆっくりと資本家と労働者に両極分解しつつあったが、近代国家がその分解作用を製造品の輸入制限と輸出奨励や通商条約、植民地建設に関する立法と政策によって速め、資本主義の発展と国内市場形成を促していく。それも当時の弱肉強食の列強間の争いの中では、国内市場作りは戦争による外国市場や植民地の獲得を媒介にするから、ライバル国の海外進出を警戒し、それの侵略から守らねばならない。だから政治家や国民の論調はどうしてもナショナリズム的で全体主義的となる。内田はそう論じた上で、スミスはそういう現状を引き寄せたのは古い封建的土地所有であったと捉えるのである。封建制は人間同士を対等と見ず、所有権のブルジョア的正義を抑圧したから、農業から資本主義が生長することを妨げ、産業と市場のバランスを輸出産業と外国市場寄りに歪めてしまった。スミスの封建制批判はこの点に対してなされるのである。しかもまだ封建制は限嗣相続として残っている。

次に近代自然法学であるが、スミスも大学で自然法学を講義していた。両者はどう違うのか。内田は近代自然法学は本来的重商主義が封建制に対立する時に出てきた思想だと捉えた。その一代表者であるロックはあるべき法を「市民社会」の人間の道徳感情を研究することから引き出す。その場合に道徳を判断する基準は功利主義の公益追求におかれた。それは重商主義の国家が上から資本の本源的蓄積を遂行することを正当化するものであった。そのさいに経済の端緒的な分析はなされるが、経済の自律的な秩序は発見されない。スミスはそういうロックの後から出てくるのである。ではスミスは何を批判したのか。内田はスミスが『道徳感情論』でヒュームの法学を批判していることに注目する。（この内田の「スミス対ヒューム」論は後に田中正司等によって新たな文献学的考証をへて「スミス対ハチスン」および「スミス対ケームズ卿」論となって再生産される。）スミスは重商主義が国家主義的になっていることを批判する時に、道徳判断の基準を公共的功利におく法学では有効でないと考え、以下のような「共感」論を展開したのである。以下に少し補っておくが、内田のその論証は熱を帯びている。人間の感情や行為を直接判断するものは、それが社会全体の秩序にどう影響するかを考えるような理性でなく、個々の場合になされる「公平な観察者」による「共感」の有無である。社会のルールは当事者に近い友人や知人でなく「見知らぬ人々」からの共感によって作られる。そのルールは啓示宗教の教えや国家の命令がなくても社会の中で経験的に作られる。それが人の心中に入って良心に、そして民衆の習俗になっている。その内容が法的正義の感覚である。でもそれを実定法にすることは封建地主や重商主義的独占階級の利害によって、あるいは政治家のナショナリズム的な偏見や裁判の仕組によって妨げられている。実定法は時には羊毛輸出禁止法のように本当に「血の立法」となっていて、人々の感覚には受け入れ難くなっている。国家は立法にさいして公益を振りかざすことで、それが本来守るべき私的所有権を犯してしまうのである。スミスはその国策に抵抗する方の人々の感じ方や行動（密輸）の方にこそ共感できるものがあり、健全な国富作りと国際平和につながっていくと論じるのだが、それは内田がほかならぬ日本において探ろうとしていたものであった。だから内田はスミスは国家の役割を所有権を守ることに限定し「それ以上でもそれ以下でもない」（同、１３８頁）と言い切っ

たのである。[注]

注　この法学と関連された経済学では人間の活動範囲の点で問題がある。スミスを社会思想史的にイングランドのホッブスやロックから追えば、またスコットランド道徳哲学史でシャフツベリ→ハチスン→ヒュームの延長上に置けば、スミスだけが経済学を独立させ、国家は所有権さえ守ればあとは経済人の利己心の発揮に任せたとされる。スミスは確かにグラスゴー大学の法学講義では原契約を批判している。また彼は人が「シヴィル・ソサエティ」に入るには二つの原理、トーリー的な権威主義とホイッグ的な功利主義があるとして、この両者を批判している。しかし、以上のことは固定されると正しくなくなる。丸山真男が指摘したことと関係するが、自然法を実定法に反映させるためには政治的な実践が媒介となる。丸山はスミスの制限国家論では権力を作る政治行為は出てこないと批判的であった。丸山は社会契約論に拠るから、人間の自然状態のままでは社会は無秩序になると考えるのである。彼によれば、経済的な市民社会は法意識の成熟や利己心の社会化だけでは成立せず、国家権力を作って社会ルールを守らせることが必要になりはしないか。政治学ではそれが「市民社会《シヴィル・ソサエティ》」形成となる。これは経済学での「商業社会《コマーシャル・ソサエティ》」の意味での市民社会とは異なる。そこで問題。スミスでは権力形成は問題になっていないのか。

内田は以上のことを「若きスミス」に焦点を当てて浮き彫りにした。いったいに若い時の思想燃焼がその人の生涯を決定すると言えよう。内田は7年戦争の前と戦中のスミスを取りあげた。7年戦争は１７５６年から63年にかけて英仏の2大強国がヨーロッパ大陸と東西両インドの植民地における覇権をめぐって争った「旧帝国主義戦争」であった。

スミスは１７５５年32歳の時に6年前からのものとして次のような「不変のテーマ」を提示することがあった。豊かな国民経済を作るには自然の歩みというものがある。人為はそのために必要であって、それは平和と法的正義と軽い税だけである。後は放っておいてくれ。その自然の歩みを邪魔する政府は人間を政治工学の材料とみなし、圧政的で暴君的になる、と。それはかなり大胆で激しい調子のものであり、スミスは現状に対して危機意識をもっていたことがうかがえる。内田はそのテーマが後の『国富論』にまで貫かれることを論証していく。

また内田はスミスが１７４９年～５１年に行なったエディンバラ公開講義においてスミスの学問的関心が経済学を「はじめから法学の一部」とすることにあったと探り取る。ところで伝記家はJ・ミラーの証言を取りあげ、スミスの学問的関心は自然神学→倫理学（『道徳感情論』）→自然法学→経済学（『国富論』）の順をとって移行していったと伝えていた。最初の自然神学は「神の存在と属性の証明、および宗教の根拠たる人間の精神の諸原理」を研究するのだが、その内容の一部は『道徳感情論』で出される。倫理学は道徳的判断の基準と道徳の内容を研究するものであり、それは『道徳感情論』として刊行される。自然法学は正義に関する部門で未開から文明に至るまで公法・家族法・私法が発達していった跡を追い、生存と財産の蓄積の技術が法と政治にどう影響したかを研究する。でもそれは未刊に終った。内田は先学の高島を受け継ぎつつ、もっと鋭く、スミスの道徳哲学体系の「内面的な構造」を追い、その中から経済学が分出せざるをえない論理を探った。すると著書の順次移行説はそのままでは正しくないことが分かる。スミスは『道徳感情論』初版の末尾で次の仕事として法学を公刊する意図を表明していた。でも実際には経済学の公刊の方が先行した。内田はその理由を考え、スミスは自分の関心を経済学へ領域的に移したのでなく、「法学を体系化する場合の基準」が市民社会の経済法則を解明する経済学にあるから、『国富論』を先に世に問うたのだと解釈する。したがって内田は『国富論』の前の『道徳感情論』も倫理を固有に研究する本でなく、「経済学をふくむ法学の世界」を方法的に根拠づけるために書かれたと捉える。これは通俗のスミス研究者ではとても及ばない実に深く考え抜いた理解であった。

さらに内田はスミスが1756年に『エディンバラ評論』に投稿した論説でヨーロッパの新しい学問を紹介したことに眼をやる。[注]そこも普通の研究者が読み飛ばしていたところ。スミスはそこで自然科学や啓蒙思想とともにルソーの『人間不平等起源論』を取りあげ、特に後者が非ヨーロッパの未開人の目をもって文明のヨーロッパ人を攻撃したところを長く引用していた。スミスはそのルソーから刺激を受けたのである。内田はそこから「スミスとルソー」という枠組を構想し、イギリスのスミスは客観的にはフランスのルソーと共同して発達段階の異なるそれぞれの国の重商主義植民帝国を解体していったのだと論じていく。これも本当に鋭い読みであった。

注 スミスはその雑誌が視野をスコットランドに狭めず大陸まで広げることを勧めた。そこから内田はスミスをスコットランド・ナショナリズムの中でのみ理解する研究を批判する。でもスミスはナショナリズムが起きる理由に無理解ではなかった。彼はスコットランドのジャコバイトの「反乱」の裏にあるイングランドへの対抗心を理由のあるものと考えており、またスコットランド国民軍運動に参加してもいる。そんなわけでイギリスではスミスをスコットランドの産業革命や学芸復興運動とつなげる伝記的研究が出るのだが（――後にはスコットランド歴史学派やスコットランド啓蒙とつなげられる）、内田はそれらに対して「世界史の中での日本」という地盤でスミスを捉える姿勢を貫いていく。

「利己心と見えざる手」は楽観的な予定調和論とみなされているが、前にも触れておいたように、内田ではまったく反対に現状に対する危機意識を表明したものと解釈される。彼はイギリス史に内在して重商主義の強制が高度化して全体主義的となったことを見てとる。それはウォルポールの融和が崩れて7年戦争に入る頃であり、それは自由主義に向かう歴史法則――後で出すが、重商主義下の歪んだ市場＝産業構造に対して自己実現しつつある自然的市場＝産業構造のこと――からすれば「反動」であった。その中で、「ホモ・エコノミクスと見えざる手」が主張されるのだから、それはとても今「有るものみな善し」の楽観論などでない。ここで改めて内田が戦中に日本の全体主義に対して緊張感をもって次のようにノートしていたことを思いだしてよい。生産に誇りと関心をもって自己を実現する（セルフ・インタレスト）ことが新しい「人間」の利己心である、と。この利己心は重商主義的に政治家によって操作されるインセンティブとは違うのである。彼はこの生産力的人間が生産を阻害する旧社会の階級的利己心（封建的土地相続）や近代の重商主義的な商人・製造業者の利己心（保護＝独占）に対抗していくと捉えたのである。

スミスの自然法学については高島の先駆的な研究があった。高島はスミスの法学を自然法・自然法則・実定法の3層構造となっていると論じていた。内田をそれを次のようにもっと具体化する。スミスは『道徳感情論』において「自然的正義感」の内容を特定して、人間の人身・所有物・契約の侵害に対する怒りの感情とし、それを実定法の是非を検討するさいの基準にしていた。その基準はそれがなければ社会の秩序がなくなるという公共的な功利にたいする考慮でなく、分業に基づく商品交換の無数の繰り返しの中で歴史的に作られてきた正義意識に置かれる。その正義意識は『国富論』における富の生産と分配に関する経済法則の発見によって客観的に基礎づけられる。その経済法則の基礎が価値論と剰余価値論なのである。内田はこのスミスの方が近代資本主義を体制的につかむのに重商主義の貨幣資本循環G…G′よりも優れていると考えた。マルクスは資本主義を一般的に表現するのに重商主義の貨幣資本循環を取ったが、内田はそのことをおうむ返しに唱えるマルクス主義者でなかった。それは内田がヨーロッパと異なる日本の土壌でスミスを捉えようとしたからであった。

内田はスミスを世界史の中におく。もっと特定すれば、その「世界的視角」はイギリス資本主義の成立と二つの市民革命を基準とするヨーロッパ史であった。[注]

注　スミスはヨーロッパの先進国が中枢となって他の諸国・諸地域を編成し出していると見ていたのだが、内田はそのことを知らない。スミスがヨーロッパと非ヨーロッパの関係史を視野に入れていたことを見逃している。スミスには一国の貧富をその国の歴史的で文化的な事情だけでなく、他国の貧富と関連させる視角があった。その視角のほんの一例をあげよう。当時イギリスのアメリカ植民地は本国の航海条例によって棒鉄等の工業原料の輸出先を本国の市場に制限されていた。それは植民地を本国の商工業の資本蓄積に依存させるものであったが、スミスはその規制は植民地が農業と粗雑な製造業の段階にいる間は植民地にとって不利でない、反対に本国の大きな市場を許されて有利ですらあると考えていた。だがスミスはこの発展段階論を固定化しない。航海条例は植民地がやがて自ら生産要素を加工する段階に移行しようとする時には有害になると予測する。内田はこのことを視野に入れており、そこからミスが事態と人心の変化を見定めて政策の功罪を判断したと評価したが、この認識をアメリカ植民地以外の他の全取引国——イギリスとフランス、イギリスとインド植民地・アフリカ・カリブ海地域・アメリカ先住民、イギリス内のイングランド対スコットランドおよびアイルランド植民地との関係を含めて——に当てはめれば、それは真の世界史認識になっただろう。この点については拙著『社会形成と諸国民の富』第１章を参照されたい。

内田は十分に意識していたか分からないが、西欧的観念をもって非西欧社会を切ると問題が生じるのを知っている。彼はルソーが庶民の自然な生活感情に適合する法を求めていたことを論じたさいに、ローマ法が私的所有の基盤のない東欧では農民から土地を収奪する根拠になったと注記した。法学者は私有財産と富の不平等のもとで変質した人間を自然人と見誤ったのである。西欧の歴史法則は西欧と接触した非西欧諸国に直接あてはまることはない。それは矢内原忠雄がイングランド・アイルランド関係をおさえる時の視点でもあった。内田はそこまで認識したのだから、それをもっと延ばして、ヨーロッパ人の私的所有の観念がアメリカ先住民の太古からの占有観念を追い払って彼らの土地を「合法的」に奪ったことを、またイギリスの官吏がインド植民地で行なった土地改革（ザミンダーリ制）がインドの生産力を内側から発展させることにならなかったことを問題にしてよかったであろう。ではスミスはどうであったかが問われる。

内田はこのヨーロッパ史は自由と進歩に向かって段階的に進むと捉えた。彼は山田から学んで、まず時代を分ける基準を価値法則の実現に寄与するか、しないか、寄与するにしても国家の強力を必要とするか否かに置く。するとイギリスは経済構造を絶対主義的重商主義から本来的重商主義をへてレーッセ・フェールへと変えていく。次に内田は国際比較をする。イングランド史を基準にしてヨーロッパを見渡すと、そこにはイングランドよりも遅れた段階にいてそれ特有の構造をもった国々がある。特に英仏間の違いが問題であった。イギリスは本来的重商主義の下で経済に近代的な人間関係を作るべく上から強力的に原蓄政策を遂行していた。他方、フランスではルイ絶対王政の下でいまだ封建的な身分関係をのこした重商主義政策が遂行されていた。さらにそれぞれの国には自国を認識する固有の学問がある。イギリスは経済学、フランスは社会学、ドイツは歴史学というように。そのさいに内田はそれら学問をバラバラに切りはなしてではなく、総体として、ドイツあるいはイギリスのブルジョアジーの到達した歴史認識を表現するものとしてとりあつかわねばならないとした。そこで前に言及しておいた「スミスとルソー」というテーマ設定となるのである。

ルソーと言えば、近代政治学の『社会契約論』や人間教育の『エミール』、小説『新エロイーズ』の著者である。彼にも経済についての小論があるが、経済学者とは言えない。スミスは彼と直接会ったことはなく、「ルソー対ヒューム」事件に対する態度に窺えるように気質的に会わない部分もあった。内田はそのルソーをスミスの経済学と関連させる。戦中に試みた時よりもずっと進化させて。この枠組はルソーをフランス思想史の中だけで研究する者やスミスの思想を伝記研究から探る者にとっては思いがけないことであった。スミスは前述したように『エディンバラ評論』に寄稿してルソーの『不平等起源論』から長文の引用をしていたが、内田はそこに「ルソーの出した問題をスミスが重大な問題としてうけとり、それをスミスなりにひっくりかえして解釈しなおしている」と次のように読みとっていた。スミスはルソーと文明社会に対する危機意識を共有し、それを乗り越えようとするが、イギリスはフランスとは経済の段階も型も違うから、ルソーとは別の表現様式と実践が必要となる。イギリスは行財政改革によって原蓄国家を自由主義国家に変え、フランスは大革命によってブルジョア的所有権を確立する。それがそれぞれの国の「歴史法則」である。両国のこの歴史のコースは段階的に異なるが、ヨーロッパ史の観点からすれば重なる。内田はスミスとルソーはこの歴史法則を協力して発見し、その仕事を先行のホッブスやロックの自然法学を批判することでやりとげたと捉える。するとスミスは封建的土地所有の解体（――人間の平等の意識と価値論の成立）の上で自由貿易を主張したと解釈される。自由貿易はそれだけで唱えられたのでない。内田はこうしてスミス研究とルソー研究の間に「討論の共通の場」を作ったのである。

内田による「スミスとルソー」の比較を角度を変えて検討してみよう。まずルソーについて。彼は文化を否定して「自然」に帰れと説いたが、その文化はもちろんルネサンス以来の学芸一般でなく、パリを中心とする都市的・貴族的・独占商人的な消費文化であった。またルソーは貨幣的な富や社会的な地位を求める野心を空しいと批判し、本当の文化は生産から、それも農村における自由な労働（農村手工業者による小商品生産）から生まれると考えた。そして本当の幸福は富を使用価値として享受し、個体的な生活を送ることにあると説く。それが「自然」というものであった。彼の自然人は利己心と区別される自己保存の自愛心をもち、同時に同じ自愛心をもつ他人に憐憫の感情を抱くのである。この点で先行の自然法学が議論の前提にしたような自然人、つまり理知的な利己心をもって他人と競争する自然人とは異なる。内田はそのルソーの自然を二つの社会層の中に見出した。一つが庶民であり、それは迷信深く現状没入的であるが、他人が困っていれば駆け寄って助けるという心の持主であった。また、一揆（モッブまたはチューマルト）に集まり、街で喧嘩がある時に仲裁に出る民衆であった。そこにはただの烏合の衆や伝染的な群衆と違う自覚的民衆の一面がうかがえる。もう一つの自然人は知識人の中で反省の能力をもつ者であり、一度失って取り返しのつかなくなったものが他に替えがたいものであったと知る者であった。ルソーは以上の二つの自然人の立場から現状を批判し、新たな人間・社会・国家形成に向かう。内田はそう解釈するのである。

次にスミスについて。スミスはそのルソーと異なる利己心をもって議論の出発点にするが、それは排他的になるものでなく、勤勉や節約の道徳を身につけお互いに他者の権利を尊重しあう経済人の利己心であった。内田はそのスミスをルソーと比較する。そこで出されたのが目的原因と作用原因の区別論である。文明社会では富は個体的な使用価値の享受でなく他人の目を気にする交換価値の獲得にあるとされ、後者は本来は自然的な幸福を得るための手段であるのに、実際にはその手段の方が自己目的となっている。でもこの手段追求こそが歴史を現実に起動させる力である。スミスはその逆転した事態を善しとするのだが、内田は前述したように、それが重商主義的全体主義に対する批判になっていることに注意するのである。注 そのことが彼に次のような断定をさせている。近代では人を結びつける力は商品の交換価値しかなく、「他の一切の社会的渋滞は消えうせている」。「商品の所有者たることをやめれば、かれは社会の一員たることをやめるほかない。ここでは利己心のみが社会形成の原理として働くであろう」。それは個が原始共産的に直接に全体につながるものでも、古典古代や中世のように公事に参加することで土地を私的所有できるという共同体でもなかった。

注　前述したことであるが、内田による重商主義＝全体主義観と手段の自己目的化論の裏には、当時まだぼーっとしていたけれど、戦中の全体主義に対する批判意識があった。内田は日本の全体主義をナチズムと比較する。ナチスは科学的革新によって近代化を進める面があり、内田はナチス経済を支えた裏に新興の合成化学工業・人造の原料工業の勃興があったことを知る。その近代化が、しかし、大変な政治反動と結びつく。彼はこの近代を問う。このドイツと比べると日本は古い君民一体を唱えていたが、それでも新しいものは二つ出ていた。まず大河内一男や現代資本主義論者が認めたことであるが、①統制経済が日本経済を近代化させる一面があった。物資動員計画は公益優先と生産本位を原則にして、経営者に対して株主への配当率を抑えることや、適正利潤（経営者報酬＋設備投資分）と適正賃金（労働力の価値通りの交換という市民的なもの）を求める。中間商人の利潤は手数料的なものに変えられる。こういう合理化は民間ではなかなか進まず、国家官僚の手によって上から一挙に実現するかのようになる。②理研コンツェルンのような新興財閥が出てきて、自分を実力本位の「科学主義工業」と自慢し、旧財閥を所有に甘んじていると批判する。テーラー式科学的管理法やフォード式流れ作業が高く評価される。内田はそれらこそ本来の資本主義だと見抜く。そして、日本では日本資本主義の半分封建的な土地所有や身分関係を批判せねばならないが、この古いものが近代化と対立するだけでなくて結びついてしまうのである。内田は以上の新しいものの出現に対して、国家による上からの近代化や非人間的な労務管理でない「近代」を救い出さねばならないと考えるのである。彼はその近代を求めてスミス研究へ向かっている。

「スミスとルソー」というテーマはその後の世界史において彼らはどこに現れるか、日本ではどこにいるかという問になる。それは大塚が問題にして答えようとしていたことでもあった。ルソーのロマン主義は私有財産一般や上からの資本主義を批判するものであって、その真意は労働に基づく所有――人が人格的に自立して尊重される基礎――を起点として下からの資本主義を作ろうとしたと理解される。それは古典経済学者スミスの課題でもあった。このルソーを引き継いだのがフランス革命におけるジャコバン党であり、19世紀に出てきたシスモンディだとされる。シスモンディはスミスにあった均衡価格論を否定して、資本主義に恐慌が起きる必然性を説き、小農による土地所有＝労働の経営を主張していた人である。さらに内田はルソー性を19世紀半ばのプルードンやロシア革命直前のナロードニキに見出していく。それはレーニンがナロードニキの中から読み取った近代資本主義の起点＝農民的土地所有の問題であった。だから内田はスミスの学説の表面をそのまま教科書にしたようなJ・B・セーをフランス古典経済学の系列から外す。では日本ではどうか。内田はその問題を本格的には『生誕』後の『日本資本主義の思想像』（1967年）で答えていく。

4　歴史理論としての『国富論』——マルクスとの比較で

『生誕』後編における内田の『国富論』の解読に入らねばならない。その彼はいつもそうであるが、テキストにすぐには入らない。彼はまず全体の見晴らしを得る。本論は5編からできており、第1・2編で理論が、第3編で歴史が、そして第4編で政策と学説に対する批判が、第5編で国家財政が展開される。それは経済学のほぼ全域にまたがっており、雄大このうえない。内田はそれらの編がばらばらでなく、内面的につながっていることに注目する。スミスは本論の前の「序論」で『国富論』の方法と仕組について述べていたが、その説明はちょっと技術的で、説明の分量も編や章によってアンバランスであった。でも内田は行間に目を配り、スミスのちょっとした文言から意味のある連関を辿っていく。それは俳優が台本を読んで自分の役を全体の中で捉えたり、指揮者が楽譜から作曲者の構想を理解する時の仕方と同じであった。そのようにして全体の有機的な把握に努めた結果、『国富論』は全5編の中、現在のイギリス重商主義の学説やフランスとの戦争および植民地経営を批判的に分析した第4編を中心として、それ以前の三つの編は第4編に至るまでどうしても取らねばならなかった順序であると位置づけられる。それは基礎的で抽象的な概念から出発して、一歩一歩目の前の複雑な現実に向かっていく。ただし、第5編も以上の編別構成の中にあるのだが、内田はそのものとしては検討しなかった。

（1）分業に基づく対等人間論を労働価値論につなげる

『生誕』後編の一番の特色は第1・2編で展開される経済

理論を「歴史理論」とつかむことにあった。それは高島にならったことだが、もっと内在的である。その理論は価格の動きや景気の良しあしを現状分析するためのものでなく、資本主義体制のつかみ方や体制選択に関わるものであった。それは普通の実証になじみにくくても証明できるものなのである。内田は前編で押しだしたように、スミスの市民的資本主義観の積極面をふくらませながら、ここ後編ではマルクスでもってスミスを切る。その切り方であるが、内田は『生誕』ではマルクスの経済学成立論をもってスミスのそれを切るようなことはしていない。前編ではスミス経済学は道徳哲学体系から成立することが追跡されたが、同じくマルクス経済学も始めから経済学の中から生まれたのでなく、[注]人間と労働階級を解放するための思想的格闘をへて経済学研究に向かっていったのである。内田はこの経済学成立過程の比較を『生誕』後の課題とし、ここでは完成された本における価値論と剰余価値論で比較している。ところで彼はスミスとマルクスの歴史理論の違いをより説得的に展開するためにスミスとリカードの違いを間に入れている。なぜか。その内容は以下の各論の中で指摘することにしたい。

注　マルクスは大学卒業後に実社会の問題に触れた。彼は木材窃盗問題に対して土地所有者の利己主義の世界＝「市民社会」を批判し、プロイセン国家は貧民の経済的権利を守るような近代西欧的国家になるべきだと論じた。でも経済問題は法哲学では解けないことに気づく。近代国家は市民革命によって人間を政治的権利の点で平等だとしたが、実際の市民社会の方は職業や身分・貧富の格差等があって、本当の人間解放になっていないからである。その市民社会の分断状況を克服するのにヘーゲルのように官僚と職業団体を組織して国家への道を進む方法をとらなかった。マルクスは市民社会がその中で公共性を取り戻さねばならないと考える。そのためには当の市民社会をよく知らねばならない。そこで彼は第1回の経済学研究に向かう。その成果があの素晴らしい疎外論の『経済学・哲学草稿』であり、その自己批判としての歴史理論の天才的なスケッチ『ドイツ・イデオロギー』（エンゲルスとの共同著作）である。内田がマルクス『資本論』の成立過程とその後を追うのは『経済学史講義』においてである。

本論に入る前にもう一つ。内田は『国富論』冒頭の「序論」から入り、そこにスミスの資本主義観が出ているのを確認した。スミスは議論をこう進める。文明社会の富は重商主義が強調する貨幣でなく消費財一般にあり、その源は労働にある。また国民1人当たりの貧富を測るものは一国全体の生産量と消費量のバランスであると言って、スミスは生産の方に眼を向ける。その生産を左右するものは土地等の自然的条件と技術や機械・経済社会のあり方等の人間側の条件であるが、前者を一定とすれば、後者の方が規定的となる。その人間側の条件でスミスが基本におくのは自然に対して用具をもって働きかける「労働」であった。それが二つの面から、労働する者の「労働生産力」と国民の間での剰余価値生産労働と不生産的労働の比率の面から考察される。どちらが規定的か。スミスは重商主義者のペティと違って前者をとる。内田はそこにスミス特有の資本主義に対する見方が出ているのを確認するのである。繰り返しになるが、スミスは文明社会では階級間に分配の大不平等があるとマルクス的な見方をしていた。でもここがスミス的なのだが、最下層の職人でも、全員が働く未開社会における王よりも豊かな衣食住を得ている、それはなぜか。その原因が労働生産力の改善に置かれる。では労働生産力改善の原因は何かとさらに問うて、「分業」まで下向する。こうしてスミスの経済学は「富裕の経済学」なのである。そこで労働生産力がまず第1編で議論され、その後で第2編生産的労働論が展開されることになる。実に念の入った編別構成論である。

　内田は第1篇の本論に入る。そのテーマは労働生産力の発展は資本主義社会を構成する労働者・資本家・地主の収入にどんな影響を与えるかであり、それは分業論・価値論・剰余価値論・価格論・所得論と展開されていくが、内田はスミスの体制認識をマルクスと比較するために主として最初の三つを検討する。

　スミスは労働生産力の基礎に有名な分業を置く。生産力をあげる要素は分業以外にもあるが、それらは分業から派生させられるのである。分業は労働を単純化して「熟練」を増進させる。それは技巧的な手際だけでなく、原料や道具または環境に応じて頭と腕を緊張して働かせる「判断力」を含み、生産物の量とともに質をも上げる。それは人間に特有な労働である。また分業は注意を単一の作業に向けるから、労働者は仕事を手早く行なう機械を考案するようになる。スミスの労働者は独立生産者的な自発性を発揮する！　内田はそういうスミスに着目する。注

注　18世紀のイギリス産業革命史家P・マントゥは『産業革命』の中で、機械の発明が専門家だけでなくしばしば普通の職人によってなされたことを指摘していた。

　さて、内田に独自なことは分業論をその後の経済理論である労働価値論につなげたことにある。スミスと言えば分業、分業と言えばクギ・マニュファクチャ内の作業分割と

みなされ、人はそこでの量的な生産力性に眼を奪われてきた。スミスはその例としてクギの製造工程を18に分けて10人で分業すれば、1日4万8000本、1人当たり4800本も生産できることをあげた。そのことを御苦労にも数学的に精密に検証する研究も出たのである。内田はその技術的解釈に対して社会内の職業分割や労働配置の方に目をやり、それを社会理論的に意味づけた。一般の学説史研究者は見落としたが、それがスミスの本来の意図だからである。スミスは次のように頭の中で社会を分析し、その本質をつかむ。1枚の布を作るのに羊飼い・紡績工・織布工・仕上げ工・商人、染色剤入手のため航海士、船のための造船大工等々と、無数の労働が必要となる。内田はこの社会的分業が全体として巨大な「結合労働」を作り、人間はそれをもって自然に対して働きかけると捉える。これはマルクス的な物質代謝労働論の応用である。各分業労働は自分に必要な量以上の剰余生産物を作り、それは商品として交換されあうから膨大な「共同財産」が作られ、各人はそこから必要な物を受け取る。こうして富裕は社会の隅々にまで行きわたるのである。

　内田はこの分業に基づく交換をスミスにおける社会形成の唯一の原理とみなし、他の労働結合の仕方を経済外的な強制と見た。人は誰かの「助け」なしには生活できないし、誰かと「協同」しないと何一つ生産できない。鍛冶屋はパン屋がいないと食べ物を得られない。パン屋は小麦農家がいないとパンを作ることができない。でも近代では人は原理的には直接助け合ったり協同してはいない。近代では人は必要な世話を他人の親切や人間愛に訴えるのでなく、「私の欲しいものを下さい、そうすればあなたの欲しいものをあげましょう」とその利己心に訴えている。冷たいことだが、この人間語ならぬ商品語が対等な人間関係を育てるのである。貧しい荷運び人も哲学者も交換関係に入る限り、対等の人間である。これは他の者にないスミスに独特な認識であった。もしも中世のように分業の生産者が封建領主の恩恵や大盤ふるまいに与るところでは、人は領主に丸抱えにされてその権力に逆らうことはできないだろう。古いギルドや同業組合では労働者は親方の家父長的な支配に服さねばならない。それに対して商品交換社会では人は特定の誰かに依存しないで多くの人と交換関係に入るから独立することができる。それは横で結ばれる一つの「共同体」となる。歴史は人格的依存のタテ社会から物的依存のヨコ社会へと移行するのである。だがここでスミスには非営利的な協同組織を意義づける視点がないと批判するのは彼に対して超絶的であろう。

こうして分業が確立すると商品の売買（W^1－G・G－W^2）は貨幣を間に入れた商品の交換（W^1－W^2）となる。人はみな自分の労働生産物を交換しあう「商人」となり、社会は「商業社会」となる。ではそこにおける商品交換を決める法則は何か。商品には二つの価値が、それを消費することで得られる使用価値と市場で他の商品を獲得できる交換価値があるが、スミスは後者の交換価値を決めるもの＝投下労働を経済学上の課題とする。この交換価値決定論はリカードに受け継がれるが、リカードでは投下労働の量のみが問題にされ、その質は問題にならない。内田は『国富論』の第5章で展開される労働価値論をその前で商品の質を問う第4章貨幣論と関連させた。スミスはそこで貨幣の性質をどんなものとも交換可能であり、その働きを商品の価値を測る尺度や商品交換の手段として捉え、重商主義のように価値の凝固した物とは見ない。他方、すべての商品には貨幣の性質があると人を啓蒙した。労働者が着るどんなにみすぼらしい上衣であっても市場では他の商品に対する購買・支配力がある。商品はそれ自体で貨幣なのである。もっともこれでは、重商主義のように貨幣の前に馬鹿にならなくても、商品と異なる貨幣に独自な性質が分からなくなる。作られた商品は必ず売れ、恐慌は視野から外れる。恐慌は19世紀の経済学の課題となる。またスミスでは貨幣がなぜ出てくるかを問う価値の現象形態論は問題にならず、商品交換が労働結合の唯一の形態とされるが、それも後のマルクスの課題である。

さてスミスは交換価値決定の問題を階級社会以前と階級社会以降に分けて歴史理論的に検討した。彼は彼なりに資本主義体制を他の社会と比較しているのである。前者は独立的な商品生産者の社会であって、労働する者が自分で資材を持ち、分業労働の成果をすべて自分のものにしている。この場合、商品の交換価値はその商品の生産に投下された労働量によって決定される。前に指摘したように、スミスはこの投下労働価値論を量的に展開する前に、分業論と結びつけて商業社会の質と意義を論じていた。内田はそのことを重視する。分業の担い手はそれぞれ異質の使用価値を生産する紡績や農耕などの具体的な労働を行なうが、それはお互いの商品を交換し合うことで――交換は交換される物が等しいことを前提とする――抽象的な等質労働にされる。だからそれは物理的な時間で計って比べることができるのである。商品交換は労働等置となる。こうしてスミスは具体的なあれこれの富を作るのは「社会的に結合される総労働の一部としての異質労働」であることを、そして商品としての富を作るものは相互に交換されあう等質労働だとつかむ。[注] 以上は分析して分かる経済の本質である。リカードも重商主義的な流通分析やマルサス的な需要・供給関係論を取らず、商品の交換価値は投下労働量＝生産の難易度によって決まると量的に捉えるが、スミスのように社会の歴史的な質を問題にすることはなかった。

　分業の結果は社会全般の富裕である。ただし、人は全体の富かさを直接狙って働いてはいない。それは「英知」によってでなく、経済人が個々の取引で「交換本能」を発揮する――人がついていけること――結果として生じる。ここにも「見えざる手」による功利主義批判が貫かれている。内田はそれを「市民社会」と言う。この市民社会が経済学で言う「価値」の社会形成的な内容となる。内田はこのスミス市民社会論を戦前のアジア的な家族関係の日本資本主義や戦中の配給統制経済、戦後の加工貿易立国構想に対置させるのである。内田にとって価値論は近代を封建的な前代や理研的な「超近代」的企業の社会と比較した歴史理論となる。こうして分業論は内田にとって、経済学への序論でなく、経済学の必須的な一環をなす本論なのである。『国富論』のフランス語訳者のG・ギャルニエは分業論を価値論につなげることができなかった。

注　分業の導入は産業によってその度合いが異なる。農業では季節の巡りによって一人で多数の作業を担うから、工業のように細分化した分業を固定化することはない。その分、農業での労働生産力は劣るから、工業と不均等に発展する。この認識は分業に縛られない農夫が都市の職人より判断力で劣ることはないとか、農業が本来すべきことは土地の生命力を生かすことだという認識とともに重要である。農業（および林業・漁業）は工業と原理が違うのである。このことは環境問題が重要になる現代に近くなるほど再認識されていくが、内田の比較体制認識からは消える論点である。

(2)資本制社会における剰余価値生産労働と文明的富裕

スミスの分業論は商品交換による労働結合が今度は資本主義でどう組まれるか、またどう組むのが自然かの研究に進む。そこから重商主義の保護＝独占の関税や植民地に対する通商規制が、また労働者を貿易差額黒字の部門に誘導することが批判される。それに対して近代資本主義は自由の下、市民社会を基礎にして利潤を追求する。この点で市民社会は資本主義と区別される。それはマルクスによって批判されるように、富の格差や階級支配を隠すものとしてでない。

階級社会以降において交換価値はどう決められるか。内田はその論理をスミスに内在して次のようにつかんだ。分業は資本主義社会で本格的に発展する。マニュファクチャや工場内の分業による労働生産物の増大は社会内の分業を刺激する。逆に後者による労働生産物の増大は前者の分業を刺激する。だが労働生産力の発展は労働者にそれに比例する利益を与えない。社会は労働する者と生産財および消費財を所有する者とに分かれ、労働者は生産の成果を全額自分のものとすることはできず、資本家や地主と分け合わなければならない。内田はスミスにあってはその質的でない量的で非階級的な把握が入り込んでいることに注意する。そこがマルクスと違うところ。ここでは商品の交換価値は投下労働のみでは決まらない。労働者は賃金を得るのにその賃金部分にあたる労働量を投下するだけでなく、1労働日まるごとを投下しなければならない。商品の交換価値＝購買・支配「労働」量の方が投下「労働」量よりも大きくなる。これはマルクスのような労働価値論からすれば誤りであるが、その誤りの裏でスミスはともかくも資本と労働の間で不等価交換がなされるのを見ているのである。内田はそうスミスをフォローする。

リカードはそれに対して投下労働価値論を階級社会にも当てはめて理論的に純化する。それが資本制的生産と階級間の分配関係を価値量だけの関係として内的に捉えることを可能にするのだが――資本蓄積が投下労働価値論をベースにして穀物価格を上昇させて差額地代を生み、賃金については名目的に上昇するが穀価との関係では実質的に低下し、利潤率については他の分配分である地代と賃金との関係で逆の方向に動く――、スミスにあったような初期社会と階級社会での支配労働量と投下労働量の間の違いは問題にならない。リカードでは現在の資本制的生産のみが唯一の生産形態なのである。でもマルクスと比較すれば、スミスも資本制的生産を経過的なものと見ない点ではリカードと同じく非歴史的とみなされる。こうして内田はマルクスとの間にリカードを入れることでスミスの資本主義把握の特徴をよりくっきりさせていく。

内田は以上のことを次のようにまとめる。スミスでは富裕と生産力の基礎は異質の分業労働におかれ、それは商業社会では剰余の生産物を生産するとともに交換を媒介にして価値形成労働となる。そして生産力の発展が本格的になるのは資本主義社会以降であり、そこでは生産力の成果はすべて労働者のものになることはなく、価値形成労働は労働者に与えられる賃金部分の価値以上のものを生産する剰余価値形成労働となる。その剰余価値が土地と資本の所有階級の地代と利潤に分解する。

このように分業労働をもって価値＝剰余価値論の基礎とするのはスチュアートやケネーにないスミスの特色となる。ただ内田は指摘していないが、ケネーにも労働価値論的な考察はあった。ケネーはスミスより早く、富を流通での不等価交換から生ずるとした重商主義を批判し、富は自由貿易における国際間での等価交換から生まれると主張した。富は一国内から絶対的に生ずるのである。穀物を例にとれば、自由貿易化は国際間の穀物価格の変動幅を減少させて平均的な一般価格を成立させる。すると流通は諸国の商品の総価値に付加することはなくなり、総価値は交換以前のものであるから、それは生産から生ずる他なくなる、と。それでもケネーは内田も指摘するように、富は農業だけから地代として生まれ、商工業からは生まれないと狭めてしまった。しかも純生産物＝地代を生む源は土地生産力という「自然の賜物」とされる。スミスはそれに対して資本制下ではどの部門の労働も剰余価値を生むと一般化する。ただマルクスのように剰余価値は生産現場の中で資本が労働を支配することによって生まれるとは把握しなかったが。

さて内田はスミスの歴史理論性を評価した上で、マルクスとの比較に戻り、スミスが剰余価値生産労働を同時に文明的な富裕の根拠にしていることを問題にする。スミスの労働者把握は明確でないのである。そこにはマニュファクチャ内の労働者だけでなく問屋制下での非独立的生産者が、そしてファーマーのように労働者を雇いかつ自分も働く者も含まれている。それにマニュファクチャ内の賃労働者は商品生産者的に才能を発揮する者でもあった。また重商主義的な低賃金は否定され、高賃金は勤勉を促すとして肯定される。高賃金は雇主にとって直接にはマイナスであるが、勤勉が労働生産力を上げて商品１単位当たりの投下労働量を減少させることで補われて余りがあるからである。内田はそこからスミスは乱暴な剰余価値の搾取を批判してマルクス的な相対的剰余価値を把握していると解釈した。でもマルクスと決定的に異なって、スミスは資本主義の賃金制度――賃金は1日の働きすべてに対する報酬である――そのものを批判することはないのである。

(3) 価格・所得と社会の3類型論

スミスは投下労働価値論で不十分なところを構成価格論で補った。それは商品の交換価値を賃金と利潤・地代の所得の合計とするもので、それが後々の経済学にドグマとなって受け継がれる。スミスの分析はこの価格論以降、体制認識から外れて比較的短期の、社会の表面の、でも複雑で豊かな日常の事情に精通していく。そこには自分もその立場であればついていくことができるかどうかという「共感」認識が交じる。自由競争の下では労働力・資本・土地の生産要素は自由に移動し、それらに対応する所得は平均の「自然率」となり、その自然率で構成される価格が「自然価格」とされる。実際の価格はその時々の需要と供給との関係で決まる「市場価格」であり、自然価格を中心として変動する。スミスはその様子を経済人の意識に即してバロメータ的に捉えていった。日常では賃金は労働者にとって労働全体に対する対価として、また利潤は資本家にとって投下資本に対する儲けの比率を示す利潤率として、そして地代は地主にとって借地人に貸し出す土地の使用料と意識される。その賃金を例にすれば、労働者は賃金の低い所から高い所をめざして――スミスはその輸送には多くの費用がかかると知って、生産要素間には移動に難易の違いがあることを垣間見ている！――移動する。

スミスはそれらの所得の決定と変動を三つの社会類型、資本が年々増加する「発展的社会」、資本の増加が止む「停滞的社会」、資本が年々減少する「衰退的社会」の下で観察する。そのうち、発展的社会をとれば、労働者は自然率以上の高賃金を得て幸福かつ公正であり、高賃金は国内市場を豊かにして国民経済的にプラスとなる。資本家は競争するから利潤率を減少させるが、企業の資本規模は増大するので利潤量は増加する。また資本量を絶対的に増加させて生産的労働者を雇用するから国民経済的にプラスとなる。地代は土地改良が進むとあらゆる土地で生ずる。こういう社会のモデルがアメリカ植民地であった。その対極にあるのが衰退的社会であり、イギリス東インド会社が独占的に支配するインド植民地であった。

以上の分析はスミスの剰余価値論を具体化したものであり、重商主義に代る政策を選択することで役にたつものである。それは日本の中で経済の方向を探る時に参考になるのだが、内田は体制認識に議論を集中するので、その三類型論は視野に入らなかった。

（4）再生産論――歴史を信頼する自然法論

剰余価値論の後で第2編の再生産・蓄積論が展開される。経済分析は産業構成論的になる。イギリス経済学はフランス経済学に比べると価値論や価格論に優れ、再生産論では遅れたと言われるが、スミスにも再生産論はある。彼はそれをケネーから学ぶのだが、両者には差異がある。内田はスミスの歴史認識をマルクスと比較するさいにリカードとの違いを媒介にしたが、同じく、ケネーとの異同を間に入れることも有用である。スミスは重商主義批判のためにルソーとだけでなく、ケネーとも共通の討論の場を作ったのである。ただ内田はその詳細な展開を次の『経済学史講義』に委ねた。

内田は最初にケネーの自然法をスミスと比較して演繹的であると見た。それは正当であるが、注意すべきことがある。ケネーは知性や概念を感覚に基づかせ、スコラ的な論理や先験的な観念を批判していた。その点で彼はスミスと同じ経験論の中にいたのである。またケネーは自然権・実定法・経済の自然的秩序を次のように3層構造で捉えていた点でスミスに影響を与えることになる。ケネーから見ると、現実の法律は習慣や通念をただ紙に書いたもの、または権力によって恣意的に作られたものであって、よく反省して吟味されたものでなかった。私的所有権が自然な権利であり、その安全が保障されるならば、人は能力を生かして利益を追求できる。そうすれば経済は順調に法則的に循環する。その内容は封建的な折半小作制やコルベールティズムを排除して近代資本主義的な農業経営と農産物の自由取引が作る経済循環であって、「経済表」に示されるものであった。

でも内田は両者の以上の類似点よりも以下のように相違点を強調した。ケネーは非歴史的で純理的な自然法を主張し、完全な自由の下での経済発展を構想したのである。そこから人間が行なうべき道徳――中世の僧のように純潔を守るというような修行でなく社会的なもの――と立法が引きだされる。ただし内田はケネーとその弟子チュルゴーとの間に違いがあることを知っている。[注] ケネーは「経済表」の理論によって大農業保護の上での商工業の繁栄を——これでも分かるように重農主義は農本主義ではない——考えたが、弟子は師の理論よりも政策を表に出した。それも穀物が不足する時でも取引の自由のみを主張し、財政では師が間接税を批判して地租のみを税源にしたことを継承しなかった。彼らはイギリスの毛織物とフランスの穀物・ワインとの自由貿易を主張したので、国内の工業資本を結果的に衰退させてしまう。この点を踏まえると、ケネーは国王の医師として政権の中枢に近い所にいたが、体制内の「ヴエルサイユ左派」と位置づけられる。それに対してスミスは経験的自然法の立場にあり、不完全な自由の下でも経済が拡大することを歴史に即して実証する。内田はスミスは自然法を発明するのでなく歴史の中から発見すればよいと考えたと解釈するのである。スミスはそれほどに歴史を信頼し、人間の考えと行動の仕方の変化に注意したのである。[注]ケネーにもよく注意すれば下からの近代化の芽を窺わせるものはあるが、ケネーではイギリス的なコモンウィール↓農民層分解の線を捉えることはできなかった。内田がとるのはこのイギリスであった。

注 同じ問題はスミスと彼の「弟子」ピット等との間にもある。スミスの思想と理論は現実に受け入れられなければ宙に浮いてしまうが、現実に受け入れられると師を裏切るという事態も生じる。なお内田はスミスがケネーを「主義の人」とみなしたと解釈するが、それはケネー批判にとどまらないことに注意が必要である。

(5) 再生産論——二つの生産的労働の統一的な理解

第2編では一国の富裕と独立、そして国際平和の条件が再生産論によって確定される。それも再生産論の具体化をもってなされる。ここで内田が再生産論においてケネーでなくスミスの方を取る理由が明らかになる。スミスはケネーから学びつつも理論的に後退した面があるが、彼は彼なりの再生産論を展開していると言える。

内田はまず資本制下での労働が剰余価値を生むことを再確認し、その剰余価値の個人的消費と節約＝資本化の問題に入る。スミスは資本によって雇用されて労働対象の価値を増加させる労働を「生産的労働」と定義した。それに対して主人の所得によって雇用されてサービスを提供し、働きかける対象の価値を増加させない労働を「不生産的労働」と呼んで区別した。家内召使は御主人に贅沢な食事を用意してやり、兎や狐の狩りのお供をするが、それによって主人から与えられたお仕着せに価値を付けて商品を生産するようなことはない。この不生産的労働に政治家や立法者・将軍の公共サービスも含められたので当時議論を呼ぶこともあったが、人は生産的労働を多く雇用するほど富み、不生産的労働を多く雇用するほど貧しくなるのである。このことは一国レベルでも当てはまる。その生産的労働・不生産的労働の比率を決めるものが資本蓄積となる。

　問題はスミスが生産的労働を別様に定義していることである。一つは前述したように剰余価値生産労働であり、これは体制認識をする上で正しい。別なのは単に価値を維持して商品を生産する労働である。これは正しくない。でも内田は一般のマルクス経済学者のようにそれをただ誤りだとしては捨てなかった。彼はなぜスミスはそんな誤りをするのかと問う。その結果、価値存続労働が議論された裏に経済規模の変わらない単純再生産論があったと解明される。生産の場では剰余価値が実際に生産されるのだが、それが資本家に全額消費される場合は資本家の手元に最初に投下した資本価値が回収＝維持されるだけである。この規定はケネーの農業＝生産階級と商工業＝不生産階級の区別論からすると、後者の階級の活動（二人の親から二人の子供が産まれる）と同じものであった。ということはケネーの不生産階級は実はその内部で利潤を生むと解釈できるのだが、農業のように地代部分を生まないから不生産的だとするのを見ると、彼の階級論には農工の「封建」的な見方が残っているのである。それにケネーでは階級分割が農業・商工業2部門ともに剰余価値を生産する労働者とそれを消費する資本家とが一括して表示されていた。スミスはそれに対して階級を近代的に資本家と労働者に分ける。そして蓄積の基本モメントは、ケネーでは地主の地代収入の支出を不生産階級の贅沢な工業品よりも生産階級の農産物の方に多く向けることとなるが、スミスでは双方の資本家が利潤を収入と投資に分けるようになっている。

　スミスの理論には他にも種々の混乱がある。高島はスミスの混乱を創造者の「正しい悩み」と受け止めたが、内田はそれを受け継いで誤りが「統一的な混乱」になっていると捉えた。内田はその統一視角が生産のための生産である生産資本循環P…Pだと突き止める。そして彼はその生産資本循環の視角から、それまでの経済学のもろもろの概念が鋳直され、重商主義の貨幣論は解体されてあちこちに分散配置されていると論じる。ここ再生産論のところでの分散としては、内田は示していないが、以下のものがあった。貨幣はスチュアートのように経済に対して地主や政府によってそれぞれ外や上から「有効需要」として与えられるのでなく、社会の中で商品を売買する時の流通手段として考察される。その貨幣はその時の社会の総生産物の一部を割いて用意され、国家は貨幣を鋳造するためにそれなりの費用と労働を投下する。その貨幣は銀行を通じて社会に散布されるから、銀行の経営にも経費がかかる。社会の生産資材を増やすためにはそれらの経費を節約すればよい。そこでこの貨幣の質と量が問題になる。ギャルニエはスミスが貨幣についての議論を各編に分散させてまとめていないと批判したが、それはスミスの方法を理解するものでなかった。

ところで内田は実際にはスミスの資本蓄積と拡大再生産を個別経営の次元で捉えていて、社会的な場面で展開していない。平田清明が『生誕』を書評したように、内田の再生産論は尻切れトンボに終っている。未完成である。本書の山田論で展開しておいたように、個々の経営が継続するにはどこからか生産財と消費財および労働力が調達されねばならない。また生産された商品の売り先となる他の企業や部門との取引が必要となる。このことを明らかにしたのが純理的な自然法の立場にいたケネーの優れた点であった。再生産は社会全体の資本の再生産であるほかない。第1編の社会的分業はここ第2編では異種生産部門間の編成の問題、産業構造の問題となる。スミスはケネーの「経済表」を改作したのだが、内田はスミスの社会的再生産論を開示してはいない。文献学的に言うと、内田は第2編を第3章の生産的労働論から入っていて、その前の第1章と第2章の資本分類論を取りあげていない。その第1・2章は従来、荒唐無稽なことが多いとけなされていたところ。でもそこにこそ社会的再生産過程論が潜んでいたのである。[注]

注　スミスは社会全体の資財を自己消費留保部分と固定資本および流動資本に分けていた。資本はその所有者のもとに留まることで利潤をあげる固定資本と、その所有者の手を離れることで利潤をあげる流動資本とに分類される。この分類は流通の観点からなされ、ケネーのように、投下された資本の価値が生産の中で生産物にどう移行するか、全部的にか部分的にかの観点から分析されていない。また固定資本の中に労働能力や種子が含まれ、流動資本の中には流通貨幣が含められていて、疑問だらけである。どうしてそんなことをするのか、内田にならってスミスに内在して理解してみなければならない。さらにスミスに即して三つの資財の間の関連を追うと、そこから物と価値の循環の相が浮かび上がるのである。自己消費部分と固定資本は流動資本から「ひきだされ」、流動資本は土地・鉱山・漁場から「くみとられ」「補給」される。その土地・鉱山・漁場は資本制的に経営される。スミスは以上のように資本制社会における人間と自然との交渉を捉えるのである。参照、拙著『社会形成と諸国民の富』後篇第2章「再生産と資本蓄積」。

さて1960年代後半から内田の物質代謝論の内容が変る。日本は高度経済成長の下で大変な公害を経験した。息をする空気がおかしい、食べたり飲んだりする物がおかしい。地球規模での環境破壊が目の当たりになる。彼は自分の物質代謝論は人間中心的であり、自然を部分的にしか知らなかったと反省する。経済学の中に自然を組み込まねばならない。彼は環境破壊は自らも拠っていた「近代」に原因があることを反省する。でも彼は反近代や反科学を唱えて東洋思想に帰るようなことはしなかった。従属すべき自然の内容を生物学的に知る、あるいは地球をクローズド・システムと知って、それを生かす人間労働と科学技術を求めていく。彼はその反省からマルクスの『資本論』にエコロジー的な見方があるのを掘り出した。マルクスはこう言っていた。人間は資本主義の大工業の下で土地生産物の形で土地から成分を奪ってきたが、これからはそれを土地に返すような生産体制を自覚的に再建しなければならない、と。そのマルクスだけでない。エンゲルスは『自然弁証法』の中で「サルが人間になるにあたっての労働の役割」を論じたが、これまでその前半部分の「労働過程論」のみが取り上げられてきた。しかしその後半部分で、彼は人間が自然を支配すると考えるのは傲慢であり、人間は何度も自然から復讐されることで自然のど真ん中の一員であることを自覚するようになったと記していた。このことを見落してはいけない。以上の反省の立場からすれば、今は次のような新たな歴史理論が構築されている時と言える。自然と共同体に埋もれて人格的に依存する分業体系を作っていた前近代から、自然と共同体から自立して物的に依存しあう分業体系を作ったが環境を破壊してしまった近代以降をへて、無政府的生産の克服とともに環境との調和を自覚的に行なう時代へ。

実はマルクスやエンゲルスの新たな自然認識は市場化論者と言われるスミスにも芽生えていた。この後で出される資本投下の自然的順序論の最初におかれる農業は土地とどう関わっていたか。自然は人間の働きなしでもそれ自身の生命力をもっており、野菜はやぶの中でも良く管理された農場と同じくらい立派に育つことがある。農業が本来なすべきことは大地がもつその能動的な多産性を殺さないようにすることだ。実際の農業はその地力を規制することがあったのである。スミスは重商主義国家の介入なしでも経済は自律的に再生産過程を歩むと見た。そのスミスは自然にも自律的な「市民社会」を発見するのである。さて現在《いま》はそのスミスからもっと進まねばならない。17－18世紀の近代の自然科学者の仕事を見ると、彼らは人間を含む三つの自然界、無機界・植物界・動物界の間に物質の借りとお返しのエコロジー的な循環を発見していたことが分かる。また先進的な農業経営者は地力を永続的に生かす農法の改良にいそしんでいた。輪栽法は意外にも19世紀の機械の時代の経済学者リカードの穀物法批判→技術革新論の中に引き継がれていく。参照、拙稿「経済学と自然」、『千葉大学経済研究』第27巻第2号・第3号。

次のテーマは資本蓄積となる。それは利潤の一部を資本にして追加の生産的労働者と生産財に投資することである。経済は拡大再生産となる。経済発展についてスチュアートは生産者の農業者や製造業者の上にいる地主が製造業品への消費を増やしてそれが今度は農産物への需要を拡大させることに求めた。ケネーはその地主が消費を不生産階級よりも生産階級の側に多くするか、フェルミエが「原前払いの利子」部分に含められた災害保険金を支出することに求めた。スミスはそれに対して利潤一般を蓄積の主要な元本とし、それを消費と資本に分割する。ではそれはどう分割されるか。重商主義者のように国家が贅沢を戒め節約を勧めればよいか。スミスはイギリスの歴史的な経験に聞き、その決定を個々の資本家の「節約本能」と合理的経営に任せる。それによると、人には自分の生活状態を改善しようとする願望があり、そのために勤労に励み、その成果を貯蓄して資本化する。そして資本を合理的に運用する。作業場内の労働を合理的に配分したり改善された機械を導入して。全体としてみれば、そういう慎重な経営の方が無分別で浪費的な経営よりも多かったのである。また国家が苛税をして経済を縮小させたり、浪費して破産することもあったが、それは一時的なことであって、社会内の私人による倹約や良好な経営によって償われてきたと見る。社会には人体で言う「自然的治癒力」があったのである。この経験論的認識はスチュアートにもケネーにもなかった。ケネーなどは純理的自然法に従って完璧に経済が循環することを要求していた。

(6) 再生産論――自然な産業構造と市場構造

内田はスミスの再生産論をここでも量的な経済成長論でなく、質的な産業構造論とつかむ。特に再生産論を具体化させた「資本投下の自然的順序」論が集中的に検討される。それはスミスの理論的上向の終着点であった。自然的順序論については大河内一男もそのスミス研究で言及しており、内田にとっても日本資本主義に代るべき経済発展のコースとして時論的に有効でもあったのだが、内田はそれをスミス的な歴史理論と捉えた。ここではマルクスで切ると以上にスミスから積極的なものが押しだされている。内田はレーニンの方法にならい、スミスは18世紀の「旧帝国主義」期に再生産論を市場理論として資本主義成立史に具体化したと理解していた。重商主義の下でイギリスの社会的分業＝産業・市場構造は近隣のヨーロッパ大陸でなく遠方のアメリカ植民地との貿易と輸出適性工業に傾いていたが、スミスはそれを健全なものに再建しようとするのである。以下のように理論的に。

同じ額の資本で一国の生産的労働を直接に活動させる比率の高いものほど一国の富を増大させる。その比率は商業では零細でも労働集約的な小売業の方が規模は大きくても資本集約的な卸売業よりも高い。卸売業の中では比率は資本回収速度とリスク回避の点で国内商業の方が外国商業よりも高い。その外国商業の中でも比率は2国間での消費物の直接外国貿易（イギリスの毛織物とポルトガルの葡萄酒との交換）の方が幾つかの国を巡る迂回貿易（イギリスの工業製品→ヴァージニアのたばこ→リガの亜麻→イギリスへ）や第3国間の中継貿易（ポーランドの穀物とポルトガルの葡萄酒との交換）よりも高い。次に製造業は卸売業と比べると、マニュファクチャ内分業を見て分かるように、等額の資本で生産的労働者を雇用する割合は高い。最後に農業では工業にない地代部分の剰余価値を生み、そのために自然も役畜も働くから（！）製造業よりも生産的労働雇用率は高い。以上の順序論には確かに疑問点は多い。自然を生産的労働と見なすことは労働価値論的に間違いであり、重農主義的残滓だと批判されてきた。またその順序論はドイツのような後発国が先進国イギリスと対立して重工主義の不均整成長を進める時には役立たないと攻撃されてきた。だが不均整成長による経済開発が種々の歪みを伴なうことが経験されるたびに自然的順序論は現実味のあるものとして顧みられることになる。日本の近代化史においてもそうであった。

スミスに戻る。封建的な権勢家がいなくなって不公正な司法がなくなると、中小の生産者の権利が守られる。その彼らの間で競争が行なわれると資本の平均利潤率が成立する。すると人は地位改善欲望に動かされて、資本をその安全と確実な利益を狙って（プルーデンス）次の順序で投下する。資本は農→工の順序で、商業は国内→外国の順序で、外国商業は直接貿易→迂回貿易→中継貿易の順序で投下されれば、産業と市場の構造は偏頗でなく健全になり、一国の富は最も速く確実に多くなる。それが富裕への自然なコースである。この自然的順序に従うと農業で生まれた剰余生産物を使って農業由来の「農村工業」が発展し、それと農業との間で国内市場が成立する。近代的なこの農工2部門間で農産物と工業製品の素材転換と価値補填がなされ、都市と農村の間で健全な産業＝市場構造が作られる。「スミスは市場の基本構成を、都市と農村（＝工業と農業）の間においている」[注]。その後で精巧な輸出向き工業が生長して外国市場に出ていく。資本主義の下でコモンウェルスが再建される。この自然的コースに最も近いのが北アメリカ植民地であった。その道を歩むことを妨げているのがイギリス本国の封建的な土地相続と重商主義のさまざまな規制。スミスは以上のビジョンと批判の中であの「見えざる手」の文言を出しているのである。経済人の利己心の発揮は「見えざる手」に導かれて資本投下の自然的順序をたどり、堅実な国富を作る結果になる。スミスは利己心一般を肯定するのでなく、以上のように産業＝市場構造につながる利己心のみを認めるのである。そうでない規制緩和の自由放任論は無意味であり有害ですらある。このことに留意すべきである。

注　スミスは第1編の地代論でも「商品の連続的影響」説＝国内市場形成論を展開しており、貨幣の連続的影響説やスチュアートの貨幣的経済理論と対置している。

内田は以上のようにスミスをふくらませ、その上でマルクスと比較した。スミスの再生産論はマルクスのように階級関係の再生産を見ていないのである。原蓄期に成立した資本・賃労働の分離は資本制的生産の確立の結果、再び現れる。物の毎日の生産は原蓄の社会関係の再生産となる。スミスにはこういう視点はない。

（7）歴史の反省

さて、内田スミスは資本投下の順序論と農工間の国内市場成立論を理論基準として後半体系に入った。まず第3編でこれまでの歴史が再検討される。スミスはスチュアートやケネーと違って経験的自然法の立場からイギリスが生産力をたくましく発展させてきたと認めるが、それはそのままではイギリスの歴史とならなかった。現在のイギリスは重商主義の下で遠隔地との貿易や輸出工業を異常に発達させ、国内市場と農業・素材産業の発展を後回しにしている。重商義はこの構造を維持するためにフランスとの間で7年戦争を起し、今はアメリカ植民地とも戦争状態に入っている。その原因は元をただせば、中世で封建的土地所有が成立した時にある。内田の言う「歴史の反省」がなされるのである。スチュアートも歴史を重視し、社会は「封建的、軍事的なものから、自由な、商業的なもの」へ変化していると見たが、それは政策対象となる国の経済状態を知ることで開発行政を効果的にしようとするものであった。スミスはそれに対して前に検討したように歴史の側の主体性を重視するのである。その歴史分析の方法が国際比較であった。彼は15世紀末の大航海時代以降、諸国がポルトガル、スペイン、オランダ、フランス、イギリスと興亡してきたのを観察し、そこに経済発展の2つのコースを発見する。順調な「発展的社会」のコースと歪められた発展のコースと。その内容は以下のようである。

経済発展にとって一番必要なことは何か。スミスは人間労働に焦点をあてた。彼はその労働エトスを解放する条件として、重商主義のどんな政策や規制よりも法的正義を、借地人の耕作権と小土地所有者の所有権の安全をあげる。そこに彼の歴史眼の確かさがあるのだが、この法の保護のもとで勤労を発揮したのがイングランドのヨーマンリーであった。スミスによれば、その勤勉度はスチュアートの小農業者やケネーの富農よりも、また商人が地主となって農業企業家となる場合よりも大きかった。[注] この中産的生産者のヨーマンリーは農業とともに家庭内で織物や農産加工の粗雑な製造品を生産し、中にはマニュファクチャ主を兼ねる者もいた。彼らは農具や織機を作ることはできないので、それらを作る村の職人との間で分業と商品交換の関係に入る。農民と職人との間で局地的であるが社会的分業＝再生産の構造が作られる。この状態を経済史では「コモンウィール」（「民富」）と言っていた。それは西欧に独特なものであり、原蓄以前のものであった。その局地的な農工市場は拡大して地域市場に、さらに地域市場は国内市場へと発展していく。それに併行して製造業は大衆相手の粗末なものの生産を越えて技術を必要とする精巧工業に発展していく。

注　古典経済学者スミスの小農賞賛は19世紀に入るとロマン主義の経済学者シスモンディに引き継がれていく。歴史は逆説的である。

それに対して歪められた歴史のコースは次のものであった。そこにも経済の量的な成長はあるが、封建的な土地独占と重商主義的独占によって緩慢で不確実なものにされていたのである。スミスは重商主義を批判するが、その成立を歴史的に遡ることでなすべき政策を広い視野の中で基礎づけていく。中世の封建領主は配下の農民に重い負担を課して圧迫した。反対に都市は領主と対抗する国王から徴税請負等の自治の特権を与えられ、都市民の勤労の成果は保障される。農民は不利な環境の中で苦労して得た勤労の成果を確保しようと、都市へ逃げていく。スミスはこの自治都市の政治的自由の意義を認めるが、経済的な国民的生産力＝産業構造の観点からは批判されねばならない。農村は停滞するから、都市の商人にとって近傍の農業は市場的に意味はない。都市はその目を領主の家計や外国市場に向け、精巧な製造業品を輸入して領主に売っていた。その製造業品はやがて自国で生産されるようになる。それがリヨンやスピタルフィールズに見られる「外国商業の子孫」としての製造業であった。それでも都市工業は次第に近隣の農村と市場関係に入り、農村の余剰生産物に市場を与えたり、都市の商人が地主となって企業的な農業を始める。スミスはこのことを歴史的な事実として認める。だが次のことがスミス的なのだが、彼は「商業の文明化作用」によって勤労者が法的安全を獲得したことに注目する。その説明は省くが、農民は領主から貨幣での地代支払いと長期の借地権を得て独立していく。これが起点になって農村の粗雑な家庭内工業は輸出精巧工業にまで成長する。それがリーズやハリファックスに見られるような「農業の子孫」としての工業であった。この農村工業が後代の産業革命の一つの中心になる。[注] 内田はスミスからイギリスのこういう国内市場の成立史は、しかし、思わざる結果であったと知る。内田スミスはその農村工業に意識的に拠るのである。

注　これもマントゥが認めたことであった。彼は産業革命期の大工業家が農村のヨーマン層からしばしば出ていることを実証する。マントゥは産業革命期における生産力を機械や発明よりも社会的分業の上に基礎づけた。その史眼は確かである。

内田はこういう第3編の経済史は第4編の現代をおさえるための鍵を提供していると見た。彼はスミスから国民経済作りの二つの道を検出し、一つが自然的順序をとりつつ急速に発展するアメリカ型であり、他が途中まで逆の順序をとったために不確実にしか発展してこなかったイギリス型であった。この回り道をしたコースは産業＝市場構造の観点からすれば不自然である。現在の重商主義下での偏頗な産業構造は、封建的な土地所有にその元々の起源がある。農工商間の健全な構成を再建するには農業と農村工業の発展を本来の歴史の出発点にせねばならない。内田はそこにマルクスと違う「歴史の法則」を発見するのである。日本も戦後の民主化と農地改革を本来の歴史の出発点にすべきとされたのである。

結語　戦争と平和の経済学

スミスは同じく資本投下の自然的順序論を用いて第４編に移り、現代の重商主義の学説と政策を批判した。今日の国際危機はイギリスの産業構造がアメリカ植民地の一大市場向けに偏ったために生じたと分析される。そこに排外的ナショナリズムと政治家の偏見が、国家理性が加わる。でも資本投下の自然的順序が実現すれば、遠方の市場を求めて列強間で戦争をしなくて済む。そのように改めるのが今であった。スミスは内田が言い当てたように「諸国民の富」を説き、国際平和の経済学を展開したのである。

内田は以上のように『国富論』全体を構造的に把握するから、[注] スミスは一国の独立と富裕の条件をまだ残存する封建的土地所有の廃棄と自由な土地所有を主張したと捉えるのである。それをヨーロッパの空間でみると、スミスの課題はフランス革命で実現される近代的土地所有の確立とイギリスにおける原蓄国家からの解放となる。スミスはこの二重の課題の解決として「封建的土地所有の廃棄とそれを基とする国際間の自由貿易」をあげた。スミスはただの自由貿易論者ではない。封建的な地主的土地所有を破棄しないままでの自由貿易はスミスのものではない。実際の英仏通商条約やドイツ・マンチェスター派の自由貿易論はスミスのものとは言えない。また自由を耕作民の権利や工場経営の文明化と切り離して抽象的に市場での売買取引と主張するのも、スミスのものではない。これはまったく正当なスミス理解であった。

注　内田は第5編の財政論が理論的上向の最終段階であることを知っている。でも彼は財政論をそれとして展開しなかった。それは財政論に至るまでの理論的基礎づけの方を重視するからだとしても、やはり不十分である。スミスは国家そのものを否定していない。彼は重商主義的な国家干渉を批判してその働きを防衛と司法行政・公共事業・国家権威の維持の四つに限定した。未開から文明に向けて発展する分業の歴史に根拠づけて。その際に彼はそれまでの認識とは反対に、分業が労働する人間の公共性や知的能力の発展を阻害する面を認め、その矯正を国民軍と国家教育に求めた。彼はここでは単純な分業礼賛者でない。また文明の国家はその諸機能を遂行するのに多くの経費を必要とする。彼はそのことを認めるから、単純な安価な政府論者でない。国家は収入を得なければならない。どうやって得るかがやはり問題となる。内田がスミスにおける国家をもっと正面から考察するのはずっと後の「発端」論文においてである。その論文でスミスは愛国心と国民的利益の追求が自ずと諸国民の利益につながる政治制度を求めたとされる。この点ではスミスは経済的自由主義一本槍ではない。

でもそれは求められる政治制度を作る議論となっていない。スミスは批判すべき重商主義の政策や法律を支える仕組を分析し――内田自身も知っていたこと――、その仕組を解体するには、政治行動が必要となることを認めている。またスミスは自由主義の実現は大変な混乱を伴なうことを予測しており、内田はそういうスミスを知っている。そこでどこからどんな順序で自由貿易を実現していくかが問題になる。そこに広く社会全体の利益を考えて政策をだす「上級の慎慮」が求められのだが、内田は政治家と言えば、国士や重商主義的政治家を想いうかべるだけで、スミス的自由主義に伴う政治家は消える。確かに内田の言うように、スミスは重商主義の貿易バランス＝国富という「にせの政策のために進行をはばまれ、ゆがめられながらも貫徹する歴史の法則」を発見するが、その歴史法則は既存の重商主義政策を破棄する政治的行為で補完されることによって実現する。スミスにとっても自然的自由の体系を開放させる産婆役としての政治家は必要である。その政治家は自由貿易を国内改革と連動させつつ漸進的に進めるソロン的立法者であった。その内容がスミスに内在して得られねばならない。『国富論』は分業論から始まって最後は公債論において帝国の危機にあって政治家に働きかける言葉をもって終えている。このことをどう理解すべきか。

　スミスの国家論はスチュアートの政治家論はもちろん、それよりもケネーのブルボン絶対王政＝オート・ブルジョアジー批判および「法専制」論と対比する必要がある。スミスの最大の論敵ははたしてスチュアートであったか?

　こうして内田の『国富論』全編の理解は次のようになる。

「スミスの全問題はまさしくヨーロッパの危機の現状分析にあてられた第4編に集中している。(この問題が解決し得てはじめて、財政改革に理論づけをあたえることも可能であったろう。) そして第4編に先行するところの『国富論』の各編はスミスがヨーロッパの現状分析をおこなうに際してどうしてもとらねばならなかった分析の手つづきとして、それぞれ抽象の段階を異にし論理的に必然な序列をもっている。そしてそれに内面的な統一をあたえているのが、スミスの経済理論＝再生産論である」。

　スミス研究は日本を切開し、その前途に光をあてる。

あとがき

本書は私の20年来の日本思想史研究に一つの区切りをつけたものである。私が内田義彦の名を知ったのは故平田清明先生が１９６０年代後半に始めたマルクス市民社会論を学ぶ中であった。内田の経済学史の作品や思想的エッセーは若者に特有の精神的な不安定にあった私をのびやかにし、勇気を与えてくれた。その後私は１９９０年代の半ばから、内田が考えてきたことを戦中と戦後に絞って追い、改めてその方法を検討しようとしてきた。彼は同時代に活動した意識ある青年群像の中の一人であるが、ただの一人ではない。その仕事を一部でも理解しようとすれば、実に多くの前段と準備が必要なことを身をもって知らされることになる。本書はまだ十分でないが、ここまでが私の力量である。本書を手にして頁を開く方々がいることを願う。

私は１９６０年代の末に研究者の道に入り、しばらくはアダム・スミスを中心に考えを発表してきたが、そのまとめとして『社会形成と諸国民の富』（１９９１年）を刊行することができた。その間、実際には大部分の時間をスミス以外の経済学史上の著作を読んで講義したり、ゼミ生とともに内外の時論を取りあげて議論することに使ってきた。幸い前者は通史の『経済学史と対話する』（２００９年）として世に出すことができた。それによって私は個々の古典に見晴らしを与えることができたのである。私は最初の本を出した後、日本の市民社会論を内田義彦を中心にしてスケッチすることがあった。だがそれは一回で済まず、どんどん枝葉を広げてしまい、とうとう今日にまで至ってしまった。内田はこれまで『資本論の世界』に始まる新書3部作や晩年の『作品としての社会科学』における学問論で多くの人に親しまれている。そういう彼の出発点とバックボーンになったのは最初の経済学史研究の本『経済学の生誕』である。このことは強調しても強調しすぎることはない。また内田後の世代はそれ自身の問題意識をもつはずであるから、内田ですべてを済ますことはできない。彼を含む社会科学青年は時々総動員体制批判や戦後啓蒙批判等の視点から裁断されることがあるが、私はそれらが提出する問題意識を部分的に共有することはあっても、その一方的で抽象的な批判の仕方に不満であった。まともな批判は批判すべきものへの内在的な理解なしにはできないはずである（――寺田光雄の『生活者と社会科学』は例外的である。そこでの問題提起に私は本書で部分的に答えていると思うが、民俗的意識と住民運動を踏まえたものを別に準備したい）。それに内田等は自己点検して自分を超える営みまでしている。後の世代はその営みに学んで自分の問題をたて、先学と対話せねばならない。

本書の前編Ⅰの2つの補正とⅡの1と3、Ⅲの3、そして後編全体は新稿であり、他は既発表のものに大幅に手を加え、まったく新稿に近くなったものもある。全体の構成に苦心した。最初の計画では前編のⅢの後に独立の「女性の家族制度および男性からの自立――渋谷黎子の場合」を入れ、Ⅳに川島武宜の「市民法学と法意識」と「久保栄における演劇と自然科学、社会認識」、高島善哉・大河内一男の「新しい経済学史研究――後発国におけるスミス――」を入れていたが、全体のバランスを考えて割愛した。それらはいずれ別稿として発表したい。

内田の『生誕』論についてはすでに吉沢芳樹、長幸男、酒井進、山田鋭夫、鈴木信雄、新村聡、小野寺研太等の研究があり、目を通すことができた。それとは別に私は田中豊治、内田弘の諸先学からいろいろな機会にその専門に関するお話を伺うことができ、ありがたかった。また私と同じ大学院を出て研究者となっている人たちから研究のヒントを得たり、異なる分野の若い人たちの仕事から刺激を受けたこともうれしかった。東大音感合唱研究会については吉松安弘・島崎美代子・小島美子の三氏から情報をいただくことができた。振り返ってみれば、私は日常生活でさまざまな問題の解決に携わる人たちの活動を知って、それらを自分の研究テーマに変換するよう促されてきたのだなとつくづく思っている。最後になるが、松田健二社会評論社社長から今日のまことに難しい出版状況のなかにあって刊行にご配慮をいただいたことにあつく御礼を申し上げたい。

２０１６年５月１日

索　引

野沢敏治（のざわ としはる）

1944年、長野県に生まれる。松本深志高校をへて1964年に名古屋大学経済学部に入学する。1974年に同学部の助手に採用され、76年に小樽商科大学に講師として赴任し、中途で助教授になる。82年に千葉大学法経学部に移籍し、89年に同学部教授となり、2010年に退職する。この間、環境と人権にかかわる幾つかの住民運動に学ぶとともに、1989年に京都大学に学位論文「スミス経済学研究」を提出して博士号を得る。92年～93年にはスコットランドに留学してスミス研究をさらに進めるとともに、イギリス連合王国の歴史と社会・国家の特質について見聞を深める。専門はスミスを中心としたヨーロッパの経済学史研究と日本の市民社会論を軸とした経済思想史研究。主著は学位論文を圧縮再編した『社会形成と諸国民の富』（岩波書店、1991年）と英仏独におけるヨーロッパ経済学の成立と発展の通史『経済学史と対話する』（御茶の水書房、2008年）。

内田義彦——日本のスミスを求めて

2016年8月15日　初版第1刷発行

著　者————野沢敏治
装　幀————右澤康之
発行人————松田健二
発行所————株式会社 社会評論社
東京都文京区本郷 2-3-10
電話：03-3814-3861　Fax：03-3818-2808
http://www.shahyo.com

組版・印刷・製本—株式会社ミツワ

printed in Japan